Matthias Grundmann, Thomas Dierschke,
Stephan Drucks, Iris Kunze (Hg.)

Soziale Gemeinschaften

Individuum und Gesellschaft

Beiträge zur
Sozialisations- und Gemeinschaftsforschung

herausgegeben von

Prof. Dr. Matthias Grundmann

(Universität Münster)

Band 3

LIT

Matthias Grundmann, Thomas Dierschke,
Stephan Drucks, Iris Kunze (Hg.)

Soziale Gemeinschaften

Experimentierfelder für kollektive Lebensformen

LIT

Gedruckt auf alterungsbeständigem Werkdruckpapier entsprechend
ANSI Z3948   DIN ISO 9706

Bibliografische Information Der Deutschen Bibliothek
Die Deutsche Bibliothek verzeichnet diese Publikation in der Deutschen
Nationalbibliografie; detaillierte bibliografische Daten sind im Internet
über http://dnb.ddb.de abrufbar.

ISBN 3-8258-8210-1

© LIT VERLAG Berlin 2006
Auslieferung/Verlagskontakt:
Grevener Str./Fresnostr. 2   48159 Münster
Tel. +49 (0)251–62 03 20   Fax +49 (0)251–23 19 72
e-Mail: lit@lit-verlag.de   http://www.lit-verlag.de

Inhalt

Inhaltsverzeichnis

II. Erschließung einer modernen Gemeinschaftsformation: Intentionale Gemeinschaften

Vorwort

Die in diesem Buch dokumentierte Gemeinschaftsforschung wurde vor etwa vier Jahren begonnen. Zu diesem Zeitpunkt war der Begriff Gemeinschaftsforschung weder in der soziologischen Forschung, noch in anderen Disziplinen überhaupt zu finden. Besonders verwunderlich war dieser Befund deshalb, weil Gemeinschaft ein soziologischer Grundbegriff ist, und mit Gemeinschaft ein basaler sozialer Sachverhalt beschrieben wird: die soziale Bindung von Individuen an Bezugspersonen und die gemeinsame alltägliche Lebensführung.

Die hier vorgestellte Gemeinschaftsforschung schließt zunächst an diesen Sachverhalt an. In ihr wird eine Forschungsperspektive entwickelt, die soziale Formierungsprozesse von Individuen im Zuge ihres gemeinschaftlichen Zusammenlebens zum Gegenstand macht. Damit wird eine konsequente Herleitung von Gemeinschaft aus sozialen Beziehungen und deren Organisation möglich. Nicht das Individuum selbst steht im Zentrum der Überlegungen, sondern die Frage, wie es sozial eingebunden ist.

Damit wird eine, in der soziologischen Forschung vernachlässigte Forschungsperspektive aufgegriffen, die das Individuum als Teil sozialer Kollektive definiert und nicht bloß als individuellen Akteur. Mehr noch: Gemeinschaftsforschung richtet ihr Augenmerk vor allem auf jene sozialen Prozesse, über die das Zusammenleben individueller Akteure gelebt, organisiert, auf Dauer gestellt und so in alltäglichen Handlungsbezügen formalisiert wird. Dabei zeigt sich, dass die in der Soziologie vorherrschende Modellierung von Gesellschaft als formalisierte Handlungspraxis ganz wesentlich auf gemeinschaftlichem – und eben nicht auf individuellem Handeln – aufbaut.

Die skizzierte Gemeinschaftsforschung ist ein erster Versuch, das bis heute unterbelichtete Forschungsfeld „Gemeinschaft" zu umschreiben. Die Beiträge basieren zum einen auf Vorträgen der Autoren zu einer Ad-hoc-Gruppe auf dem Soziologiekongress 2004 in München oder aber auf Arbeiten, die an das Thema der Ad-hoc-Gruppe unmittelbar anschlussfähig sind. Zudem werden erste Forschungsbefunde vorgestellt, die am Institut für Soziologie durchgeführt wurden und sich in wissenschaftlichen Abschlussarbeiten und Forschungsprojekten niedergeschlagen haben. Das vorliegende Buch ist daher eine Gemeinschaftsproduktion, zu dessen Gelingen vor allem Iris Kunze, Thomas Dierschke und Stephan Drucks als Mitarbeiter des Gemeinschaftsprojekts beigetragen haben.

Mit dem Buch wollen wir zunächst in eine soziologische Gemeinschaftsforschung einführen und zudem die Forschungen zum Thema soziale Gemeinschaften beleben. Wir sind davon überzeugt, dass das Leben und Handeln in sozialen Gemeinschaften wichtige Einblicke bietet, die für die soziale Integration und soziale Bindungen in einer individualisierten, weitgehend auch globalisierten Welt zunehmend wichtiger werden. Mit der skizzierten Forschung wollen wir dafür sensibilisieren, dass sich nicht nur der Blick in die „weite Welt", sondern auch der Blick ins Konkrete, in die Nahräume unseres Zusammenlebens ein wichtiger Bestandteil soziologischer Forschung und Erkenntnis ist. Er kann dazu beitragen, jene Entfremdungsprozesse deutlich zu machen, die uns durch scheinbar notwendige volks- und betriebswirtschaftliche Handlungsrationalitäten sowie durch politische und rechtliche Handlungsvorgaben zugemutet werden. Insofern verstehen wir Gemeinschaftsforschung auch als Teil einer Aufklärungs- wenn nicht gar Emanzipationsperspektive, die sich nicht durch die Verführungen einer scheinbar universellen Handlungslogik täuschen lässt, sondern auf das konkrete Miteinander und die Gestaltungsoptionen eines gehaltvollen Lebens vor Ort, im sozialen Nahraum, aufmerksam macht.

Münster, im Januar 2006   Matthias Grundmann

Matthias Grundmann

Soziale Gemeinschaften: Zugänge zu einem vernachlässigten soziologischen Forschungsfeld

I. Einleitung

Soziale Gemeinschaften gehören seit Ferdinand Tönnies (1963, 1981) Grundlagenwerk „Gemeinschaft und Gesellschaft" zu den Grundkategorien soziologischer Forschung (Clausen 2002). Verwunderlich ist daher, dass dem Thema Gemeinschaft in der Soziologie nur wenig Aufmerksamkeit geschenkt wird[1]. Das mag daran liegen, dass die Soziologie ihr analytisches Augenmerk auf individuelle Akteure oder gesellschaftliche Entwicklungen richtete und jenes Forschungsfeld „in der Mitte" aus den Augen verlor, dass mit dem Begriff der Gemeinschaft umschrieben werden kann. Dabei herrscht weitgehend Einigkeit darüber, dass soziales Zusammenleben Gemeinschaftlichkeit voraussetzt. Gemeinschaften sind es, die jenseits individueller Handlungsinteressen eine gemeinsame Lebenspraxis konstituieren. Sie setzen eine gewollte Zusammenkunft individueller Akteure und den Willen nach einer gemeinsamen Lebenspraxis und Lebensführung voraus. Mehr noch: Sie lassen sich nicht anhand formaler Kriterien der Mitgliedschaft bestimmen, sondern lediglich durch das konkrete Handeln individueller Akteure in Hinblick auf ein gemeinsames Handlungsziel. Demnach lässt sich zunächst festhalten, dass sich Gemeinschaftlichkeit als soziales Phänomen durch das Zusammenleben von Individuen auszeichnet, das sich „unterhalb" formalrechtlicher Kriterien der Zugehörigkeit zu einer gesellschaftlichen Gruppe vollzieht. Zugleich basiert es auf dem Willen der Akteure, sich sozial zu verbinden, um gemeinsame Interessen besser vertreten zu können. Eine soziologisch fundierte Gemeinschaftsforschung richtet ihr Augenmerk daher auch nicht allein auf die soziale Einbindung individueller Akteure in soziale Bezugsgruppen, sondern auch auf die Gestaltung ihrer Sozialbeziehungen, auf die Möglichkeiten und Grenzen der Organisation ihres Zusammenlebens, mithin auf Formen der Gemeinschaftsbildung, der Vernetzung von Akteuren und der gemeinschaftlichen Alltagsorganisation. In Ansätzen ist eine solche Forschungsperspektive in der sozialökologisch orientierten Sozialisationsforschung (Grundmann, Fuss & Suckow 2000) und in der zumeist sozialpsychologisch ausgerichteten Familien-

---

[1] In keiner soziologischen Berufsorganisation oder wissenschaftlichen Assoziation von Soziologen spielt das Thema Gemeinschaft als Schlüsselthema eine Rolle. Auch die Veröffentlichungen zum Thema sind weit über die Subdisziplinären Bindestrich-Soziologien verteilt. Sie kommen am häufigsten in theoretischen und politisch-philosophischen Überlegungen zum Vorschein.

forschung (z.B. Hofer 2002; Gerris 2001) und der Netzwerkforschung (Diewald 1991; Diaz-Bone & Strohmeier 1997) angelegt[2].

Seit dem 2. Weltkrieg richtete vor allem die empirische Sozialforschung ihr Augenmerk auf individuelle Akteure und die in ihrem Handeln zum Vorschein kommenden Handlungsrationalitäten, Sinnstrukturen und Weltdeutungen bzw. auf die sozialen Organisationen, die das Handeln individueller Akteure anleiten und kanalisieren. Dieser Fokus wird vornehmlich aus dem Rationalitätsmodell Max Webers hergeleitet, nach dem soziale Strukturen das Resultat rationalen Handelns individueller Akteure sind. In Kombination mit lerntheoretischen Handlungsmodellen wurde in austauschtheoretisch orientierten Forschungen (Blau 1964, 1977; Coleman 1997) argumentiert, dass sich Individuen deshalb an Bezugspersonen orientieren, die ihnen besonders ähnlich sind, sozial attraktiv und mit entsprechender sozialer Anerkennung gesegnet sind, weil sie sich daraus Vorteile versprechen. Austauschprozesse werden also als Teil einer individuellen Handlungsrationalität gedeutet und Bezugspersonen als Teil einer sozialen Ressourcenausstattung konzipiert. Diese ökonomische Handlungslogik folgt dabei einem individualistischen Weltbild, nach dem sich Handlungen aus der Notwendigkeit der Selbstbehauptung herleiten. Daher werden Handlungsressourcen, Statuserwerb, und Positionierung im Herrschaftsgefüge als Ausdruck individueller Handlungsmächtigkeit, mithin als soziale Potenz individueller Akteure gedeutet.

Dieser Fokussierung der empirischen Sozialforschung auf individualistische Handlungsrationalitäten und Modellierungen individueller Handlungslogiken dürfte auch geschuldet sein, dass soziale Handlungsorientierungen und deren sozial strukturierende Potentiale in der empirischen Sozialforschung ins Abseits gerieten[3]. Vernachlässigt wird dabei nämlich, dass sozialem Handeln ein anthropologisch begründetes Bedürfnis nach Gemeinsinn und Gemeinschaft zugrunde liegt (Fiske 1992). Darauf verweist bereits Tönnies in seinen Stellungnahmen zu Webers Handlungsmodell (z.B. Tönnies 1981: S. 6). Dieses unterschlägt nämlich, das sich in jedem Handeln ein „Wollen" ausdrückt, also ein Denken darüber, mit welchen Mitteln welche Zwecke erreichbar sind, wie Bedürfnisse befriedigt können und das soziale Miteinander organisiert werden kann. Dieses Wollen lässt sich nach Tönnies nun hinsichtlich des menschlichen Grundbedürf-

---

[2] Das Thema Gemeinschaft spielt dabei aber nur eine untergeordnete Rolle und wenn, dann wird Gemeinschaft eher als politisch-programmatische Idee thematisiert (insofern z.B. in Parteiprogrammen der Familie als Basisgemeinschaft eine besondere gesellschaftliche Funktion zugeschrieben wird).

[3] Dieses Problem betrifft auch die Klein- bzw. Primärgruppenforschung. Vgl. dazu Tegethoff 2001.

nisses nach sozialer Bindung (Wesenswillen) und dem Streben nach Organisation des Zusammenlebens (Kürwillen) spezifizieren[4]. Demnach lässt sich soziales Handeln nicht primär aus individuellen Nutzenkalkülen, sondern aus sozialen Bindungskräften herleiten, wie sie in den Prozessen sozialer Formierung (Simmel 1983) und sozialer Figuration (Elias, 1991, 1994) zum Vorschein kommen. In diesen kulturtheoretischen Ansätzen standen von jeher soziale Handlungsorientierungen und Muster der gemeinsamen Lebensführung im Zentrum des Interesses. Die Analysen von Elias (1993; 1994a) über In- und Outgroup Orientierungen oder die familiensoziologischen Studien von Claessens (1979) belegen das anschaulich, um nur einige Studien zu nennen.

In Anlehnung an solche Studien zielt die hier skizzierte soziologische Gemeinschaftsforschung auf die Frage, wie sich soziale Gemeinschaften über gemeinsame Handlungs- und Wertorientierungen und das Maß alltagspraktischer Handlungsbezüge konstituieren und das Zusammenleben organisieren. Im Zentrum stehen Gestaltungsprozesse der sich konstituierenden Sozialbeziehungen, die Strukturierung des Alltagslebens durch Kommunikations- und Entscheidungsprozesse sowie die langfristige Organisation dieser Beziehungen und -prozesse im Gemeinwesen selbst (Spurk 1990). Dabei wird auch der gesellschaftspolitische Stellenwert sozialer Gemeinschaften im gesamtgesellschaftlichen Gefüge, vor allem ihr gesellschaftspolitischer Modellcharakter für eine demokratisch verfasste Gesellschaft herausgearbeitet (vgl. dazu die Beiträge von Joas und Mohrs in diesem Band). So gesehen verweist die anvisierte soziologische Gemeinschaftsforschung auf eine kritische Analyse der gesellschaftspolitischen Implikationen, die sich aus alternativen Lebens- und Arbeitsformen für moderne Zivilgesellschaften ergeben. Dennoch kann es nicht darum gehen, die Gleichzeitigkeit von Gemeinschaft und Gesellschaft aufzuheben, noch darum, Gemeinschaften gegenüber Gesellschaft ein Primat einzuräumen oder diese gar als gesellschaftliche Gegenmodelle zu idealisieren. Beides ist weder theoretisch noch empirisch haltbar.

II. Zugänge zur Gemeinschaftsforschung

Menschen leben seit jeher in sozialen Gemeinschaften wie z.B. in der Gemeinschaft der Herkunftsfamilie und des Clans. Prototyp menschlicher Gemeinschaften ist daher die Familie. Sie wird daher auch als anthropologisch bedingte

---

[4] Diese Annahme wird durch anthropologische Überlegungen z.B. Arnold Gehlens unterstrichen, der den Menschen als „wesentlich wollend" bezeichnet (Gehlen 1964). Dieses Wollen lässt sich auch als Teil des menschlichen Habitus und als Wille zur Formierung sozialer Gemeinschaften, sozialer Bünde und menschlicher Verbände fassen. Vgl. dazu auch die Überlegungen von Schroeter (2004) über Figurative Felder.

Grundform von Gemeinschaft bezeichnet. Familien lassen sich so gesehen als durch Generationenbeziehungen konstituierte Lebensgemeinschaften definieren (Wurzbacher 1963; 1977). Obwohl die die Zugehörigkeit zur Gemeinschaft der Familie zumindest für einen Teil ihrer Mitglieder (nämlich die Kinder) sozial vorgegeben ist, kann zunächst postuliert werden, dass ihre Mitgliedschaft von den beteiligten Akteuren gewollt ist. Das gilt idealer Weise sowohl für die Partnerschaft der Eltern, als auch für die Kinder. So wird zumindest im westlichen Kulturkreis von einer freien Partnerwahl gesprochen. Und auch bei der Geburt eines Kindes kann man zunächst unterstellen, dass mit ihr das Wollen der Eltern nach Gründung einer Familie einhergeht[5]. Damit verbunden dürfte der Wille sein, das Familienleben gemeinschaftlich zu gestalten (unabhängig davon, ob das partnerschaftlich oder arbeitsteilig organisiert wird). In diesem Sinne ist die Zugehörigkeit zur Familie auch für die Kinder nicht einfach durch die Geburt festgelegt. Sie zeichnet sich durch die Bindung der Kinder an ihre Eltern aus, die von den Kindern selbst gewollt ist (Grundmann 2006)[6]. Allerdings ist dieser für die Bestimmung von sozialen Gemeinschaften zentrale Aspekt des Wollens und der freiwilligen Selbstbindung im Falle der Familie prekär. In der hier skizzierten Form kann er keine kulturübergreifende, ja selbst im westlichen Kulturkreis nur eine bedingte Gültigkeit beanspruchen. Zwangsheiraten und patriarchale Beziehungsstrukturen belegen, dass Familienbeziehungen mitunter mit Gewalt durchgesetzt bzw. allein durch rechtlich oder religiös legitimierte „Gesetze" aufrechterhalten werden können.

Die Familie als soziale Gemeinschaft zu definieren wird daher immer dann problematisch, wenn damit lediglich die formale Zugehörigkeit zur Familie als Bezugsgruppe thematisiert werden soll. In diesem Fall wird Mitgliedschaft nämlich sozial zugeschrieben[7]. Damit werden jedoch die für Gemeinschaften zentralen Aspekte des Zugehörigkeitsgefühls, des Willens der Akteure sich sozial zu verbinden, die Prozesse der Gemeinschaftsbildung und Gemeinschaftsbindung also, ausgeblendet. Die begrifflichen Unschärfen des Gemeinschaftsbegriffes,

---

[5] Selbstverständlich ist das eine idealistische Annahme, die aber zumindest immer dann zutrifft, wenn das Kind „gewollt" ist.
[6] So gesehen ist es verwunderlich, dass die Familie als *soziale* Gemeinschaft in der Familiensoziologie – spätestens seit den 1970er Jahren weder theoretisch noch empirisch hinreichend thematisiert wurde. Aber auch darin äußert sich wahrscheinlich der bereits genannte Fokus der Forschung auf individuelle Akteure. Aus der damit einhergehenden analytischen Perspektive ist die Herkunftszugehörigkeit eine soziale Kategorie bzw. eine Kontextbedingung für individuelles Handeln – mithin eine eindeutig bestimmbare Größe – deren Qualität für das individuelle Handeln beschreibbar ist.
[7] Ein Problem, dass auch die Familienstatistik kennzeichnet, z.B. dann, wenn die Zugehörigkeit zur Familie über den Familienstatus oder die Bindung von Personen an den Haushalt definiert wird.

die sich durch formale Zuschreibungen von Gemeinschaftseigenschaften ergeben, finden sich insbesondere im politischen Diskurs. Die Bezeichnung der Familie als „Verantwortungsgemeinschaft", wie sie in parteipolitischen Programmen aufscheint, verweist in erster Linie auf die Fremdzuschreibung von Ge-
meinschaftswerten bzw. -eigenschaften. Ähnliche – allerdings politisch weiter-
reichende – Schwierigkeiten bei der theoretischen Bestimmung sozialer Gemeinschaften ergeben sich aus einer gesellschaftstheoretischen Perspektive. Der
politische Begriff der Volksgemeinschaft, der vor allem im Nationalsozialismus
benutzt wurde, um völkische Gemeinschaften zu suggerieren und gegeneinander
abzugrenzen ist – ähnlich wie im Falle der Familie als statistisch zu erfassende
soziale Gruppe oder als politische Leitidee – durch von außen definierte Zu-
schreibung der Mitgliedschaft gekennzeichnet. Die damit einher gehende Natu-
ralisierung politischer Gruppenzugehörigkeit und die Ideologisierung von Gemeinschaftlichkeit führt zu einer analytischen Unschärfe des Gemeinschaftsbegriffs, der bis heute die Forschungen beeinflusst[8].

Ähnliche Unschärfen in der Begriffsverwendung ergeben sich bei der Übersetzung des anglo-amerikanischen Begriffs der Community. Dieser weist zunächst
deutliche Bezüge zur Kommunalisierungsbewegung auf, die sich in Europa vor
allem in der Formierung dörflicher Lebensgemeinschaften und nachbarschaft-
lich organisierter Gemeinschaften (Gemeinden) niederschlug. Die Bezeichnung
der sich in der Neuen Welt begründeten Communities orientiert sich zunächst an
dem damit zusammenhängenden europäischen Begriff der Kommune (siehe dazu Blickle 1991; Drucks 2004). So gesehen kommt er dem hier anvisierten Gemeinschaftsbegriff am nächsten. Das drückt sich auch darin aus, dass die
„Community-Forschung" ein weites Spektrum von Gemeinschaftsbezügen –
vom Dorf bis zur virtuellen Welt – abbildet (Christensen & Levinson 2003).
Aber auch im anglo-amerikanischen Sprachgebrauch weist der Begriff andere
Bezüge auf. Community wird dort ebenfalls verwandt, um formale Gemein-
schaftszugehörigkeiten – nicht selten ethnischer oder anderer politischer Zugehörigkeiten – zu benennen. So gesehen unterliegt auch der Begriff der Community einer politischen Vereinnahmung, die sich aus dessen soziologischen Gehalt
gar nicht herleiten lässt. Es sind vor allem diese Vereinnahmungen und Ideolo-

---

[8] In Deutschland liegt eine Ursache für das Ausblenden des Gemeinschaftsbegriffs bzw. einer
Gemeinschaftsforschung ganz offensichtlich in den *gesellschaftspolitischen* Implikationen
begründet, die mit dem Begriff Gemeinschaft einhergehen. Seit der ideologischen Vereinnahmung des Begriffs im Nationalsozialismus wird Gemeinschaft mit Kollektivzwang
gleichgesetzt. Allerdings darf nicht übersehen werden, dass der Gemeinschaftsbegriff dabei
eine untergeordnete Rolle gegenüber z.B. den Kategorisierungen wie „deutsches Volk", „Ras-
se" und „Staat" spielte (Breuer 2002).

gisierungstendenzen, die dem Gemeinschaftsbegriff sein analytisches Potential
nehmen.

Dieses Potenzial zu explizieren könnte dadurch gelingen, dass Gemeinschaft im
oben genannten Sinne sozialer Bindungskräfte nicht mit Community übersetzt,
sondern als eine sich manifestierende soziale Einheit konzipiert wird. Damit
könnten auch die gesellschaftspolitischen Konnotationen und ideologischen
Verzerrungen des Gemeinschaftsbegriffs vermieden werden. Denn auf diese
Weise ist klar, dass mit Gemeinschaft keine formale Gruppe gemeint ist, sondern jenes konjunkte Zusammensein von Individuen, über den sich sozialen
Handlungsbezüge und Zugehörigkeiten erst formieren. Daher gilt es – gerade
auch angesichts der Auflösung von Nationalstaaten hin zu einer globalisierten
Weltordnung – den sozialräumlich überschaubaren Lebenspraxen vor Ort besondere Aufmerksamkeit zu schenken. Denn so lassen sich die unterschiedlichen
sozialen Formen von Gemeinschaftlichkeit erfassen: Lebensgemeinschaften e-
benso wie Interessengemeinschaften und soziale Verbünde, die sich durch eine
gemeinsame Lebensführung ihrer Mitglieder auszeichnen. In diesem Sinne
kommt den sozialökologischen Implikationen eines sozialräumlich begrenzten
und damit auch auf nachhaltiges soziales Handeln zielenden Gemeinwesens
(wie es vor allem in Ökodörfern als Prototyp postmoderner Gemeinschaftsfor-
mation praktiziert wird; vgl. dazu die Beiträge von Kunze und Notz in diesem
Band) eine besondere Bedeutung bei der Erforschung sozialer Gemeinschaften
zu.

Wenn Gemeinschaft aus einer solchen Perspektive des Zusammenlebens hergeleitet wird, dann kann Gemeinschaft nicht als Gegenmodell zur Gesellschaft
konzipiert werden, sondern wird als Teil von Gesellschaft modelliert. Bereits
Tönnies (1963, 1981) hat deutlich herausgearbeitet, dass Gemeinschaft nicht
außerhalb, sondern geradezu im Zentrum des Gesellschaftlichen steht. Sie stellt
lediglich eine besondere Form der sozialen Bezugnahme von Individuen dar: die
der natürlichen, dem Gattungswesen Mensch eigentümlichen, d.h. wesensgemä-
ßen Haltung gegenüber Mitmenschen des sozialen Nahraums, mit intimen Bezugspersonen also, die eine – zumeist durch Generationenbeziehungen sich etab-
lierende – Lebensgemeinschaft begründen. Das muss sich keineswegs auf die
private Lebensführung beschränken (also auf Familie und Verwandtschaft).
Gemeinschaftliche Beziehungen etablieren sich, wie wir noch ausführen werden,
auch im öffentlichen Raum. Tönnies zählt zu recht auch Vereine und Verbünde
zu den Formen gemeinschaftlichen Lebens.

Diesem Gedanken folgt auch Max Weber (1964), wenn er gemeinschaftliches
Handeln dem gesellschaftlichen Handeln voranstellt und die Organisation zwi-

schenmenschlicher Beziehungen der Sphäre des Gemeinschaftlichen zuordnet, zumindest solange die Beziehungen sich nicht primär über formale Zugehörigkeitskriterien definieren. Aus *handlungstheoretischer* Sicht ist Gemeinschaftshandeln sinnhaft aufeinander bezogenes Handeln im mikrosozialen Kosmos der konkreten Sozialbeziehungen. Es weist einen geringen Formalisierungsgrad auf, umfasst die Personen und dessen Lebenswelt als Ganzes und beruht auf freiwilliger, affektiver Bindung der Akteure. Es ist nach Weber das gemeinschaftliche Handeln, das Menschen aneinander bindet[9]. Daher verdienen jene sozialen Handlungsstrukturen, die sich aus der wechselseitigen Bezugnahme sozialer Akteure und den sich dabei konstituierenden Beziehungsstrukturen herleiten, eine besondere Aufmerksamkeit in einer soziologischen Gemeinschaftsforschung. In diesem Sinne verweist Weber mit dem Begriff der Gemeinschaft auf den sozialen „Nahbereich", in dem Menschen ganz unmittelbar und sehr konkret sinnhaft aufeinander bezogen handeln. Soziale Gemeinschaften sind durch das lokale Zusammenleben und die Etablierung kleinräumiger Sinnstrukturen und Lebenswelten bestimmt. Sie kommen in den sich dort etablierenden Prozessen der sozialen Organisation von Beziehungen und des Alltags zum Vorschein (vgl. dazu Lichtblau 2000), also jene Prozesse, die von unten – durch das konkrete Zusammenleben individueller Akteure, durch gelebte Sozialität, durch Solidarität und Verlässlichkeit – entstehen. Gemeinschaftshandeln ist aber umgekehrt immer auch in seiner Einbettung in gesellschaftliche Strukturen zu analysieren. Sie definieren die Rahmenbedingungen, unter denen Gemeinschaft lebbar ist. Daher stellen soziale Gemeinschaften auch keinen Gegensatz zu Gesellschaft dar, sondern oszillieren zwischen Individualität und Gesellschaftlichkeit (je nach Maß der sozialen Bindung, Organisationsform und Institutionalisierungsgrad). In ihnen kommt das Verhältnis zwischen „konkret-erfahrungsweltlichen" und „formal-rechtlichen" Organisationsmöglichkeiten des sozialen Miteinanders zum Vorschein.

So gesehen verweisen soziale Gemeinschaften auf eine analytisch bisher unterbelichtete Ebene der mesostrukturellen Beziehungen. In sozialen Gemeinschaften wird nämlich das Wesentliche des sozialen Zusammenlebens wie Intimität,

---

[9] Man könnte überpointiert auch sagen, dass Individualität als gesellschaftlicher Seinsmodus (also als Merkmalsbeschreibung von Personen bzw. personaler Identität) erst in Gemeinschaft entsteht. In diesem Zusammenhang sind auch kulturvergleichende Vorstellungen von Individualität aufschlussreich. So arbeiten Oerter und Oerter (1995) heraus, das Individualität in so genannten kollektivistischen Gesellschaften im Wesentlichen über Gemeinschaftsbezüge definiert werden. Diesbezüglich sind auch Webers (1920) religionssoziologischen Studien – insbesondere seine Überlegungen zum okzidentalen Rationalismus – für eine soziologische Gemeinschaftsforschung wegweisend. Für die historische Entwicklung einer dem Gemeinwesen entgegen gesetzten Vorstellung von Individualität ist seine Studie zur protestantischen Ethik aufschlussreich (Weber 1934).

Reziprozität, Kommunikation in besonderer Weise anschaulich. Sozialen Gemeinschaften ist eigen, dass sie sich im alltäglichen Miteinander konstituieren
und bewähren müssen, mithin auf eine gemeinsame Lebensführungspraxis bezogen sind. Dieses Miteinander kann sich Weber zufolge von konkreten, in privaten Lebensbereichen verankerten Formen des Zusammenlebens (wie z.b.
der Familie als Lebensgemeinschaft) bis hin zu Beziehungen im „öffentlichen
Raum" erstrecken (wie z.b. die gemeinsame Freizeitgestaltung im Verein). Diese Beziehungen ist mitunter auch ein gewisses Maß an Formalisierung eigen.
Soziale Gemeinschaften lassen sich also auf einem Kontinuum abbilden, dass
von konjunkten bis hin zu disjunkt verfassten Sozialbeziehungen und Organisationen reicht. Soziale Gemeinschaften zeichnen sich auf diesem Kontinuum
durch ihre konjunkte Verfassung aus, die ein hohes Maß an Reziprozität und
Verbindlichkeit der beteiligten Akteure voraussetzt. In dem Augenblick aber, in
dem die Beziehungen über eindeutige Verfahrensregeln gesteuert werden, wandeln sich Gemeinschaften zu gesellschaftlichen „Einrichtungen" bzw. „Gruppierungen", denen man aufgrund spezifischer Merkmale zugehört bzw. der man
sich zugehörig fühlt oder auch nicht.[10]

Legt man eine solche Bestimmung von Gemeinschaften zugrunde, dann kommen zugleich die Grenzen einer auf Gemeinschaftlichkeit basierenden sozialen
Ordnung zum Vorschein. Weber (1964) zieht die Grenze beim Übergang zum
Gesellschaftshandeln, Coleman (1997) bei der Transformation konjunkt verfasster in disjunkt verfasste Korporationen[11]. Das lässt sich folgendermaßen skizzie-
ren:
- Der Übergang vom Gemeinschaftshandeln qua Übereinkunft zwischen Individuen (z.b. Tauschbörse) zum Gesellschaftshandeln durch kontraktuelle
  Übereinkunft qua Satzung (z.b. Verein) ist fließend.
- Zwischen Gemeinschaftshandeln und Gesellschaftshandeln steht das Einverständnishandeln als quasi institutionell geregeltes Handeln, das auf wechselseitige Erwartungsbezüge basiert (z.b. Als-Ob-Vereinbarungen wie sie z.b.

---

[10] Das erklärt mitunter auch, warum gesellschaftlichen Kategorien in der empirischen Sozialforschung so viel Aufmerksamkeit beigemessen wird. Sie lassen sich einfacher, nämlich anhand eindeutiger Kriterien messen. Gemeinschaften hingegen weisen Mehrdeutigkeiten auf,
die u.a. auch dadurch entstehen, weil sie von den beteiligten Akteuren mitunter ganz verschieden wahrgenommen werden. In diesen differenten – formalen vs. konkreten Zugehörigkeitskriterien – liegt auch der Unterschied zwischen einer Gruppen- und einer Gemeinschaftsforschung begründet.
[11] In Anlehnung an Colemans Sozialtheorie (1997) lässt sich auch empirisch nachweisen, dass
disjunkte Vertragsregelung aus konjunkten Sozialbeziehungen hergeleitet werden können,
diese sogar voraussetzen. – ein Aspekt den Coleman aufgreift, um die Vernetzung sozialer
Akteure und die Entstehung von Entscheidungsstrukturen zu erkunden.

für Sprachengemeinschaften – bzw. noch fundamentaler ausgedrückt, für kommunikatives Handeln (Habermas 1981) typisch sind).
- Entwicklungsgeschichtlich vergesellschaften sich Gemeinschaften durch Konventionalisierung und Verrechtlichung des gemeinsamen Werte- und Handlungskanons, was an Überlegungen Berger & Luckmanns (1969) zur Institutionalisierung sozialer Sinnzusammenhänge anschlussfähig ist.
- Gemeinschaften tendieren durch Rationalisierung und Differenzierung ihrer Funktionen zur Vergesellschaftung und zugleich zur Ausbildung einer spezifischen Individualisierung, wie sie Simmel (1992) für Prozesse der Institutionalisierung von Gruppenbezügen beschrieben hat.

Diese theoretische Herleitung von Gesellschaft aus Gemeinschaft ist einem modernen Weltbild geschuldet, aus dem sich die handlungstheoretische Modellierung von Gemeinschaft und Gesellschaft (schon bei Weber) speist. Demnach haben gesellschaftliche Strukturen die Tendenz, sich von konkreten sozialen Akteuren zu lösen, ja jenseits konkreter Handlungsbezüge zu existieren. Sie bilden nach Parsons (1975) eigene Funktionsbereiche und Systeme, die den Akteuren spezifische Handlungsrationalitäten vorgeben, die sich aus einer strukturfunktionalen Ordnungslogik herleiten. Aus *sozialisationstheoretischer* Perspektive lässt sich daraus folgern, dass Gemeinschaften eine besondere, sozial integrative Bedeutung zukommt. Dennoch stehen Gemeinschaften immer auch im Spannungsfeld zu gesellschaftlichen, hochgradig formalisierten mitunter auch institutionell verankerten „Rahmenbedingungen". Das wird besonders deutlich an der Familie als „natürlicher" Gemeinschaft. Dort wird der sozial bindende und sozialisatorische Charakter von Gemeinschaften sichtbar – aber auch deutlich, wie die gemeinschaftliche Bindung in der Partnerschaft durch z.B. die Institution der Ehe und rechtliche Vorgaben z.B. des gemeinsamen Wirtschaftens beeinflusst wird. Daraus ergeben sich Anschlussfragen an die sozialen Bindungspotentiale eines gemeinschaftlich organisierten Lebens, wie z.B. Fragen zur Vereinbarkeit von Familie, Freizeit und Beruf und zur Gestaltung von Generationenbeziehungen in Gemeinschaft, die sich im Wesentlichen von wohlfahrtsstaatlichen Regelungen der Generationenverhältnisse und von Generationenbeziehungen (z.B. über das Familienrecht) abgrenzen lassen. Wesentlich dabei ist, dass individuelle Akteure als Teil einer Gemeinschaft und nicht – wie im individuellen Rationalismusmodell – als „Atome" des Sozialen gefasst werden.

Solche Überlegungen sind vor allem für die Analyse von Sozialisationspraxen und -agenten bedeutsam, die sich gerade durch gemeinschaftliche Handlungsbezüge auszeichnen. Sozialisation zielt nämlich nicht nur auf die Genese der Persönlichkeitsentwicklung, sondern impliziert immer auch die Herstellung von Gemeinschaftlichkeit trotz subjektiver Erfahrungsbezüge und individueller Bedürfnisse und Handlungsinteressen (Grundmann 2006). Die Analyse von sozialen Gemeinschaften kann daran anschließen, in dem sie die Konstitution eines sozialen Wir analysiert, dass sich durch Assoziation bildet. So gesehen sind Gemeinschaftsbildungsprozesse Beispiele für die Etablierung von Sozialisationspraxen in Familie, Peer-Gruppe, im Verein und in unterschiedlichen Handlungskontexten im Erwachsenenalter.

Vor dem Hintergrund der bisherigen Überlegungen und mit Rückgriff auf die Definition von Gemeinschaftshandeln bei Max Weber (1964) und mit Bezug auf die Überlegungen Colemans (1997) zur sozialen Verfassung sozialer Korporationen ergibt sich ein spezifischer analytischer Zugang zur Erforschung sozialer Gemeinschaften. Vor diesem Hintergrund nämlich äußert sich Gemeinschaftlichkeit zunächst in der „Übereinkunft" sozialer Akteure über gemeinsame *Werte, Ziele und Interessen*. Das Gemeine ergibt sich dabei durch wechselseitige, lebensweltlich verankerte Handlungsbezüge, über die im konkreten Miteinander Übereinkunft erzielt wird und über die sich Regeln des Miteinanders herleiten[12]. Coleman verweist dabei auf jene Formen des sozialen Zusammenlebens, die wenig formell aber alltäglich sind, die auf Bindung und Zugehörigkeit hinweisen, mithin konkreter statt abstrakter Kommunikation bedürfen (vgl. dazu auch Habermas 1981)[13]. Auch das macht selbstverständlich ein organisiertes Miteinander erforderlich. Neben natürliche Gemeinschaften – die sich, wie gesagt, aus den generativen Handlungsbezügen des Menschen herleiten – treten nun auch gemeinschaftliche Bindungen, die sich durch sozialen Zusammenschluss „relativ Gleicher", durch Assoziationen ergeben. Diese lassen sich auch als „übergreifende Vergemeinschaftung" im Sinne Webers definieren. Aus handlungstheoretischer Perspektive kommt dabei der sozialen Bezugnahme durch die individuellen Akteure selbst eine besondere Bedeutung zu. Wie gesagt: Gemeinschaft muss von den Akteuren „gewollt" sein. Zwangsgemeinschaften, wie z.B. ideologisch bestimmte Volksgemeinschaften sind daher nicht als soziale Gemeinschaftsformen, sondern als politisch definierte Gemeinschaftstypen zu bezeichnen. Sie werden explizit aus unseren Überlegungen ausgeschlossen.

Vor dem Hintergrund von Modernisierungs- und Individualisierungsprozessen lassen sich soziale Gemeinschaften aber auch *gesellschaftstheoretisch* bestimmen. Aus einer solchen Perspektive erscheinen soziale Gemeinschaften als ein „Zurück" zu sozialen Nahraumbeziehungen (vgl. dazu Mohrs in diesem Band). So wird vor allem im Diskurs über die Postmoderne argumentiert, dass der Ver-

---

[12] Der *etymologischer Wortstamm von Gemeinschaft* bedeutet: etwas, das Mehreren abwechselnd zukommt, das wechselseitigen Nutzen bringt.
[13] Anhand vertragstheoretischer Überlegungen lassen sich bereits die hier anvisierten konjunkten Sozialbeziehungen als „Grundlage" jeder Sozialität begründen (Grundmann 2005).

lust sozialer Nahraumbeziehungen im Zuge von Mobilisierungs- und Globalisierungstendenzen geradezu die Suche nach verlässlichen und Identität stiftenden Handlungsstrukturen und Tendenzen befördert, die sich z.B. in alternativen Lebensformen äußern. Das ist mitunter sogar mit der Hoffnung verbunden, eine „gute" – d.h. den Bedürfnissen nach verlässlichen Sozialbeziehungen entsprechende – Gesellschaft schon im Hier und Jetzt realisieren zu können (Eurotopia 2004). Denn soziale Gemeinschaften ermöglichen die Vernetzung von Menschen mit ihren differenten Bedürfnissen nach individueller Lebensführung und eine gesellschaftspolitische Positionierung dieser sozialen Netzwerkstrukturen in der gesellschaftlichen Öffentlichkeit. Damit erhalten soziale Gemeinschaften den Charakter einer sozialen Bewegung. Zugleich eröffnen sich aber neue Fragen, z.B. wie Gemeinschaftsmitglieder mit Konformitätsdruck umgehen, wie sich soziale Gemeinschaften mit sozialen Schließungsprozessen, wie mit Fluktuationen der Mitgliedschaften auseinander setzen.

III.   Empirische Evidenzen für eine soziale Ordnung von unten

Historisch betrachtet sind soziale Gemeinschaften in dem skizzierten Sinne ein Produkt der Moderne (Besemer 1981; Greverus 1983; Schibel 1985; Mullet 1980). Sie tauchen vermehrt im Mittelalter im Zuge religiöser Heilsbewegungen und dem Gründungsboom christlicher Klöster auf. Auch in anderen Kulturkreisen finden sich vor allem religiös motivierte Gemeinschaften, die als Ausdruck einer modernen Gesellschaftsordnung auftreten und Individuen auf der Suche nach dem „Sinn des Lebens" begleiten. Diese Gemeinschaften weisen von Anfang an eine politische Dimension auf (Plümper 1972; Peters 1992), die sich in der Befreiung von Herrschaftsansprüchen der Obrigkeit – bzw. in einem Rückzug aus der Welt des „Profanen" äußert. Besonders aufschlussreich ist in diesem Zusammenhang aber auch die Gründung von Dorfgemeinschaften und städtischen Kommunen im ausgehenden Mittelalter. Diese lassen sich nämlich als Versuch freier Bürger verstehen, sich durch kommunale Sozialordnungen gegenüber Herrschaftsansprüchen des Adels zur Wehr zu setzen (Blickle 1991). Bis ins 19. Jahrhundert zeugen Bruderschaften und politische Zirkel, insbesondere aber die Genossenschaftsbewegung von intentional gegründeten Gemeinschaften im alten Europa (Faust 1958/1965; Goertz 1984; Kerbs/Reulecke 1998). Längst jedoch hatten Kolonialisierungen und Wanderungsbewegungen aus der alten Welt eine ganze Welle von Gemeinschaften in der Neuen Welt hervorgebracht (Bester 1950; Hill 1972; Fogarty 1980), zuletzt die Besiedelung Palästinas u.a. auch durch die Kibbutzbewegung (Buber 1950), deren Entstehung, Entwicklung und Folgen für die Kommunarden in zahlreichen Veröffentlichungen dokumentiert wurde (Busch-Lüty 1989).

Die Bestimmung von sozialen Gemeinschaften als Phänomen der Moderne deutet sich auch in den religionssoziologischen Schriften Max Webers (1934) an, in denen er die zentralen Motive nach sozialer Verbundenheit nachzeichnet, die religiösen und politischen Suchbewegungen eigen sind. Es ist die Suche nach dem „Paradies auf Erden", dem „guten Leben im Hier und Jetzt", die letztlich als Ausdruck einer Heilsbewegung angesehen werden kann und nicht selten durch charismatische Führer angeleitet wird. Solche Bewegungen lassen sich – wie skizziert – in allen historischen Phasen auffinden: im frühen Mittelalter als Etablierung von religiösen und weltlichen Bruderschaften, Zirkeln und Orden, im späten Mittelalter als kommunale Verfassungen von Dorfgemeinschaften und städtischen Gemeinwesen, in der Besiedelung der neuen Welt, in der israelischen Kibbutzbewegung und gegenwärtig in der Kommunebewegung. All diesen Bewegungen ist gemein, dass sie Intentionale Gemeinschaften gründeten, deren Ziel und Zweck bis heute ist, den gesellschaftlichen Verhältnissen eine alternative Lebensform entgegenzuhalten, die zumindest dem Ideal nach eine nachhaltigere Form des sozialen Miteinanders versprachen. Wie auch immer die Intentionen begründet wurden, ob politisch, religiös, esoterisch oder ökologisch; mit ihnen geht eine Positionierung zum profanen, weltlichen und zumeist auch als entfremdet erlebten Dasein einher.

Gerade die Forschungen über die Kibbutzbewegung sind ein wichtiger Anknüpfungspunkt für die anvisierte Gemeinschaftsforschung, weil in ihnen bereits wesentliche Prozesse der Gemeinschaftsbildung und Vergemeinschaftung intensiv erforscht wurde (Diamond 1957; Fiedler 1995; Mittelberg 1988; Liegle/Bergmann 1994). Die Kibbutzbewegung entstand bereits zu Beginn des 20. Jahrhundert und ging Hand in Hand mit jenen Kommunegründungen, die durch die Jugendbewegung in den 20er Jahren ihren vorläufigen Höhepunkt fand (Burridge 1969; Linse 1984; Helmer 1983). Allerdings wurde gerade die Kibbutzbewegung durch die politischen Ereignisse des 2. Weltkriegs zu einer politischen Bewegung, die maßgeblich die Gründung des Staates Israel vorantrieb. Die Konsequenz: Viele Kibbutzim verloren im Zuge ihrer gesellschaftspolitischen Vereinnahmung ihren Gemeinschaftsstatus (Schibel 1985). In den 60er Jahren entwickelte sich vor allem in Nordamerika, etwas Zeit versetzt in Europa, eine Kommunebewegung, die sich aus der Kriegs- und unmittelbaren Nachkriegsgeneration speiste. Sie schloss an die Ideen der frühen Kommunebewegung in den 1920er Jahren an und verstand sich als Gegenmodell zu einer verkrusteten kleinbürgerlichen Gesellschaft (Metcalf 2001). Diesen „postmodernen" sozialen Gemeinschaften ist eigen, dass sie versuchen, Individualität und Gemeinsinn miteinander zu vereinbaren. Die Suche nach einem Leben in sozialen Gemeinschaften kann demnach als Ausdruck einer Lebensführung gedeutet werden, die sowohl Freiräume für die individuelle Lebensführung schafft, als auch eine soziale und gesellschaftspolitisch begründete Verbundenheit der Gemeinschaftsmitglieder ermöglicht. Gerade für postmoderne Gemeinschaften ist kennzeichnend, dass in ihnen Formen des Zusammenlebens erprobt werden sollen, die Pluralität und Flexibilität der individuellen Lebensführung zulassen, in denen Privatheit und Öffentlichkeit der Lebensführung gleichermaßen Bedeutung zukommt und die individuelle Lebensführung mit einer nachhaltigen, sozialökologischen Lebensweise im Rahmen demokratisch verfasster Gesellschaft und Weltordnung (gesellschaftspolitische Dimension) vereinbar ist.

Die historischen Beispiele zu den vielfältigen Formationen von sozialen Gemeinschaften verweisen darauf, dass sich soziale Gemeinschaften „unterhalb" gesellschaftlich verankerter Strukturen etablieren. Auch die im Zentrum dieses Buches stehenden sozialen Gemeinschaften zeichnen sich dadurch aus, dass sie eine eigene Identität auch und gerade dadurch gewinnen, dass in ihnen alternative Lebensweisen innerhalb einer Gesellschaft erprobt werden, die das Private vom Öffentlichen trennt. Sie sind gleichwohl nicht primär politisch motiviert, sondern vor allem lebenspraktisch ausgerichtet. Das Gemeinsame wird nicht einfach vorgegeben. Es konstituiert sich von Innen, also durch Aushandlungs- und Austauschbeziehungen der Gemeinschaftsmitglieder, wobei sich zugleich Abgrenzungen nach Außen ergeben. Das liegt in der Natur dichter Kommunikationsstrukturen, die ein bestimmtes Maß an sozialer Intimität implizieren. In hochgradig individualisierten Gesellschaften geht damit die Notwendigkeit einher, das Private mit der kommunalen Öffentlichkeit zu vereinbaren. Die Gemeinschaftsmitglieder binden sich als freie Individuen an eine soziale Bezugsgruppe, die den Rahmen der privat organisierten Kleinfamilie sprengen und eine Art von kleinräumlicher Öffentlichkeit herstellen.

IV. Ansätze einer soziologischen Gemeinschaftsforschung

Wenn wir den bisherigen Überlegungen folgen, dann lassen sich allgemeine Kriterien benennen, die für die Formierungen des Gemeinwesens, konkret: für die Etablierung sozialer Gemeinschaften im weiteren Sinne bedeutsam sind. Demnach lassen sich Gemeinschaften zunächst aus den Motiven des Zusammenschlusses individueller Akteure bestimmen (gemeinsame *Werte, Interessen, Ziele*). In ihnen kommt das gemeinsame „Wollen" zum Ausdruck. Darüber hinaus sind die *Strukturiertheit der Beziehungen* zwischen den Gemeinschaftsmitgliedern und der *Grad der formalen Organisation* der Gemeinschaften zu betrachten. Das Spektrum sozialer Gemeinschaften reicht dann – entsprechend des skizzierten Kontinuums von konjunkt bis disjunkt verfasster Beziehungsorganisation – von privaten Lebensformen der familialen Lebensführung bis zu politischen und wirtschaftlichen Verbänden sowie Genossenschaften.

- Demgegenüber stehen soziale Lebens- und Wohngemeinschaften, die sich im Privaten konstituieren und sich durch sozialräumlich überschaubare und auf die alltägliche Lebensführung konzentrierte Organisation des Zusammenlebens auszeichnen. Dazu gehören aber auch Kommunen und religiöse bzw. spiritualistische Lebensgemeinschaften, die einem sozialpolitischen, mitunter auch visionären Ideal folgen, dass sich in spezifischen Alltagspraktiken des Zusammenlebens (wie z.b. Ritualen, Regelwerken etc.) ausdrücken.
- Politische und wirtschaftliche Verbände sowie Genossenschaften stellen dabei eine Seite von mehr oder weniger gesellschaftlich und politisch tolerierten Organisationsformen sozialer Gemeinschaften in modernen Gesellschaften dar. Sie sind durch ein hohes Maß an Strukturiertheit und Formalität der Beziehungen und institutionalisierten – mithin in der „Öffentlichkeit" verankerten Wertorientierungen – gekennzeichnet.
- Dazwischen finden sich Gemeinschaften, die spezifischen Zwecken folgen und zur Umsetzung gemeinsamer Interessen in Teilbereichen des Lebens gegründet werden. Dazu zählen z.b. Vereine und Nachbarschaftsinitiativen. Auf dieser Ebene der Gesellschaft findet sich ein höchst differentes Gemeinwesen, das in unterschiedlichsten sozialen Gruppierungen, Sozialverbänden und Organisationen der Wohlfahrtspflege zum Ausdruck kommt.

Wenn wir vor dem Hintergrund der theoretischen Ausführungen und der historischen Entwicklungen eine soziologische Gemeinschaftsforschung wagen, dann bedarf das zunächst eine Einschränkung des Forschungsfeldes. So konzentrieren wir uns in diesem Buch auf jene sozialen Gemeinschaften, die sich durch einen geringen Formalisierungsgrad ihrer Sozialbezüge und durch eine gemeinsame Lebensführung auszeichnen. Diese Eingrenzung begründet sich zunächst aus unserem Interesse, *Prozesse der Gemeinschaftsbildung* (also des konkreten Zusammenschlusses individueller Akteure zum Zweck einer gemeinsamen Lebensführung) und *Prozesse der Vergemeinschaftung* zu erkunden, die innerhalb der sich formierenden Gemeinschaft ablaufen. Diese Vergemeinschaftungsprozesse äußern sich z.b. darin, wie die Akteure ihre Beziehungen gestalten und ihr Zusammenleben organisieren.

Um das Forschungsfeld einzuschränken richten wir unser Augenmerk zunächst ganz gezielt auf jene Formen gemeinschaftlichen Zusammenlebens, die unter dem Sammelbegriff „Kommune" firmieren. Wir sprechen diesbezüglich von „Intentionalen Gemeinschaften", weil die Gemeinschaften sich durch ein spezifisches Wollen von Gemeinschaft auszeichnen (siehe dazu detailliert den Beitrag von Dierschke, Drucks und Kunze in diesem Band). Im Zentrum unserer Aufmerksamkeit stehen Gemeinschaften, die sich weiterhin dadurch auszeichnen, dass sie die gesamte Lebensführung – also nicht nur das Private (wie in

Familie) oder das Öffentliche (wie im Verein) – ansprechen. In diesem Sinne lassen sich Intentionale Gemeinschaften als Idealtypus einer sozialen Assoziation beschreiben die dazu dient, mit den vielfältigen Möglichkeiten des Zusammenlebens zu experimentieren.

Zentrales Abgrenzungskriterium der von uns untersuchten sozialen Gemeinschaften von natürlichen und politisch definierten Gemeinschaften (z.b. Parteien und ethnischen Gemeinschaften) sowie Zweck- und Interessengemeinschaften (z.B. Verbänden und Vereinen) ist, dass sie dem Zweck einer nachhaltigen, gemeinsamen Lebensführung dienen. Damit ist jedoch nur ein Abgrenzungskriterium benannt. Die von uns untersuchten Gemeinschaften zeichnen sich zudem dadurch aus, dass sich an ihnen sehr gut dokumentieren lässt, wie sich Gemeinschaften bilden, wie sich Vergemeinschaftungsprozesse vollziehen und wie sich die Gemeinschaften gesellschaftlich verorten. Sie stellen wenn man so will - natürliche –ökologische Experimente (Bronfenbrenner 1981: 50ff; Grundmann/ Fuss/Suckow 2000: 53ff) dar, an denen Austausch- und Aushandlungsprozesse nachgezeichnet werden können, die für das Gelingen von Gemeinschaft vonnöten sind. Diesbezüglich wollen wir herausarbeiten, wie sich Akteure in den Gemeinschaften aufeinander beziehen, welche Spannungen dabei auftreten und wie damit in den Gemeinschaften umgegangen wird.

Unser Erkenntnisinteresse richtet sich aus handlungstheoretischer Perspektive zunächst darauf, das Zusammenleben in Intentionalen Gemeinschaften zu beschreiben und die ihnen zugrunde liegenden Prozesse der Vergemeinschaftung zu erkunden. Wir fragen nach den Motiven und den für eine Gemeinschaftsgründung notwendigen Vernetzungen von Individuen. Wir erkunden die Prozesse des Zusammenfindens, der Assoziationen und des Zusammenwachsens, der Beziehungsgestaltungen und der Organisation des Zusammenlebens, des Umgangs mit Wertedifferenzen und differenten Lebensvorstellungen, die Verfestigung von Regeln des Zusammenlebens und deren stete Modifikation durch die Erfahrungen im gemeinsamen Zusammenleben. Im Zentrum unserer Forschung stehen dabei vor allem sozialisationstheoretische Fragen zur Gestaltung der sozialen Beziehungen, zu auftretenden und zu lösenden Konflikte im Zusammenleben, zu sozialen Schließungsprozessen und Differenzierungen von Bezugsgruppen sowie zur Öffentlichkeitsarbeit der Gemeinschaft, zur Kontaktaufnahme mit den Nachbarschaften, mit Besuchern und neuen Mitgliedern, zum Umgang mit Austritten und mit den ganz existentiellen Fragen nach ökonomischer Absicherung der Gemeinschaft.

Die hier im Zentrum stehenden Intentionalen Gemeinschaften werden in den unterschiedlichen Beiträgen in Hinblick auf jene bereits angedeuteten zentralen

Strukturelemente (Dimensionen) des sozialen Zusammenlebens in Gemeinschaften exploriert. Das lässt sich folgendermaßen zuspitzen:

- Es gilt die *Motive des Zusammenlebens* (die gemeinsamen Interessen, Zwecke, Ziele) u.a. im Spannungsfeld zwischen Ideologisierung und persönlicher Sinnstiftung zu untersuchen. Diese lassen sich u.a. in Hinblick auf ihre gesellschaftspolitische Intentionen deuten – hier beispielhaft an Kriterien der Nachhaltigkeit, der sozialen Bindung und Sinnstiftung.

- Zu analysieren ist des Weiteren die *Gestaltungen der Sozialbeziehungen*; hier Konfliktregulationen, Umgang mit Pluralität; Verhältnis von Privatheit und Öffentlichkeit, Intimität und Fremdheit. Dabei geht es auch darum, den Umgang mit Ambivalenzen zu erfassen, der für den Zusammenhalt sozialer Gemeinschaften bedeutsam ist. Dieser erfordert nämlich eine Orientierung der Gemeinschaftsmitglieder an personaler Autonomie und sozialer Verbundenheit; an Offenheit gegenüber Bezugspersonen und Verantwortung für die Stabilität der Sozialbeziehungen, eine Orientierung an Nachhaltigkeit und zugleich an Lebensqualität.

- Schließlich geht es auch darum, die *Organisation des Alltags*; hier insbesondere die Ökonomie, die Entscheidungsregelungen und Mitgliederstatuten etc. zu erfassen, die in sozialen Gemeinschaften aufscheinen. Dabei wären vor allem Frage nach den Organisationsmechanismen in Gemeinschaften zu beantworten wie z.B. das flexible Erproben von Regelhaftigkeiten und Entscheidungsprozessen in Gemeinschaften, die Differenzierungen von Funktions- und Aufgabenfeldern und der Strukturierungsbedarf von Alltagsroutinen etc.

Es ist uns aber auch daran gelegen, die Verankerung der untersuchten Gemeinschaften in gesellschaftliche Strukturen zu berücksichtigen, also jene institutionellen Rahmenbedingungen sowie ökonomischen und politischen Verhältnisse herauszuarbeiten, in die die Gemeinschaften eingebunden sind. Dabei ließen sich die Untersuchungen auch im Sinne eines Transformationsexperimentes (Bronfenbrenner 1981: 58) fassen, so dass sie Auskunft über die Gestaltungspotentiale des sozialen Zusammenlebens in modernen Gesellschaften zulassen. Wir orientieren uns dabei an den skizzierten gesellschafts-, handlungs- und sozialisationstheoretischen Zugängen zum Forschungsfeld „soziale Gemeinschaften". So schließen wir an die angedeuteten Forschungen über „Neue soziale Bewegungen" an, in denen in der Nachkriegssoziologie soziale Gemeinschaften thematisiert wurden. Wir beziehen uns auch auf die aktuellen politisch-philosophischen Diskurse über Kommunitarismus und Liberalismus, in dem die gesellschaftspolitische Relevanz des Lebens in sozialen Gemeinschaften diskutiert wird (Joas in diesem Band).

In diesem Zusammenhang wollen wir uns auch der Frage nähern, ob und inwieweit sich die von uns untersuchten Gemeinschaften von „herkömmlichen" Formen der sozialen Bezugnahme in der bürgerlichen Kleinfamilie, in konsumistischen Freizeitnetzwerken und instrumentalisierten Sozialbeziehungen unterscheiden, wie sie für die Arbeitswelt und die politische Öffentlichkeit in modernen Gesellschaften typisch sind. Wir nehmen an, dass sich Intentionale Gemeinschaften gerade auch durch das Motiv auszeichnen, eine gemeinschaftlich organisierte Lebensführung zu etablieren, mit der die Grenzen zwischen Privatheit und Öffentlichkeit und damit die Grenzen zwischen Lebensbereichen wie Familie, Arbeit und Freizeit zumindest innerhalb der Gemeinschaft aufgehoben werden können. Damit verbunden sind spezifische Anforderungen an die Strukturen und Aspekte des Zusammenlebens, denen in der soziologischen Forschung bisher nur wenig Aufmerksamkeit geschenkt wurde.

Bezogen auf die in diesem Buch herausgestellten Intentionalen Gemeinschaften lassen sich die Fragen auch zuspitzen, indem Intentionale Gemeinschaften als „Alternative" zu den vielfältigen Formen der „privaten Lebensführung" thematisiert werden. Eine dabei zu überprüfende Annahme lautet, dass soziale Lebensgemeinschaften eine Alternative zur bürgerlichen Kleinfamilie darstellen. Dabei ließe sich z.b. postulieren (was empirisch zu begründen wäre), dass soziale Gemeinschaften das Potential besitzen, jene Vereinbarkeit von Familie, Freizeit und Beruf herzustellen, die ein substantielles Problem individualistischer Gesellschaften darstellt. Des Weiteren könnte man der Annahme nachgehen, das sozialen Lebensgemeinschaften in besonderer Weise ermöglichen, Individualität und soziale Verbundenheit gleichermaßen zuzulassen, also jene sozialen Integrationspotentiale besitzen, die individualistischen Gesellschaften zunehmend abhanden kommen. Schließlich ließe sich im Anschluss an die Kommunitarismus-Liberalismus-Debatte auch der Frage nachgehen, ob und inwiefern soziale Lebensgemeinschaften den Ansprüchen einer demokratisch verfassten Gesellschaft in besonderer Weise entsprechen und spezifische Solidaritäts-, Fürsorge- und Gestaltungspotentiale aufweisen, die für die Wohlfahrtssicherung in Zivilgesellschaften nötig sind.

Mit solchen Forschungsfragen stehen wir allerdings erst am Anfang einer empirischen Forschung, die Gestaltungsprozesse sozialer Beziehungen, soziale Identifikations- und Zuschreibungsprozesse und Identität stiftende Strukturen des Zusammenlebens in pluralisierten und zunehmend globalisierten Gesellschaften analysiert. Dabei wollen wir zunächst ganz allgemein beginnen und danach fragen, wie Menschen unter den vorherrschenden Bedingungen einer modernen Gesellschaftlichkeit mit Formen des sozialen Zusammenlebens experimentieren, ohne damit bereits Annahmen über deren Vorbildfunktion für eine „gute" Gesellschaft zu formulieren. Erst vor diesem Hintergrund lassen sich die bereits von Weber ausführlich beschriebenen Suchbewegungen von Menschen als ein ganz „normaler", anthropologisch begründbarer Versuch deuten, sich selbst in einer Welt zu verwirklichen, die in ihrer Komplexität und Unübersichtlichkeit, mit ihren Handlungsnotwendigkeiten und Restriktionen eine scheinbare Unterwerfung des Einzelnen unter die gesellschaftlichen Verhältnisse erzwingt.

Literatur:

Berger, Peter L./ Thomas Luckmann (1969): Die gesellschaftliche Konstruktion der Wirklichkeit. Eine Theorie der Wissenssoziologie. Frankfurt/M.
Besemer, Christoph (1981): Zurück zur Zukunft?: Utopische Kommunen - Anspruch und Wirklichkeit. Auswertung historischer Erfahrungen. Berlin.
Bester, A. (1950): Backwoods utopias. The sectarian and owenite phases of communitarian socialism in America: 1663-1829. Philadelphia.
Bickel, Cornelius (1991): Ferdinand Tönnies. Soziologie als skeptische Aufklärung zwischen Historismus und Rationalismus. Opladen.
Blau, Peter Michael (1964): Exchange and Power in Social Life. New York, London: John Wiley & Sons.
Blau, Peter Michael (1977): Inequality and Heterogeneity. A primitive theory of social structure. New York: The Free Press.
Blickle, Peter (Hg.) (1991): Historische Zeitschrift. Beiheft 13: Landgemeinde und Stadtgemeinde in Mitteleuropa in Mitteleuropa. München.
Breuer, Stephan (2002): "Gemeinschaft" in der "deutschen Soziologie". In: Zeitschrift für Soziologie, 31, 5, S. 354-372.
Bronfenbrenner, Urie (1981): Die Ökologie der menschlichen Entwicklung. Stuttgart.
Buber, Martin (1950): Pfade in Utopia. Das Experiment des Kibbutz - ein vorbildliches Nicht-Scheitern. Heidelberg.
Burridge, Kate (1969): New Haven, New Earth: A study of millenarian activities. New York:
Busch-Lüty, Christiane (1989): Leben und Arbeiten im Kibbutz. Aktuelle Lehren aus einem achtzigjährigen Experiment. Köln.
Christensen, Karen/ David Levinson (Hg.) (2003): Encyclopaedia of community. From the village to the virtual world. Thousand Oaks: Sage.
Claessens, Dieter (1979): Familie und Wertsystem. Eine Studie zur "zweiten, sozio-kulturellen Geburt" des Menschen und der Belastbarkeit der "Kernfamilie". Berlin.
Clausen, Lars (2002): Gemeinschaft. In: Endruweit, Günter/ Gisela Trommsdorf (Hg.): Wörterbuch der Soziologie. Stuttgart: Lucius + Lucius, S. 183-185.

Coleman, James S. (1997). Grundlagen der Sozialtheorie. Band 1-3. München.

Diamond, S. (1957): Kibbutz and Shtetl: The history of an idea. In: Social Problems, 5, S. 71-99.

Diaz-Bone, Rainer/ Peter Strohmeier (1997). Ego-zentrierte Netzwerkanalyse und familiale Beziehungssysteme. Wiesbaden.

Diewald, Martin (1991): Soziale Beziehungen: Verlust oder Liberalisierung? Soziale Unterstützung in informellen Netzwerken. Berlin.

Drucks, Stephan (2004). Kommunitäres Leben als Gemeinschaft in der Gesellschaft. Grundlagen einer soziologischen Gemeinschaftsforschung. Münster: Unveröffentlichte Magisterarbeit.

Elias, Norbert (1991): Die Gesellschaft der Individuen. Frankfurt/M.

Elias, Norbert (1994a): Studien über die Deutschen. Machtkämpfe und Habitusentwicklung im 19. und 20. Jahrhundert. Frankfurt/M.

Elias, Norbert (1994): Über den Prozeß der Zivilisation. Soziogenetische und psychogenetische Untersuchungen. Bd. 1-2. Frankfurt/M.

Elias, Norbert/ John Leigh Scotson, (1993). Etablierte und Außenseiter. Frankfurt/M.

Eurotopia-Redaktion (Hg.) (2004). Eurotopia-Verzeichnis: Gemeinschaften und Ökodörfer in Europa. Poppau: Volker Peters Verlag.

Faust, Helmut (1965): Geschichte und Genossenschaftsbewegung. Ursprung und Weg der Genossenschaften im deutschen Sprachraum. Frankfurt/M.

Faust, Helmut (1958): Ursprung und Aufbruch der Genossenschaftsbewegung. Neuwied.

Fiedler, Jeannine (1995): Social utopias of the twenties. Bauhaus, Kibbutz and the dream of the new man. Wuppertal.

Fiske, Alan P. (1992): The Four Elementary Forms of Sociality: Framework for a Unified Theory of Social Relations. In: Psychological Review, 99, 4, S. 689-723.

Fogarty, Robert S. (1980): Dictionary of American communal and utopian history. Westport, Conn.

Fölling-Albers, Maria/ Werner Fölling (2000): Kibbutz und Kollektiverziehung. Entstehung - Entwicklung - Veränderung. Opladen.

Gehlen, Arnold (1964): Urmensch und Spätkultur. Philosophische Ergebnisse und Aussagen. Frankfurt/M.

Gerris, Jan R. M. (Hg.) (2001): Dynamics of Parenting. Leuven - Apeldorn: Garant.

Goertz, Hans-Jürgen (1984): Alles gehört allen. Das Experiment der Gütergemeinschaft vom 16. Jahrhundert bis heute. München.

Greverus, Ina-Maria (1983): Versuche, der Zivilisation zu entkommen. München: Beck.

Grundmann, Matthias (2005): Gesellschaftsvertrag ohne soziale Bindung? Argumente für eine handlungstheoretische Herleitung sozialer Ordnungen. In: Gabriel, Karl/ Herrmann-Josef Große Kracht, (Hg.): Brauchen wir einen neuen Gesellschaftsvertrag? Münster, S. 149-169.

Grundmann, Matthias (2004): Intersubjektivität und Sozialisation. In: Geulen, Dieter/ Herrmann Veith (Hg.): Sozialisationstheorie interdisziplinär. Aktuelle Perspektiven. Stuttgart: Lucius & Lucius, S. 317-346.

Grundmann, Matthias (2006). Sozialisation: Skizze einer allgemeinen Theorie. UTB. Konstanz: UVK

Grundmann, Matthias/ Daniel Fuss/ Jana Suckow (2000): Sozialökologische Sozialisationsforschung. Entwicklung, Gegenstand und Anwendungsbereiche. In: Grundmann, Matthias/ Kurt Lüscher (Hg.): Sozialökologische Sozialisationsforschung. Konstanz: UVK, S. 17-76.

Habermas, Jürgen (1981): Theorie des kommunikativen Handelns. Bd. 1-2. Frankfurt/M.

Helmer, Hans-Ulrich u. a. (1983): Die Meuterei der Bürgerkinder oder Wie kommt das Schiff ins Traumland. Die Kommune- und Siedlungsbewegung der 20erJahre. Hannover: Selbstverlag.

Hill, Christopher (1972): Levellers and true Levellers. In: Hill, Christopher: The world turned upside down: Radical ideas during the English Revolution. London.

Hofer, Manfred/ Elke Wild/ Peter Noack (Hg.) (2002): Lehrbuch Familienbeziehungen. Göttingen u.a.: Hogrefe Verlag für Psychologie.

Kerbs, Diethart/ Jürgen Reulecke (Hg.) (1998): Handbuch der deutschen Reformbewegung 1880 -1933. Wuppertal.

Lichtblau, Klaus (2000): "Vergemeinschaftung" und "Vergesellschaftung" bei Max Weber. In: Zeitschrift für Soziologie, 29, 6, S. 423-443.

Liegle, Ludwig/ Theodor Bergmann (1994): Die Krise und Zukunft des Kibbutz. Der Wandel eine genossenschaftlichen Wirtschafts- und Lebensform. Weinheim.

Linse, Ulrich (1984): Siedlungen und Kommunen der deutschen Jugendbewegung. In: Jahrbuch des Archivs der deutschen Jugendbewegung. Bd. 14 (1982/83). Witzenhausen; S. 13-28.

Metcalf, Bill (2001): Gelebte Visionen- Gemeinschaften in aller Welt. Belzig: Synergie.

Mittelberg, D. (1988): Strangers in paradise. The Israeli Kibbutz tests the theories. New Brunswick: Transition Books.

Mullet, Michael A. (1980): Radical religious movements in early modern Europe. London.

Oerter, Rolf/ R. Oerter (1995): Zur Konzeption der autonomen Identität in östlichen und westlichen Kulturen. In: Trommsdorff, Gisela (Hg.): Kindheit und Jugend in verschiedenen Kulturen. Weinheim, S. 153-173.

Peters, Volker (1992): Die Hutterischen Brüder. 1528 -1992. Die geschichtliche und soziale Entwicklung einer erfolgreichen Gütergemeinschaft. Marburg: Elwert.

Plümper, Hans-Dieter (1972): Die Gütergemeinschaft bei den Täufern des 16. Jahrhunderts. Göppingen.

Schibel, Karl-Ludwig (1985): Das alte Recht auf eine neue Gesellschaft: zur Sozialgeschichte der Kommune seit dem Mittelalter. Frankfurt/M.: Sendler-Verlag.

Schroeter, Klaus R. (2004): Figurative Felder. Ein gesellschaftstheoretischer Entwurf zur Pflege im Alter. Wiesbaden: VS Verlag.

Simmel, Georg (1983a): Die Ausdehnung der Gruppe und die Ausbildung der Individualität. In: Dahme, Heinz Jürgen/ Otthein Rammstedt (Hg.): Georg Simmel. Schriften zur Soziologie. Frankfurt/M., S. 53-60.

Simmel, Georg (1983b): Die Differenzierung und das Prinzip der Kraftersparnis. In: Dahme, Heinz Jürgen/ Otthein Rammstedt (Hg.): Georg Simmel. Schriften zur Soziologie. Frankfurt/M., S. 61-77.

Simmel, Georg (1992): Soziologie. Untersuchungen über die Formen der Vergesellschaftung. Bd. 2. Frankfurt/M..

Spurk, Jan (1990): Gemeinschaft und Modernisierung. Entwurf einer soziologischen Gedankenführung. Berlin, New York: de Gruyter.

Tegethoff, Hans Georg (2001): Primärgruppen und Individualisierung. Ein Vorschlag zur Rekonzeptualisierung der Gruppenforschung. In: Zeitschrift für Soziologie der Erziehung und Sozialisation, 21, 279-298.

Tönnies, Ferdinand (1963): Gemeinschaft und Gesellschaft. Grundbegriffe der reinen Soziologie. Darmstadt.

Tönnies, Ferdinand (1981): Einführung in die Soziologie. Stuttgart.

Weber, Max (1948): Aus den Schriften zur Religionssoziologie. Herausgegeben v. Max Ernst Graf zu Solms. Frankfurt/M.: Schauder.

Weber, Max (1934): Die protestantische Ethik. Tübingen.

Weber, Max (1920): Gesammelte Aufsätze zur Religionssoziologie. Bd. 2. Tübingen.

Weber, Max (1964): Wirtschaft und Gesellschaft. Grundriß der verstehenden Soziologie. Tübingen.

Wurzbacher, Gerhard (1963): Sozialisation, Enkulturation, Personalisation. In: Ders. (Hg.): Der Mensch als soziales und personales Wesen. Beiträge zu Begriff und Theorie der Sozialisation. Stuttgart: Enke, S. 1-34.

Wurzbacher, Gerhard (1977): Die Familie als Sozialisationsfaktor. Stuttgart.

Hans Joas

Gemeinschaft und Demokratie in den USA. Die vergessene Vorgeschichte der Kommunitarismus-Diskussion[1]

„Als Idee betrachtet, ist die Demokratie nicht eine Alternative zu anderen Prinzipien gemeinsamen Lebens. Sie ist vielmehr die Idee der Gemeinschaft selbst." (Dewey 1927: 148)[2] Dieser Satz John Deweys aus seinem 1927 erschienenen Buch „The Public and Its Problems" klingt in deutschen Ohren höchst merkwürdig. Die Semantik des Gemeinschaftsbegriffs ist in der kulturellen Tradition Amerikas eine andere als in Deutschland, und der Unterschied ist gewiss größer als im Falle des Begriffs der Demokratie. In Deutschland wird jede positive Verwendung des Gemeinschaftsbegriffs auf die Skepsis derer stoßen, die hierin argwöhnisch antidemokratische Affekte vermuten. Unleugbar hatte die nationalsozialistische Rede von der „Volksgemeinschaft" zur Denunziation demokratischer Verhältnisse gedient, und unvergesslich ist mir, dass unter Walter Ulbricht das Land hinter der Mauer sich eine „sozialistische Menschengemeinschaft" nannte. Tatsächlich war vor 1933 der Gemeinschaftsbegriff das Codewort antidemokratischer sozialer Bewegungen in Deutschland. Doch führt jede historische Rückprojektion dieses Sachverhalts schnell zu Verzerrungen. Schon die frühe bürgerliche Jugendbewegung, von der aus sich das Gemeinschaftspathos ausgebreitet hatte, war in politischer Hinsicht wesentlich vieldeutiger gewesen, als es die Suche nach den Vorläufern der völkisch-nationalen Bewegungen meistens zugeben will, und die für die Soziologie zentrale Fassung des Gemeinschaftsbegriffs bei Ferdinand Tönnies war weder aus kulturpessimistischem noch reaktionärem Geiste hervorgegangen. Tönnies hoffte vielmehr auf die Stärkung genossenschaftlicher Züge im Rahmen der heraufziehenden „Gesellschaft" und sah für eine solche – vor allem in der Gewerkschaftsbewegung — sowohl Chancen wie Potentiale; sein politischer Weg führte ihn zur deutschen Sozialdemokratie. Vor Tönnies gab es zwar – spätestens seit der romantischen Aufklärungskritik – bereits viele der Bedeutungselemente, die in seine Opposition von Gemeinschaft und Gesellschaft eingingen; sie waren aber — etwa bei Schleiermacher oder Kleist – keineswegs konsistent und stabil auf diese beiden Begriffe aufgeteilt[3]. Dennoch, auch wenn also eine Zuordnung des Gemein-

---

[1] Dieser Aufsatz entstand während meines Aufenthalts als Fellow am Swedish Collegium for Advanced Study in the Social Sciences (SCASSS) in Uppsala. Ich danke dieser Institution für die vorzüglichen Arbeitsbedingungen.
[Dieser Aufsatz wurde bereits veröffentlicht in: Brumlik, Micha/ Hauke Brunkhorst (Hg.) (1993): Gemeinschaft und Gerechtigkeit. Frankfurt/M., S. 49-62. (Die Herausgeber)]
[2] Original: „Regarded as an idea, democracy is not an alternative to other principles of associated life. It is the idea of community life itself."
[3] Zur deutschen Begriffsgeschichte vgl. Riedel 1975.

schaftsbegriffs zum antidemokratischen Denken in Deutschland übertrieben und historisch ungerecht ist, kam hierzulande vor 1945 wohl niemand auf den von John Dewey ausgedrückten Gedanken: den Begriff der Demokratie als höchste Steigerung der Prinzipien aufzufassen, die allem Leben in Gemeinschaft zugrunde liegen; und wo heute – unter amerikanischem Einfluss – in dieser Richtung gedacht wird, greifen wir zu Kunstwörtern wie „Sozialität" oder „Solidarität" und umgehen damit das anrüchige Erbe der „Gemeinschafts" - Tradition.

Amerika hat es in dieser Hinsicht leichter. Der Begriff „community" ist schon deshalb unschuldiger als der Begriff „Gemeinschaft", weil er ein weiteres Spektrum abdeckt, zu dem die Bedeutung der territorialen „Gemeinde" ebenso gehört wie etwa die utopischer „Kommunen". Im Deutschen hören wir dagegen die unschuldigeren Verwendungsweisen (etwa im Begriff „Interessengemeinschaft") gar nicht mit, wenn wir über den Gemeinschaftsbegriff streiten. In der moralisch-politischen Selbstverständigung der Amerikaner ist – wie die Gruppe um Robert Bellah[4] in den von ihr durchgeführten Interviews empirisch beobachtete – bis heute der Begriff „community" „a kind of ‚very special word' that always meant something good" (Madsen 1991: 451). Um eine rivalisierende Gruppe anzuschwärzen, werde dieser — etwa der „gay community" – der Gemeinschaftscharakter eben abgesprochen und sie statt dessen als bloße Clique oder Interessengruppe oder sonst wie als bloße Ansammlung von Individuen bezeichnet. In der intellektuellen Diskussion im engeren Sinn gibt es auch in den USA, spätestens seit sich der Einfluss von Emigranten aus Hitler-Deutschland auszuwirken begann, das Motiv des Argwohns gegenüber der Vereinbarkeit von „Demokratie" und „Gemeinschaft". Eben die Tatsache, dass ein außerordentlich weiter und diffuser Begriff von so vielen Seiten als positiver Wert in Anspruch genommen werden kann, verstärkt hier die Skepsis gegenüber diesem Begriff. Doch die Diffusität dieses Begriffs ist unaufhebbar und auch legitim, wenn man ihn als einen Begriff betrachtet, der notwendig Gegenbegriff ist. Das heißt, unter diesem Begriff lässt sich vieles von dem subsumieren, was von den mächtigen Tendenzen instrumenteller Rationalität eingeschränkt oder bedroht wird. Nichtzweckhafte Handlungsweisen und soziale Beziehungen, nicht-rationale Orientierungen, nicht-individualistische Bindungen werden so tastend bezeichnet. Die Diffusität dieses Bezeichnungsversuchs ist meines Erachtens den Aufklärungsgesinnten Versuchen vorzuziehen, in fast schon fundamentalistischer Rigidität die Artikulation von Verlustgefühlen im Zuge von Modernisierungs- und Rationalisierungsprozessen mit einem Tabu zu belegen. Tabuierungen solcher Art führen nach aller Erfahrung eher dazu, dass sich die Verlustgefühle in verscho-

---

[4] Mit der Bemerkung über die Forschung der Bellah-Gruppe ist natürlich gemeint: Robert Bellah/ Richard Madsen/ William Sullivan/Ann Swidler/Stephen Tipton (Bellah u.a. 1985).

bener Weise artikulieren; dann trägt ein für Verluste unsensibles Rationalitätspathos eben zu dem bei, was es verhindern möchte: nämlich der Verwendung des Gemeinschaftsmotivs in manipulativen Formen politischer und kommerzieller Werbung. Wenn deshalb heute die amerikanische Kormmunitarismus-Diskussion nach Deutschland herüberschwappt, sollten wir nicht mit eingefahrenen Reflexen ablehnend auf den Gemeinschaftsbegriff reagieren, sondern uns die Frage stellen, wie plausibel die Vision ist, die John Dewey einst besonders klar formuliert hat: im Begriff der Demokratie das aufzufangen, was sich an Verlusterfahrungen melden will.

Die Differenz zwischen Deutschland und Amerika liegt nicht darin, dass nur in Deutschland der „Gemeinschafts"-Begriff kulturkritisch aufgeladen worden wäre und in Amerika nicht; auch nicht darin, dass die amerikanische Gesellschaft je frei von illiberalen Zügen gewesen sei. Dewey war sich der Züge von Intoleranz und Intellektuellenfeindschaft, ethnischer Spannungen oder egoistischer Selbstzentriertheit in der amerikanischen Kultur sehr bewusst. Aber der große Unterschied liegt darin, dass der Diskurs über Gemeinschaft in den USA Bestandteil der Selbstverständigung einer liberalen Gesellschaft war und ist, während er in Deutschland – und das ist unabhängig von der Gesinnung der einzelnen Beiträger – über einen langen Zeitraum im Rahmen einer im wesentlichen illiberalen Gesellschaft stattfand. Die innere Spannung zwischen Marktliberalismus und Gemeinschaftsdiskurs ist in die politische Selbstverständigung der USA eingebaut. Dies macht die Ausdrucksformen amerikanischen Denkens in einer Zeit aktuell, in der nicht mehr so sehr die Frage gestellt wird, warum es den Vereinigten Staaten keinen Sozialismus gibt, sondern eher, warum andere Gesellschaften den Liberalismus verfehlten. Interesse an der amerikanischen Diskussion über Kommunitarismus in Deutschland könnte deshalb auch ein Zeichen dafür sein, dass bestimmte liberale Voraussetzungen auch in der deutschen intellektuellen Kultur jetzt selbstverständlich geworden sind. Dadurch wird ein freieres Verhältnis zu den Schattenseiten der Modernisierung möglich, da die Angst schwindet, damit in antidemokratisches Fahrwasser zu geraten. Aber Vorsicht kann nie schaden, und deshalb ist eine genauere Betrachtung von Gemeinschaftsverlust und Gemeinschaftssehnsucht in den USA sicher von Nutzen.

Diese Betrachtung kann mit einer Reflexion auf die amerikanische Geistesgeschichte beginnen. Zu der Vorstellung, der Gemeinschaftsbegriff sei ein unablösbarer Teil der deutschen Geistesentwicklung und diese ließe sich als glatte Vorgeschichte des Nationalsozialismus und seiner Greuel hinreichend verstehen, passt ideal das Bild der USA als einer Kultur, für die seit ihrem Anfang durchgehend ein individualistischer Liberalismus vom Schlage John Lockes bestimmend gewesen sei. Die USA erscheinen dann als der Inbegriff einer Gesellschaft rationaler Egoisten, deren wettbewerbsförmige Beziehungen in einem Rahmen rechtlicher Garantien geregelt werden. Dieses Bild findet sich als Selbstbild von Amerikanern ebenso wie als Fremdbild über die USA, bei Ideenhistorikern wie bei Bürgern, mit positivem Wertakzent ebenso wie mit negativem. Die Wahrnehmung der USA durch Gegner des Kapitalismus, etwa die emigrierenden Vertreter der Frankfurter Schule, ist so gesehen gar nicht so verschieden von der Sicht einiger repräsentativer Vertreter einer Ideologie des amerikanischen Exzeptionalismus. Aber dieses Bild der USA ist so falsch wie das dazu passende Deutschlandbild. Zunächst einmal gab es in Amerika immer geistige Strömungen, für die die gegebene Charakterisierung nicht passte. An der Ausnahmestellung der Südstaaten vor dem amerikanischen Bürgerkrieg zweifelt ohnehin niemand. Aber es ist auch sehr die Frage, ob das Gedankengut etwa des Transzendentalismus oder des Populismus oder von Pragmatismus und Progressivismus sich in das Bild einfügt. Wie ist die Rolle von Katholizismus und Katholizismussehnsucht, wie die von Sozialismus und Utopismus in den USA einzuschätzen? Die hiermit angedeuteten Einwände sind möglicherweise noch dadurch zu entkräften, dass dem individualistisch-rationalistischen Liberalismus kein Ausschließlichkeitsstatus, sondern nur eine hegemoniale Rolle innerhalb der amerikanischen Kultur zugesprochen wird.

Schwerer wiegt deshalb ein weiterer Einwand, der nicht nur auf eine Pluralität kultureller Traditionen in den USA zielt. Es ist nämlich die Frage – und diese wird in den letzten Jahren stark diskutiert – ob auch nur die hegemoniale Tradition richtig verstanden wird, wenn sie in der beschriebenen Weise verstanden wird. Die hier gemeinte Diskussion ist äußerst vielschichtig. Eine erste Schicht betrifft den unbezweifelbaren geistigen Ausgangspunkt der USA im Denken der puritanischen Pilgerväter. Der Puritanismus war bekanntlich geleitet von starken christlichen Brüderlichkeitsidealen. In diese waren schon in England die starken lokalistischen Traditionen des Landes eingegangen, eine Tendenz, die sich auf dem neuen Kontinent zwangsläufig verstärkte. Für die puritanischen Siedler war die Zugehörigkeit zu einer brüderlichen Gemeinschaft zentral, zunächst im Sinne schlichten Überlebens, dann aber auch im Sinne politischer Repräsentation. Diese freilich war nicht naturwüchsiges Produkt, sondern – trotz aller oft vorher zwischen den Siedlern bestehenden Bekanntschaft – Ergebnis eines gemeinsamen Beschlusses. Der für die puritanischen Gemeinden verwendete Begriff der „contract community" zeigt, wie wenig die Opposition von Vertrag und Gemeinschaft beim Verständnis Amerikas weiterhilft. Nun darf man natürlich die Repräsentativität dieser puritanischen Siedlungen nicht übertreiben. Aber klar dürfte sein, dass das Erbe des Puritanismus und auch die Intentionen Lockes nicht so einlinig auf die Konkurrenz isolierter Individuen zu laufen. Eine zweite Schicht der Diskussion betrifft nicht das Verständnis der Pilgerväter, sondern der Amerikanischen Revolution. Vor allem durch die Schriften von Pocock wurde die Bedeutung einer klassisch-republikanischen Denktradition für die Revolutionszeit deutlich, die über Machiavelli und die italienischen Stadtstaaten ihren Weg ins englische politische Denken und von hier nach Amerika gefunden habe. Ich kann hier nicht diskutieren, wie man sich das Verhältnis christlich-puritanischer, klassisch-republikanischer und liberalindividualistischer Komponenten in der amerikanischen Geistesgeschichte zueinander und zu weiteren Komponenten genau vorzustellen hat. Es geht an dieser Stelle nur darum, die reiche Vielfalt von „Gemeinschaftsressourcen" (Bellah) in den USA gegen Simplifizierungen herauszustellen, da diese Vielfalt erst ein angemessenes Verständnis neueren amerikanischen Denkens vom Pragmatismus bis zum Kommunitarismus erlaubt – und damit weiterer Schichten der lebendigen Kontroversen um das Selbstverständnis der USA[5].

Hätten die USA sich immer als Gesellschaft rationalistisch-individualistischer Art dargestellt, dann hätten sie unmöglich eine eigene Tradition des Denkens über Gemeinschaftsverlust entwickeln können. Die amerikanische Geschichtsschreibung bietet jedoch zahlreiche Analysen von Prozessen des Gemeinschaftsverlusts, und für die amerikanische Soziologie lässt sich sogar behaupten, dass eben die Perspektive des Gemeinschaftsverlusts für sie geradezu konstitutiv ist. Dasselbe gilt für die Soziologie in Europa, der man deshalb sogar — nach meiner Meinung fälschlich — einen Ursprung im Denken des Konservativismus unterstellt hat. Hier liegt derselbe Fehlschluss von der Diagnose „Gemeinschaftsverlust" auf konservative Gesinnung nahe, wie er in Arbeiten zur deutschen Geistesgeschichte verbreitet ist. Aber für die frühe amerikanische Soziologie gilt ein interessanter Unterschied zu ihrer europäischen Zeitgenossin. Die Sequenz Gemeinschaft / Gesellschaft wurde in Europa typischerweise zweiphasig gedacht. Das heißt, dass in diesem Denken auf ein Zeitalter der Gemeinschaft ein Zeitalter der Gesellschaft folgt. Tönnies' Zukunftsperspektive des Einbaus gemeinschaftlicher Elemente in die „Gesellschaft" blieb eine politische Orientierung außerhalb der eigentlichen Theorie. Durkheims Terminologie, die Unterscheidung von mechanischer und organischer Solidarität, lud zwar den modernebezogenen Pol mit positiveren Ladungen auf, blieb aber ebenfalls zweiphasig. Für die Amerikaner war dagegen ein dreiphasiges Schema charakteristisch. Auf den Gemeinschaftsverlust folgt in dieser Perspektive — zumindest potentiell die Entstehung neuer Gemeinschaften. Als klassischer Fall können Einwandererstudien gelten, in denen die Zersetzung europäischer Dorfgemeinschaften und die Entstehung nicht einer Massengesellschaft isolierter Individuen, sondern neuer Gemeinschaftsformen in den ethnischen „Ghettos" amerikani-

---

[5] Einen interessanten deutschen Überblick über diese Diskussion gibt Hans Vorländer (1988). Ein vorzüglicher amerikanischer Bericht ist der von James Kloppenberg (1987).

scher Großstädte kontrastiert wurden. Der Verlust an Gemeinschaft musste so
nicht ersatzlos sein; an die Stelle der verlorenen Gemeinschaften können sogar
„bessere" Gemeinschaften treten (vgl. Joas 1992a). Diese sind nicht mehr na-
turwüchsig, sondern erzeugt — und bei dieser Erzeugung, die sich freilich nicht
willkürlich bewerkstelligen lässt, können politische Akteure und die Sozialwissenschaften sehr wohl behilflich sein. Von den dreißiger Jahren ab verlor dieses
dreiphasige Modell in der amerikanischen Soziologie zwar an Boden. Es ver-
schwand aber nie ganz, und in den keineswegs zu unterschätzenden Gegenstimmen zu der in der amerikanischen Nachkriegssoziologie dominierenden
Modernisierungstheorie meldete es sich immer wieder. In den typischen Versionen von Modernisierungstheorie wurde das zweiphasige Schema auf die so genannten Entwicklungsländer angewendet und der Modernisierungsprozess unter
positiven Aspekten gedeutet. Die Gegenstimmen äußerten Zweifel nicht nur an
diesen Wertakzenten, sondern auch empirisch: ob wir uns frühere Stadien so
„gemeinschaftlich" und spätere so „gesellschaftsartig" überhaupt vorstellen dürfen. Ihnen erschien die Idee der Wohlintegriertheit traditioneller Gemeinschaften übertrieben, der Wandel keineswegs so umfassend, die Bedeutung einer Re-
vitalisierung oder gar Invention von Traditionen in der Moderne und der Möglichkeit neuer „Sakralisierungen" unterschätzt. Optimistische Versionen von
Modernisierungstheorie tendierten dazu, jeden solchen Einwand auf einen Verweis auf Ausnahmen zu reduzieren; wenn Paradigmen zu viele Ausnahmen kon-
zedieren müssen, verlieren sie freilich an Durchschlagskraft. Vom Standpunkt
pessimistischer Varianten von Modernisierungstheorie erscheint das dreiphasige
Schema als leichtfertig optimistisch oder zumindest in der Gefahr befindlich, die
Wucht des Modernisierungsprozesses zu bagatellisieren. Dieser Einwand ist berechtigt, wenn die Entstehung neuer „Gemeinschaft" nicht nur als möglich behauptet, sondern mit einer Garantie des Gelingens ausgestattet wird. Mir scheint
das Erbe der amerikanischen Soziologietradition hier allerdings nicht in einem
naiven geschichtsphilosophischen Optimismus zu liegen, wie man oft hören
kann, sondern in einer empirischen Offenheit gegenüber Prozessen, die sich
nicht in das Schema eines uni-linearen Gemeinschaftsverlusts zwängen lassen.

Die empirische Öffnung des Diskurses über Gemeinschaft kann mit einer ganz
trivialen Frage beginnen: nämlich der nach dem Zeitpunkt des Einsetzens ge-
meinschaftszerstörender Prozesse. Auf die Notwendigkeit der Datierungsfrage
kann man durch die Beobachtung stoßen, dass häufig vom Zerfall solcher Gemeinschaften gesprochen wird, die erst entstanden, als andere Soziologen oder
Historiker bereits über Gemeinschaftsverlust klagten. Ulrich Becks Individuali-
sierungsthese etwa zielt ja auf den Zerfall von Bindungen – etwa homogener
Arbeiterquartiere –, die erst in einer Zeit erwuchsen, als allenthalben der Verlust
der Dorfgemeinschaft beobachtet wurde. Der New Yorker Historiker Thomas

Bender hat in witziger Weise (vgl. Bender 1978: 45) dargestellt, wie unterschiedlich der Gemeinschaftszerfall in den USA datiert wird. Eine Analyse von John Winthrop's Boston sieht den Gemeinschaftszerfall und den Triumph von Individualismus und Materialismus über das puritanische Gemeinschaftsideal schon um 1650 vollzogen. Andere sprechen vom späten 17. oder frühen 18. Jahrhundert. Die Welle republikanischen Denkens im Vor- und Umfeld der Amerikanischen Revolution wird von wieder anderen als Versuch zur Wiederbelebung der untergehenden traditionellen „Gemeinschaft" gedeutet — ein Versuch freilich, der zu ganz anderen Ergebnissen führte, als ursprünglich intendiert gewesen war. Eine reiche Literatur situiert die Entstehung der amerikanischen Polizei in den Problemen der Urbanisierung der USA und stellt damit einen Zusammenhang her zwischen der Erosion traditioneller Gemeinschaften und der Entstehung separater Institutionen sozialer Kontrolle. Diese Prozesse durchziehen aber das ganze 19. Jahrhundert. Vor allem die Zeit nach dem Amerikanischen Bürgerkrieg (1861–65) und erst recht die so genannte Progressive Era (1896–1914) werden in zahlreichen Geschichtswerken als eine Zeit dargestellt, in der eine Gesellschaft aus vielen einzelnen autonomen Gemeinden mit informellen und persönlich-direkten („face-to-face") Beziehungen sich in eine Gesellschaft transformierte, die in politischer und ökonomischer Hinsicht immer zentralisierter wurde und in deren sozialen Beziehungen Unpersönlichkeit und Zweckorientierung die Vorherrschaft errangen. Auch in der Untersuchung der zwanziger Jahre und bis hin in die Gegenwart findet sich dieses Schema. Diese bloße Aufzählung sät natürlich Zweifel an der Korrektheit jeder einzelnen Datierung. Mehr als das, das ganze Deutungsschema verliert an Plausibilität, wenn man – mit Bender – fragen kann: „How many times can community collapse in America?" (ebenda: 46).

Die Zurückweisung der bloßen Verlustperspektive auf Gemeinschaft kann ein Resultat der Öffnung gegenüber der Empirie sein. Generell lässt sich von einem soziologischen Defizit der Kommunitarismusdiskussion sprechen. Viele der Thesen und Gegenthesen sind arm an Datierungen, Lokalisierungen, Quantifizierungen der gemeinten Phänomene. Dies gilt sogar für einen in anderen Hinsichten so beeindruckenden soziologischen Beitrag wie die Arbeiten der Bellah-Gruppe; bei aller Sensibilität ihrer Sinnrekonstruktionen muss sie sich Kritik an ihrem Desinteresse bezüglich der Repräsentativität ihrer Ergebnisse gefallen lassen. In der philosophischen Diskussion geht am weitesten in der Richtung soziologischer Konkretisierung Michael Walzer, wenn er von den „vier Mobilitäten" als Hintergrund für Gemeinschaftsverlust spricht (vgl. Walzer 1990): der geographischen, der sozialen, der familialen und der politischen Mobilität. Häufiges Umziehen, sozialer Auf- und Abstieg, Scheidungs- und Treueverhalten oder Parteibindung und Wechselwählerei sind ja beileibe nicht identische Phänomen-

bereiche. Wenn man von heutigem Gemeinschaftsverlust spricht, muss man
klarmachen, ob von einer abnehmenden Bindungskraft von Kernfamilie, Verwandtschaft, Freundschaft, Kirchengemeinde, lokaler Gemeinde, städtischer
neighborhood, politischer Partei, Gewerkschaft, Verein oder was immer die Rede sein soll. Diese Unterschiede verschwinden nur dann, wenn angenommen
wird, in all diesen Bereichen sei die Entwicklung gleichsinnig gerichtet und es
bildeten sich keine Kompensationsverhältnisse unter ihnen heraus. Sogar Walzer
ist erstaunlich unbesorgt um Daten. Ich kann hier das beklagte soziologische
Defizit der Kommunitarismus-Diskussion natürlich nicht durch alle genannten
Bereiche hindurch auszugleichen versuchen. Aber ich möchte doch zumindest
ein Beispiel vorführen. Auch Walzer unterstellt, dass die Amerikaner – ich
nehme an, er meint: heute – häufiger umziehen als alle Völker in der Geschichte, zumindest seit der Völkerwanderungszeit und mit der Ausnahme nur von
Nomaden oder den Flüchtlingen von Kriegen und Bürgerkriegen (vgl. ebenda:
11). Die soziologische Forschung zeigt aber zum einen, dass sich andere Länder
(etwa Australien und Kanada) von den USA hier keineswegs beträchtlich unterscheiden, zum anderen und vor allem, dass diese geographische Mobilität in den
USA seit längerem leicht abnimmt Für die These eines akuten Gemeinschaftsverlusts lässt sich die geographische Mobilität der Amerikaner deshalb nur
schwer verwenden. Das Ausmaß solcher Mobilität geht nicht auf einen einzelnen Faktor zurück, schon gar nicht auf einen kulturellen wie den des Individualismus. Das Ergebnis ist vielmehr eine Bilanz über sehr unterschiedliche Tendenzen, von der Abstoßung aus der bisherigen Heimat zur Attraktion in eine
neue. Auch die Auflösung ethnisch homogener Stadtviertel wird besonders häufig als Beleg für Gemeinschaftsverlust angeführt. Doch sollten wir nicht übersehen, dass an deren Stelle – so Claude Fischer (o.J.) – eine Homogenisierung der
Stadtviertel nach Einkommensniveau zu treten scheint. William Julius Wilson
(1987) hat auf die katastrophalen Folgen aufmerksam gemacht, die sich für die –
nicht im Verschwinden begriffenen – Ghettos der Schwarzen aus diesen Tendenzen ökonomischer Homogenisierung ergeben. Wenn einer aufsteigenden
schwarzen Mittelklasse der Wegzug aus dem Schwarzenghetto möglich wird,
fehlen der verbleibenden Bevölkerung positive Leistung und Aufstiegschancen
repräsentierende Rollenbilder. Die ökonomische Homogenisierung der Suburbs
erleichtert in ihnen wiederum die Gemeindebindung. Es scheint zwar eine deutliche Abnahme der Geselligkeitsbindung an die neighborhood zu geben – freilich mit Ausnahme der Armen, der Alten und der Kinder – aber diese geringere
Geselligkeitsbindung bedeutet keineswegs eine höhere Neigung zum Umzug
oder eine ebenfalls sinkende Bedeutung der Gemeinde in politischer Hinsicht.
Die Bedeutung der Kirchengemeinde in den USA ist bei aller Lockerung der
Bindung an eine bestimmte „Denomination" nicht im Rückzug begriffen, und
zunehmende politische Entfremdung von nationweiten politischen Organisatio-

nen kann Interesse und Engagement an lokaler Politik auch vergrößern. Mit diesen groben Andeutungen will ich veranschaulichen, dass wir einzelne Tendenzen nicht zu einem einzigen, umfassenden Prozess des Gemeinschaftsverlusts aufblähen sollten, sondern Tendenzen und Gegentendenzen hier unterschieden nach gesellschaftlichen Bereichen abzuwägen sind. Wie wenig abstrakt-logische Gedankengänge dabei Orientierung geben können, hat besonders plastisch die Reihe experimenteller Untersuchungen zum Phänomen des „free rider" gezeigt. Während nämlich Olsons Logik des kollektiven Handelns mit ihrem Argument, der rationale Akteur nehme an den positiven Resultaten kollektiver Anstrengungen teil, bei deren Erbringung aber drücke er sich am besten vor seinem Eigenanteil, während dieses Argument in den theoretischen Diskussionen einen wahren Siegeszug angetreten hat, zeigen empirische Untersuchungen (Olson 1968; zusammenfassend: Marwell/Ames 1981), dass von allen untersuchten Bevölkerungsgruppen in Amerika faktisch nur eine einzige dieser ökonomischen Logik tatsächlich überwiegend folgt, und diese ist – man staune: die Gruppe der Ökonomiestudenten.

Kein Grund also, uns die Gegenwart ausschließlich im Zeichen des Gemeinschaftsverlusts oder gar als tabula rasa der Gemeinschaftslosigkeit vorzustellen. Kein Grund auch, auf ein Gegenprogramm der Erzeugung neuer Gemeinschaften ex nihilo zu sinnen. Ich plädiere dagegen für die sensible Wahrnehmung von Gefühlen des Gemeinschaftsverlusts und die Beteiligung an ihrer produktiven Umformung in die Entstehung neuer Gemeinschaften in einer demokratischen Gesellschaft. Gerade die amerikanische Tradition enthält theoretisch und praktisch durch ihre Betonung der „freiwilligen Vereinigung" („voluntary association") Mittel zur Versöhnung von Gemeinschaftssehnsucht und Demokratie und zur Überwindung ihrer Opposition.

Es scheint mir allerdings wichtig, das Pathos freiwilliger Vereinigung auch nicht überzustrapazieren. Die Gefahr dazu sehe ich in Deutschland in zweierlei Hinsicht. Zum einen sollte man die „freiwilligen Vereinigungen", wie ich finde, nicht nur dort als Hoffnung empfinden, wo sie staatsfern sind oder auf ihrer Staatsferne bestehen[6]. Gerade für die USA scheint es mir wichtig, dass freiwillige Vereinigungen im politischen Raum wie Parteien oder Gewerkschaften heute wieder gestärkt werden müssten, wenn die krisenhaften Tendenzen der ganzen Gesellschaft demokratisch bewältigt werden sollen. Dabei werden diese freiwilligen Vereinigungen der Logik des Einflusshandelns nicht entgehen. Ich sehe aber keinen Grund, staatlichen Ressourcenzufluss, die Kombination mit Dienstleistungen und den Einsatz von Öffentlichkeitsarbeit pauschal unter Verdacht zu

---

[6] Diese Gefahr sehe ich bei Micha Brumlik (1992).

stellen (Zu dieser Thematik vorzüglich: Streek 1987). Aus den amerikanischen Debatten über die demokratische Notwendigkeit eines weiteren Ausbaus des Wohlfahrtsstaats könnten wir in Deutschland lernen, dass es wohl doch eher ein mangelnder als ein übermäßiger Ausbau des Wohlfahrtsstaats ist, der gemeinschaftszerstörend wirkt.

Die andere Gefahr sehe ich hierzulande dort, wo der demokratische Anspruch an „Gemeinschaft" ethisch so stark wird, dass nur noch solche Gemeinschaftsbindung als legitim gilt, die in ihren Motiven universalistisch ist. Ich meine den Generalverdacht gegen lokalpatriotische, regionale und nationale Identitäten, weil sie alle vor dem strengen Auge universalistischer Moral als partikular erscheinen. Aber die Frage ist doch gerade, wie solche universalistischen Ansprüche aus dem luftleeren Raum geholt und in konkreten Gemeinschaften zu verwirklichen sind. Demokratie und nationale Identität sind in den USA einander nicht notwendig entgegengesetzt.

John Deweys Ausgangspunkt in all diesen Fragen war ein wertbesetzter Begriff von Demokratie. Demokratie war für ihn ein Ideal und schon insofern nicht einfach mit den bestehenden Formen demokratischer Willensbildung in den USA oder anderen demokratischen Gesellschaften identisch. Demokratie war für ihn weiterhin überhaupt nicht nur die Kennzeichnung eines Verfahrens der Willensbildung als solchem. Er zielte vielmehr auf eine „demokratische Kultur", von der diese Verfahren nur ein Teil sind. Ohne die Einbettung in eine demokratische Kultur können demokratische Verfahrensweisen nicht funktionieren. Aus dieser Kultur aber drängen immer wieder Motive zur Korrektur auch der geltenden Verfahrensweisen heraus. Zu denken ist an ein kreatives Wechselspiel institutionalisierter und nicht institutionalisierter, politischer und vorpolitischer Formen der Willensbildung. Dieses Wechselspiel bezeichnet Dewey in seiner politischen Philosophie als die Kommunikation, aus der heraus die „Great Community" entstehen kann. Auch dieser Zielbegriff der „Great Community" mag erneut die Skepsis gegen den Gemeinschaftsbegriff wecken. Aber Dewey zielt weder auf eine verlogene Emotionalisierung der „systemischen" Prozesse von Staat und Markt noch auf eine totale Dezentralisierung moderner Gesellschaften in kleine lokale Gemeinden. Auch Ignoranz gegenüber den spezifisch gemeinschaftstranszendierenden Kräften modernen Lebens ist ihm nicht vorzuwerfen. Dewey verliert lediglich nicht aus den Augen, dass sich auch unter modernen Bedingungen die Frage stellt, wie die intendierten und die unintendierten Wirkungen kollektiven Handelns und autonomisierter Bereiche in ein von den Betroffenen als sinnvoll erlebtes Ganzes sollen integriert werden können. Alles Handeln hat Wirkungen, die über das Intendierte hinausgehen oder von ihm abweichen. Diese Wirkungen erzeugen Betroffenheit, Betroffen sein. Erst die

Rückmeldung der Wirkungen durch die Betroffenen an die Handelnden schließt den Zirkel. An das Zitat, mit dem diese Ausführungen begannen, schließen sich rasch folgende Worte an:

„Wo immer es eine gemeinsame Tätigkeit gibt, deren Folgen von allen beteiligten einzelnen Personen als gut anerkannt werden, und wo die Verwirklichung dieses Guten die Wirkung hat, einen energischen Wunsch und die Anstrengung auszulösen, dieses Gute zu bewahren eben weil es ein von allen geteiltes Gutes ist, dort besteht eine Gemeinschaft. Das klare Bewusstsein eines gemeinschaftlichen Lebens in all seinen Implikationen konstituiert die Idee der Demokratie." (Dewey 1927: 148)[7]

Diese Verknüpfung von „Gemeinschaft" und „Demokratie" ist demnach in einer Philosophie der menschlichen Handlung fundiert und nicht einfach Resultat einer Wahl zwischen den Alternativen Individualismus und Kollektivismus oder Kommunitarismus. In dieser Fundierung könnte zugleich ein Moment der Überlegenheit des alten Pragmatismus Amerikas gegenüber dem heutigen Kommunitarismus liegen[8].

Literatur

Bellah, Robert u.a. (1985): Habits of the Heart: Individualism and Commitment in American Life, Berkeley.

Bender, Thomas (1978): Community and Social Change in America, New Brunswick, N. J.

Brumlik, Micha: (1992): „Am Vereinswesen könnten die USA genesen". In: Frankfurter Rundschau, 11. 2. 1992, S. 14.

Dewey, John (1927): The Public and Its Problems. New York.

Fischer, Claude (o. J.): „Ambivalent Communities: How Americans Understand Their Localities". In: Alan Wolfe (Hg.): America at Century's End. Berkeley, S. 79-90.

---

[7] Original: „Wherever there is conjoint activity whose consequences arc appreciated as good by all singular persons who take part in it, and where the realization of the good is such as to effect an energetic desire and effort to sustain it in being just because it is a good shared by all, there is in so far a community. The clear consciousness of a communal life, in all its implica tions, constitutes the idea of democracy.") - Zu Dewey jetzt empfehlenswert: Westbrook 1991.

[8] Einen Versuch zur Ausarbeitung dieser handlungstheoretischen Überlegungen habe ich unternommen in: Joas 1992a.

Joas, Hans (1992a): „Von der Philosophie des Pragmatismus zu einer soziologischen Forschungtradition". In: ders.: Pragmatismus und Gesellschaftstheorie. Frankfurt/M. 1992, S. 23-65.

Hans Joas (1992b): Die Kreativität des Handelns, Frankfurt/M.

Kloppenberg, James (1987): „The Virtues of Liberalism: Christianity, Republicanism, and Ethics in Early American Political Discourse". In: Journal of American History 74, S. 9-33.

Madsen, Richard (1991): Contentless Consensus: The Political Discourse of a Segmented Society. In: Alan Wolfe (Hg.): America at Century's End. Berkeley, S. 440-460.

Marwell, Gerald/ Ruth Ames (1981): Economists free ride, does any body else?. In: Journal of Public Economics 15, S. 295-310.

Olson, Mancur (1968): The Logic of Collective Action. Public Goods and the Theory of Groups. New York.

Riedel, Manfred (1975): „Gesellschaft/Gemeinschaft". In: Brunner, Otto u.a. (Hg.): Geschichtliche Grundbegriffe. Historisches Lexikon zur politisch-sozialen Sprache in Deutschland, Bd. 2. Stuttgart, S. 801-862.

Streeck, Wolfgang (1987): Vielfalt und Interdependenz. Überlegungen zur Rolle von intermediären Organisationen in sich ändernden Umwelten. In: Kölner Zeitschrift für Soziologie und Sozialpsychologie 39, S. 471 – 495.

Vorländer, Hans (1988): Auf der Suche nach den moralischen Ressourcen Amerikas. Republikanischer Revisionismus und liberale Tradition der USA. In: Neue Politische Literatur, S. 226-251.

Walzer, Michael (1990): The Communitarian. Critique of Liberalism. In: Political Theory 18, S. 6-23.

Westbrook, Robert (1991): John Dewey and American Democracy. Ithaca/ New York.

Wilson, William Julius (1987): The Truly Disadvantaged: The Inner City, the Underclass and Public Policy. Chicago.

Stephan Drucks

Vormodern oder voll modern? Kommune als Irritation der Moderne.

Einleitung: „Was ist eigentlich Gemeinschaft?"

Was Gemeinschaft sei, die allgemeinste aller Fragen an Gemeinschaftsforschung, hat mindestens die Dimensionen der Handlungstheorie, der Empirie und der Geschichtsphilosophie. Dieser Beitrag ist durch die These motiviert, dass eine klärende Unterscheidung von Theorie-Dimensionen wichtig ist, um trotz vieler wertender und analytisch unpräziser Selbst- und Fremdzuschreibungen eine soziologische Basis zu behalten. Die Klassiker des Faches haben darauf geachtet, Essentials von „Gemeinschaft" auf handlungstheoretischer Ebene zu fixieren, die jene Basis sein können. Die Ausgangsfrage sei deshalb so präzisiert: „Was ist Gemeinschaft, abgesehen von simplifizierenden Zuordnungen zu ‚früheren' Zeiten bzw. ‚traditionalen' Gesellschaften?" Dichotome Zuschreibungen, welche jeweils ein für gut befundenes Gemeinschaftskonzept von den übrigen oder den ‚früheren' Gemeinschaften abgrenzen[1], tragen zu einem trennscharfen Gemeinschaftsbegriff sowenig bei wie zum Verständnis von Modernisierungsprozessen. Klare handlungstheoretische Kerndimensionen von „Gemeinschaft" sollten dagegen ein plausibles Herangehen an die Frage ermöglichen, inwiefern und warum Gemeinschaft derart unter Druck geriet, dass Ferdinand Tönnies das Zeitalter der Gemeinschaft für unwiederbringlich vergangen erklärt.

Zur Identifikation eines für empirische und vergleichende Forschungen brauchbaren Gemeinschaftskonzeptes werden nun zwei historische Betrachtungen angestellt: Zunächst wird ein klassischer Gemeinschaftsbegriff als Idealtyp (inter)subjektiver Rationalität entwickelt und auf abstrakt-begriffliche Weise in Beziehung gesetzt zu geschichtsphilosophischen Grundannahmen von Ferdinand Tönnies, Max Weber und Norbert Elias. Dabei zeigt sich, dass keine Gruppengröße, Organisations- oder Herrschaftsweise den Kern von „Gemeinschaft" komplett abbildet oder ihm vollständig widerspricht, sich vielmehr die jeweili-

---

[1] Für die Eurotopia-Redaktion wurden Gemeinschaften „bisher(...)aufgrund von Tradition, kollektiver Anpassung, Ideologie und Identifikation aufgebaut". *Der* neue Gemeinschaftsansatz hingegen sei planetarisch und gründe auf dem „freien und veränderbaren Willen seiner Mitglieder" (Eurotopia-Redaktion 2001: 24). Gemeinschaft habe früher auf Gruppenzugehörigkeit beruht und sei nun wesentlich eine Haltung (vgl. ebenda: 7). Durch einfache Kontraste ‚bisherige' Gemeinschaft mit egozentrischen Weltsichten willenlos vergemeinschafteter Anpasser gleichzusetzen ist soziologisch so wenig hilfreich wie eine Geringschätzung der Nahbereichsorientierung (vgl. Thomas Mohrs' i.d.B.) als Vergemeinschaftungsgrundlage. Gemeinschaft im „klassischen" Sinn entsteht sicher auch heute im kommunitären Nahbereich.

gen Zusammenhänge nach dem Stellenwert von gemeinschaft in sozialen Logiken sehr unterscheiden können. Dies wird konkreter entwickelt entlang sozial-
historischer Studien über hochmittelalterliche ländliche Kommunen. Hier werden Zusammenhänge von Gemeinschaft und politischen Gemeinwesen auf einem Abschnitt des Staatenbildungsprozesses beleuchtet, der den *politischen*
Umschlagspunkt des Zeitalters der Gemeinschaft zu jenem der Gesellschaft
markiert. Die Tönniessche Geschichtsphilosophie soll hier nicht etwa bewiesen,
aber doch illustriert und gleichzeitig zur Erläuterung des Vorschlags eines quasi
ahistorischen Gemeinschaftsbegriffs benutzt werden. Kalkuliert ist dabei, der
Furcht vor Instrumentalisierungen des Gemeinschaftsbegriffs etwas entgegenzuhalten, dessen Kritik sich in sachlicher Weise mit Gemeinschaftskonzepten auseinandersetzen muss. Dem Vorschlag von Hans Joas (i.d.B.) nach Genauigkeit
bei Datierungen und Lokalisierungen hinsichtlich behaupteter Trends von Gemeinschaftsverlust wird dabei ein wenig entgegengekommen. Und schließlich
bietet der historische Seitenblick die Möglichkeit, zwischen „dem Klassiker mit
der Gemeinschaft" und Betrachtungen aktueller kommunitärer Gemeinschaftsprojekte Verbindungsstellen zu zeigen.

I. Zum Gemeinschaftsbegriff in der Soziologie

Die soziologischen Grundbegriffe sind dem Interesse der Soziologen an der Erfassung und Beschreibung von Modernisierungsprozessen zu verdanken. Ferdinand
Tönnies und Max Weber lassen jedoch Gemeinschaft und Gesellschaft nicht von
vornherein in modernisierungstheoretischen Annahmen aufgehen. Sie kontrastieren
zunächst die Grundbegriffe gegeneinander, wobei sie die Vorstellung menschlicher
Rationalität pluralisieren. Diese Dichotomisierung betrifft das Verhältnis von Individuum und Gesellschaft: Individuelle Denk-, Wahrnehmungs- und Handlungsweisen und ihr Bezug zu sozialen Bindungen, werden je einer Seite, Gemeinschaft
oder Gesellschaft, idealtypisch zugeordnet. So ergeben sich zwei Bereiche des Sozialen, welche in der Realität als Handlungsmotive und als aufeinander verwiesene
Aspekte des Habitus und von sozialen Bindungen auftreten. Auf dieser sehr abstrakten handlungstheoretischen Ebene erhält der Gemeinschaftsbegriff seine
schärfsten Konturen, und er trifft Aspekte jeder realen sozialen Verbundenheit.
Dass Gemeinschaft stark mit dem sozialen Nahbereich identifiziert (vgl. Grundmann i.d.B.) wird, erklärt sich erst vollständig unter Einbeziehung Figurationsthe-
oretischer (Elias 1983/1994) Betrachtungen. Norbert Elias zeigt, dass der Stellenwert gemeinschaftliche Handlungs- und Bindungsmotive außer von der Größe einer Figuration entscheidend von ihrer sozial-zeitlichen Verortung im gesellschaftlichen Modernisierungsprozess abhängt, bzw. von der Gesamtstruktur jener Verflechtungen, durch welche Handlungs- und Beziehungsmotive beeinflusst werden.
Genau in diesem Sinne unterscheidet Tönnies drei aufeinander folgende Zeitalter –

der Gemeinschaft, der Gesellschaft und der „höheren Gemeinschaft" – nach der *Geltung*, die gemeinschaftlicher Bindungen in gesellschaftlichen Ordnungen und Abläufen haben (vgl. Regberg 1993: 27). Um sich darüber zu verständigen, was „Gemeinschaft" im Zuge empirischer Beobachtungen und historischer Betrachtungen wirklich abbilden kann, ist es sinnvoll, situative und habituelle *Rationalitäten von Akteuren* als entscheidende Referenzpunkte von „Gemeinschaft und Gesellschaft" festzuhalten.

Die folgende Erläuterung dieses Umgangs mit dem Gemeinschaftsbegriff hat ihren Anfang und Schwerpunkt bei Ferdinand Tönnies. Es folgen Hinweise auf Analogien und Variationen bei Max Weber und Norbert Elias. Elias operiert nicht mit dem Gemeinschaftsbegriff. Seine Arbeit "Engagement und Distanzierung" pointiert jedoch Grundzüge von Tönnies' Willenslehre und Webers Systematik der Handlungsbegriffe, sowie deren beider Beziehung zu langfristigen gesellschaftlichen Prozessen. Die Ebene der Individualentwicklung, die Tönnies und Elias mit ihren Grundkategorien auch illustrieren, findet hier keine spezielle Beachtung.

1.1. Ferdinand Tönnies: Willenssphären als Grundlage des Sozialen

Tönnies beginnt sein Hauptwerk mit Bemerkungen zu „Beziehungen zwischen menschlichen Willen" (Tönnies 1963: 3). Logischer Ausgangspunkt (vgl. Strob 1999: 96f) der Unterscheidung gemeinschaftlicher von gesellschaftlichen Bindungen sind zwei Grundformen menschlicher Rationalität bzw. Willenssphären – Wesenwille und Kürwille. Tönnies' konzeptionell gleichberechtigte Verhandlung des Wesenwillen zeigt, dass menschliche Ratio „wesentlich" andere Aspekte als den moralischen und analytisch-zweckorientierten Intellekt aufweist (vgl. Bickel 1990/1991) und dass menschliche Entwicklung nicht unmittelbar durch intellektuellen Fortschritt erklärbar ist (vgl. Tönnies 1963: XXIII).

Die abstrakte Unterscheidung der Grundbegriffe entspricht theoriesystematisch (dazu Tönnies 1931; Bellebaum 1966) der *Reinen Soziologie*. Die Suche nach Anteilen und Verhältnissen von Gemeinschaft und Gesellschaft in konkreten Gesellungsformen fällt der *Empirischen Soziologie* zu. Tönnies' Geschichtsphilosophie wendet die Grundbegriffe an, ist entsprechend *Angewandte Soziologie*.

Reine Soziologie

Die Willenssphären unterscheiden sich durch das jeweilige Verhältnis von Emotionalität und Intellekt. Wünschen und Wollen bzw. Fühlen und Denken sind im Wesenwillen gar nicht, im Kürwillen deutlich voneinander getrennt (vgl. Bellebaum 1966: 129ff). Die dem Wesenwillen entsprechende Denkungsart findet in der voraussetzungslosen Bejahung eines Kindes durch seine Mutter ihren reinsten Ausdruck. Wesenwille ist aber nicht Trieb, sondern freier Wille. Auch die „ursprünglichen, immerfortwirkenden, familienhaften" Verhältnisse werden, so Tönnies, „bejaht, aus freiem Willen, wenn auch in anderer Weise als jene Verhältnisse und Vereinbarungen, die klar und deutlich als Mittel für die (sich begegnenden und zusammentreffenden) Zwecke der Individuen gedacht werden" (Tönnies 1963: XXXV). Die Unterscheidungen „familienhafter" von zweckhaft vereinbarten Bindungen ist Tönnies' Bezugspunkt aller Zuordnungen von „Gemeinschaft" und „Gesellschaft" auch zu Meso- und Makrosozialen Tatsachen.

Neben der oft für zu dichotom und dualistisch befundenen Gegenüberstellung (vgl. Brumlik/Brunkhorst 1993; Haselbach 1985) der Hauptbegriffe bevorzugt Tönnies Begriffs-*Triaden* (vgl. Balla 1990). Jeder der zwei Willens*sphären* entsprechen drei Willens*formen*. Es entsteht insgesamt ein Kontinuum von sechs zunehmend reflexiven Bindungstypen. Die unvermittelte voraussetzungslose Zuneigung heißt „Gefallen". Sie stiftet die „Gemeinschaft des Blutes"[2]. „Gewohnheit" beruht auf gemeinsam verbrachter Lebenszeit und bejaht die „Gemeinschaft des Ortes" (vgl. Tönnies 1931: 13). „Gedächtnis", die dritte Form von Wesenwille, ist Erinnerung an geschätzte Eigenschaften anderer Menschen, vor allem gemeinsam geteilte Werte und Ideen. Gedächtnis bejaht mithin die „Gemeinschaft des Geistes" (vgl. ebenda), die voraussetzungsvoller, dafür über Zeit und Raum beständiger ist als die anderen Gemeinschaftsformen.

Die Rolle der Gedanken hat im Kürwillen eine andere Qualität. Während Wesenwille Beziehungen und soziale Verhältnisse durchdringt als das, was sie sind bzw. was sie subjektiv zu sein scheinen, kann Kürwille sie analytisch zerlegen und gedanklich beherrschen[3]. Die Formen des Kürwillen geben dies wieder: „Bedacht" beruht auf der Überlegtheit einer Bejahung, „Belieben"/Beschluss" verweist auf ein Bewusstsein von Wahlfreiheit. „Begriff" schließlich ist reine Abstraktion und an sich keine Bindung[4]. Insgesamt beruht Gemeinschaft auf

---

[2] Assoziationen und entsprechenden Ressentiments soll hier kurz begegnet sein: Mit „Blut" verweist Tönnies auf die Leibhaftigkeit des Menschen und auf Bindungen, die nicht zuallererst auf moralischer und intellektueller Integrität sondern auf „bloßer" Zuneigung beruhen. Gemeint ist Zuneigung zwischen leibhaftigen Menschen und keineswegs eine ideologisch behauptete gleiche Abstammung oder Verbundenheit über nationalen „Boden".

[3] Merz-Benz (1995) erläutert diese Differenz unter den Stichworten Tiefsinn und Scharfsinn.

[4] „Im Bedacht deckt sich die verwirklichte Aktion mit dem Gedanken selber. Belieben verhält sich wie ein Allgemeines dazu, welchem viele Einzelheiten untergeordnet sind. Endlich Begriff lässt die Verwirklichung in Handlung unbestimmt und nur als Folge seiner eigentlichen Verwirklichung im Denken selber. Um Bedacht zu verstehen, muss man die Absicht oder den Zweck erforschen; um Belieben, wo der Zweck vorausgesetzt ist, die Gründe; um Begriff: den Zweck , zu dem er gebildet sein mag." (Tönnies 1963: 111 §12)

Vergangenem und bereits vorhandenem (Ein)Verständnis, wohingegen gesellschaftliche Beziehungen ,ausgedacht' und zukunftsbezogen sind.

Empirie

In der Realität kann keine Willenssphäre oder Bindungstyp sich allein manifestieren[5]. Vielmehr wirken die Willenssphären dialektisch zusammen: Wesenwille ist die Kraft hinter allen sozialen Bindungen, die aber nur mit Unterstützung von Kürwillen Bestand haben können. Dies heißt ganz allgemein, dass das Reflektieren auf Emotionen, auf gegenseitige Verwiesenheiten und auf gemeinsame Werte dem Erreichen von Dauerhaftigkeit gemeinschaftlichen Zusammenlebens nützen kann. Oder noch allgemeiner: Distanzierung gegenüber Problemen und Aufgaben ist die mentale Anstrengung, welche das Engagement zur Bewältigung von Problemen und Aufgaben mit Rationalität versehen kann (vgl. Elias 1983). Unterhalb dieses Zusammenhangs ist das Streben nach Nähe und Dauerhaftigkeit wesentlich für Gemeinschaft, wohingegen Gesellschaft Distanz schafft, womit auch zwei Bedürfnissphären abgebildet sind (vgl. Strang 1985). Eine Balance zu finden zwischen Nähe und Distanz trifft ein Grundproblem der Kommunitarismus-Debatte (s. Brumlik/ Brunkhorst 1993; Honneth 1994) und ist ein allgegenwärtiges praktisches Problem[6], also ein Gegenstand sowohl der angewandten Soziologie als auch empirischer Gemeinschaftsforschung.

Geschichtsphilosophische Anwendung der Begriffe

Für Tönnies (vgl. 1931) beginnt die Moderne mit dem Zeitalter der Gemeinschaft. Das Zeitalter der Gesellschaft und die gemeinhin als Individualisierung verhandelten Entwicklungen gediehen nur auf jener Grundlage von Gemeinschaft. Die Zukunft werde, so Tönnies, eine Epoche „höherer Gemeinschaft" bringen. Ein Rückbezug dieser Abfolge auf die Willens- und Bindungslehre zeigt einen dialektischen Charakter[7] von Tönnies' Geschichtsphilosophie. Zentralisierung und Industrialisierung untergraben, so Tönnies, die *Geltung* von mit Wesenwille gewollten Bindungen. Der vergesellschaftete Mensch richte notwendig seinen Lebensentwurf immer mehr zweckrational und egoistisch auf

---

[5] „Alle (Gesellungsformen) sind gemeinschaftlich, in dem Maße als sie in unmittelbarer gegenseitiger Bejahung, also im Wesenwillen, beruhen; gesellschaftlich in dem Maße, als diese Bejahung rationalisiert worden, d.i. durch Kürwillen gesetzt worden ist." (GUG: XLIIff)

[6] Auf dieses Problem zielt Kurt Lüschers Ambivalenz-Theorie (vgl. Drucks im 2. Teil i.d.B.).

[7] Über diesen Charakter herrscht keineswegs Einigkeit. Günther Rudolph (1995) erklärt dies mit Tönnies' Affinität zu Karl Marx (vgl. Strob 1999: 103) und weist akribisch „bürgerliches Verschweigen" nach. Balint Bala (1990: 129) vermittelt: „Indem wir bei der Suche nach einer zukünftigen Lösung für ein gegenwärtiges Problem Vergangenes vergegenwärtigen, darauf als Präsentes zurückgreifen, sind wir ohnehin Drei-Zustandsdenker (und –Handelnde)...".

seine persönliche Zukunft aus[8] und gehe dabei kurzfristige, auf Kontrakte beschränkte Beziehungen[9] ein. Gemeinschaftliche, auf Vergangenem beruhende Bindungen können dabei lebenspraktische Widersprüche hervorrufen[10]. Der tiefere Widerspruch ist mit *Entfremdung* richtig benannt: Prinzipiell drückt sich, wie gesagt, in jedem Kürwillen Wesenwille aus. Das Zeitalter der Gesellschaft aber verlangt strategisches Handeln, dessen Zweck subjektiv gar nicht auf „wesentliches" Wollen und auf gemeinschaftliche Beziehungen rückbeziehbar ist, also sinnlos und irrational erscheinen muss. Im dritten Zeitalter würde jedoch Wesenwille zu neuem Recht kommen, und zwar in selbstorganisierten genossenschaftliche Vergesellschaftungsformen, die „vor dem Rückfall in den Betrieb eines bloßen Geschäftes sich zu schützen" wissen. Diese würden „von unten" gegen den rational-spekulativen Charakter der kapitalistischen Gesellschaftsordnung wirken (vgl. Deichsel 1981: 35ff). Parallel würden staatliche und überstaatliche Regime lokale und globale Angelegenheiten rational, im Sinne des Gemeinwohls (vgl. Rudolph 1995: 77ff) verhandeln. Jenes Gemeinwohl tritt in den unten folgenden Ausführungen zur Kommune hervor als Gegenstand von Definitionskämpfen. So wie die Genossenschaften in Tönnies' Utopie, stritten schon mittelalterliche Kommunen um eine gemeinschaftsbasierte Definition des „bonum commune" (s. Kap. 2). Selbstredend sind die jeweils abzuleitenden politischen Forderungen sehr verschieden.

1.2. Max Weber: Handlungstypen

Max Webers Idealtypen Sozialen Handelns kontrastieren ihrerseits Gemeinschaft mit Gesellschaft[11]. Während jedoch Tönnies' Willenslehre *Bindungs*motive unterscheidet, fragt Weber zunächst nach *Handlungs*motiven. Diese heben nicht auf anthropologische Grundlagen der Soziologie ab, sondern auf die Orientierung eines Akteurs an Annahmen über zu erwartende Handlungen anderer Akteure. „Gemeinschaftshandeln" orientiert sich an Erwartungen an konkrete andere Menschen. Bei „Gesellschaftshandeln" ist dieser Bezug vermittelt über Geltung und Kenntnis gesatzter Ordnungen. Die Handlungsbegriffe verweisen direkt auf die verschiedenen Figurationen (Elias), in der die Orientierung jeweils

---

[8] „Denn seine Bedingungen sich anzupassen, das Tun der anderen, welche gewinnen und Erfolg haben, nachzuahmen, ist nicht allein natürlicher Trieb. Sondern wird zwingendes Gebot, bei Strafe des Untergangs." (Tönnies 1963: 168/Anmerkung 1)
[9] „Der einige Wille bei jedem Tausche, sofern der Tausch als gesellschaftlicher Akt gedacht wird, heißt Kontrakt. Er ist die Resultante aus zwei divergierenden Einzelwillen, die sich in einem Punkte schneiden. Er dauert bis zur Vollendung des Tausches."(Tönnies 1963: 47 §22)
[10] Tönnies skizziert den Idealtyp „Kaufmann", der „frei von den Banden des Gemeinschaft-Lebens" (Tönnies 1963: 58 §27) am besten zurecht kommt.
[11] Eine gewissenhafte Auseinandersetzung mit dem Gebrauch der Kategorien Gemeinschaft und Gesellschaft bei Weber, auch im Vergleich zu Tönnies, liefert Klaus Lichtblau (2000).

stattfindet: Figurationen können sich maßgeblich durch unmittelbare Beziehungen oder durch auf den „Begriff" gebrachte Arrangements auszeichnen.

Der prinzipielle Unterschied zu Tönnies zeigt sich dort, wo Weber (vgl. 1980: 12) die Rationalitäten systematisiert, welche verschiedenen Typen sozialer Beziehungen jeweils zugrunde liegen, und zwar am auffälligsten in der Zuordnung von *Wertrationalität*: „Vergemeinschaftung", so Weber, beruhe auf subjektiv gefühlter – affektueller oder traditionaler – Zusammengehörigkeit, „Vergesellschaftung" dagegen auf wert- oder zweckrational motiviertem Interessenausgleich oder Interessenverbindung. Wertrationalität ist hier relevant unter dem Gesichtspunkt auf die Zukunft gerichteter, also kürwillenhafter Handlungsentscheidungen, während für Tönnies Werte als im Vergangenem wurzelndes Einverständnis, mithin Gemeinschaft (vgl. Tönnies 1931: 6ff), interessant sind.

Ein weiterer Unterschied zwischen Tönnies und Weber betrifft die Geschichtsphilosophie. Während Tönnies eine historische Synthese in Aussicht stellt, hinterlassen Webers Betrachtungen der sozialen, politischen und kulturellen Veränderungen im Prozess okzidentaler Rationalisierung[12] die Aussicht, dass „der moderne Atomismus und Individualismus" (...) nun einmal der bedauerliche, aber unvermeidliche Preis der Moderne und der Freiheit sei" (Reese-Schäfer 2001: 19).

Wie schon gesagt geht es aber hier darum zu zeigen, dass differente geschichtsphilosophische Auffassungen die Arbeit mit dem Gemeinschaftsbegriff nicht behindern müssen, sofern dieser Begriff handlungstheoretisch fixiert ist. Ist er das, so hilft er vielmehr dabei, Gemeinsamkeiten und Unterschiede zwischen Theorien der Moderne zu klären. Der gezeigte Unterschied zwischen Tönnies und Weber liegt im Zukunftsbild, während die Zeitdiagnosen vor allem Gemeinsamkeiten aufweisen: Der Rationalisierungsprozess westlicher Gesellschaften lässt sich grob als zunehmende Überformung von Vergemeinschaftung durch gesellschaftliche Ordnungen fassen. Der von Tönnies beschriebenen kurzfristigen kontraktuellen Bindung entspricht bei Weber die „Gelegenheitsvergesellschaftung". Dass langfristige, „perennierende" Vergesellschaftung mit „übergreifender Vergemeinschaftung" einhergehen kann, steht für Weber so fest wie für Tönnies. Tönnies baut darüber hinaus die Möglichkeit übergreifender Vergemeinschaftung aus zu einer Grundlage des dritten Zeitalters.

Eine Kategorie, welche die soziale Logik der Kommune (s.u.) recht treffend abbildet, ist Webers „Einverständnishandeln". Dieses ist durch Ordnungen moti-

---

[12] Jürgen Habermas (1995) bespricht diese Aspekte ausführlich.

viert, die nicht unbedingt gesatzt sind, in jedem Fall sich aber auf das Handeln
auswirken „als ob" sie gesatzte Ordnungen seien. Einverständnis ist für Tönnies
wiederum wesentlich für gemeinschaftliche Bindungen und drückt sich als „Sitte" in gemeinschaftlichem Recht, insbesondere in kommunalem Gewohnheitsrecht aus, um dessen Geltung die Kommunen kämpften (s. Kap. 2).

Norbert Elias: Engagement und Distanzierung

Norbert Elias hat die Ebenen der Handlungsmotive, der Geschichtsphilosophie
und der empirischen Erfassung sozialer Formationen zu jeweils eigenständigen
soziologischen Konzepten ausgearbeitet und systematisch aufeinander bezogen.

Engagement und *Distanzierung* sind wiederum zwei Sphären von Rationalität,
welche hinter konkreten Handlungsmotiven stehen. Sie unterscheiden sich im
jeweiligen Zusammenhang von Intellekt und Emotion, ganz ähnlich wie Wesen-
und Kürwille. Darüber hinaus sind Engagement und Distanzierung als Modi von
Selbst- und Weltwahrnehmung, Denken und Handeln gefasst als Anteile des
„psychischen Habitus" (vgl. Elias 1994), später „sozialen Habitus" (vgl. Elias
1983). Dem idealtypisch *engagierten* Habitus (vgl. ebenda) entspricht unwissen-
schaftliches Denken ohne innere Distanz zu eigenen Emotionen, zu Problemen
und Zielen sowie zu anderen Personen. Der Gegenpol dazu ist der distanzierte,
oder wissenschaftliche Habitus, über den sich Tönnies und Elias recht ähnlich
äußern (vgl. Tönnies 1963: XXI; Elias 1983: 73ff). Ein nur engagierter oder nur
distanzierter Habitus kann allerdings nicht vorkommen. Engagement und Distanzierung gehören genauso zusammen wie die Willenssphären. Wie Kürwille
das mit Wesenwille Gewollte rationalisiert, so ist Distanzierung ein Mittel zur
Erreichung engagiert gewollter Ziele.

Darüber hinaus entwickelt Elias eine Sicht auf Soziale Formationen, nach der
diese sich wesentlich durch Geflechte von Abhängigkeiten auszeichnen. An diese Figurationstheorie sind Webers Handlungsbegriffe anschlussfähig: Solange
ein Akteur seine Pläne und Handlungen nur auf eine kleine Figuration abzu-
stimmen braucht, kann ein recht engagierter Habitus den entsprechenden Anforderungen in hohem Masse gerecht werden. Kleine Figurationen sind prinzipiell
durch Gemeinschaftshandeln integrierbar. Ein großes Interdependenzgeflecht
erfordert tendenziell mehr Gesellschaftshandeln, auch innerhalb kleiner Gruppen
bzw. Unterfigurationen des großen Zusammenhangs.

Zunehmende Verflechtung ist für Elias eine Seite des insgesamt ungewollten
und dabei klar gerichteten Modernisierungsprozesses resp. des Prozesses der
Zivilisation. Der soziale Habitus hat sich dabei den Anforderungen immer grö-

ßerer und dichterer Verflechtungsnetze anzupassen, insbesondere durch ein gleichmäßig hohes Selbstkontroll-Niveau und – dadurch möglich – mehr Distanzierung. Die wichtigsten praktischen Gründe dafür sind, dass 1. undiszipliniertes Verhalten staatlich und sozial geahndet wird 2. die Arbeitswelt Berechenbarkeit verlangt und 3. moderne Wissensformen und –inhalte sich über den „Umweg" distanziert-wissenschaftlichen Nachdenkens besser nutzen lassen als durch kopfloses Engagement.

Wie Tönnies setzt Elias für die Zukunft auf die Kraft kürwillenhafter Vernunft, überbetont aber den Aspekt der Selbstdisziplin,[13] wodurch sein Zukunftsentwurf näher bei Weber steht.

Zwischenbetrachtung

Bis hierher ist von Folgendem auszugehen:
- in allen sozialen Formationen findet Gemeinschaftshandeln *und* Gesellschaftshandeln statt,
- in allen Arten von Gemeinwesen bestehen gemeinschaftliche *und* gesellschaftliche Bindungen,
- in heutigen wie in früheren Kommunen werden aus distanzierten Überlegungen hervorgehende, gekürwillte Beschlüsse gefasst, um gemeinschaftliche Bindungen zu rationalisieren, also zugunsten des Weiterbestehens von Beziehungen planvoll Änderungen herbeizuführen
- Modernisierung brachte Überformungen von Gemeinschaft und eine Zunahme für individuelles Handeln relevanter Verflechtungen und
- Gemeinschaft und das Zeitalter der Gemeinschaft sind nicht dasselbe.

Die Konstruktion jenes Zeitalters hebt vielmehr ab auf Vergesellschaftungsweisen, welche auf einer vergangenen Etappe des Rationalisierungs- bzw. Zivilisationsprozesses das Leben und Handeln von Menschen insgesamt stärker bestimmten als in späteren Phasen. Tönnies entwarf ein kommunistisches Zeitalter, dessen soziale Logik der mit Wesenwille gewollten Verbundenheit einen hohen Stellenwert einräumte. Strukturelles Vorbild dafür waren Gentilverfassung und Markgenossenschaft (vgl. Rudolph 1995: 135ff). Eine sozialhistorische Anbindung des Gemeinschaftsbegriffs kann von daher an „den zweieinhalb Jahrhunderten von der Mitte des 13. bis in das frühe 16. Jahrhundert" ansetzen, in der die Kommune „in Form der Dorf- und Stadtgemeinde zu hoher Blüte" gekom-

---

[13] Habituelle Zivilisierung ist für Elias bedingt durch die „Ausbreitung des Zwangs zur Langsicht und des Selbstzwangs" und vollzieht sich als Verschiebung der „Zwangbalance" von „Fremdzwang" zu „Selbstzwang" (vgl. Elias 1994a: 312ff). Bei Tönnies legt schon die Festlegung freien Willens als Grundlage alles Sozialen nahe, die Historizität und damit die Veränderbarkeit der Regeln und des Gesamt*niveaus* gesellschaftlicher Zwänge einzufordern.

men ist (Schibel 1985: 10). Wie Verflechtungen zunehmen, sich als überformende Abhängigkeiten zunehmend Geltung verschaffen und dabei Gemeinschaft in Bedrängnis bringen, wird im Folgenden Abschnitt anhand des Prozesses der politischen Verflechtung von Gemeinden nachvollzogen. Der Reiz für die Gemeinschaftsforschung liegt dabei in einer Grundlagenarbeit zum Zusammenhang von Gemeinschaft, Kommune und Modernisierung. Diese knüpft an die Erkenntnis früherer Gemeindeforscher (vgl. Aschenbrenner/Kappe) an, dass kommunale Figurationen nicht per se Gemeinschaften sind, jedoch Gemeinschaft in ihnen einen hohen Stellenwert haben *kann*. Es wird sich zeigen, dass darüber weniger dass Kriterium der gesatzten Ordnung, als vielmehr das Ausmaß entscheidet, in dem Handlungen durch direkte Bezugnahmen motiviert sind und die Sozialbeziehungen auf gemeinsamer Vergangenheit beruhen. Das Beruhen im Vergangenen meint nicht nur „Traditionalität", sondern vor allem ein Kriterium der Wirtschafts- und Herrschaftsordnung: Je mehr diese von außen die Kommune formt, desto weniger gilt Gemeinschaft. Dies wird im Folgenden als Stärkung vertikaler Muster gegenüber horizontalen kommunalen Beziehungen gefasst. Die herangezogenen Studien zeigen, dass große Sozialräume betreffende Satzungen Herrschaftsinteressen geschuldet waren, welche die Gemeinschaft fördernden Anteile kommunaler Sozialordnungen zu überlagern suchten.

II. Kommune und Gemeinschaft

Karl-Ludwig Schibel (1985: 9f) definiert Kommune als „Vergesellschaftungsform in überschaubaren Gemeinschaften, deren Angehörige als Gleichwertige gemeinsam wichtige Bereiche ihres Lebens- und Arbeitszusammenhangs organisieren". Diese Kommune wird hier unter zwei Perspektiven betrachtet: Zunächst steht das kommunale Gemeinwesen als institutionelles Arrangement im Vordergrund, welches öffentliche und familiale Gemeinschaften zu rationalisieren und auf Dauer zu stellen vermag. Dass dieses Vermögen direkt von Machtverhältnissen abhängt, wird in der zweiten, der historischen Perspektive deutlich. Hier ist der Staatenbildungsprozess relevant, insofern er den „Gemeinen Mann" betrifft, den Verlierer im „Prozess der Zivilisation" bzw. im Kampf um „seine" Vergesellschaftungsweise. Mit diesem Fokus wird hier ein Ausschnitt des Staatenbildungsprozesses betrachtet, der als Übergang des Zeitalters der Gemeinschaft zu jenem der Gesellschaft gelten kann.

Das kommunale Gemeinwesender Bauerngemeinde

Die Ausbildung der Kommune war angesichts einer Zunahme von Bevölkerung, Sesshaftigkeit und Siedlungsdichte historisch plausibel (vgl. Schibel 1985: 31ff), da die Fronhofswirtschaft weder den steigenden Ansprüche der Grundherren, noch dem wachsenden Lebensmittel- und Rohstoffbedarf der Bevölkerung gerecht werden konnte (vgl. Wunder 1991: 390). Der kommunale bzw. gemeindliche Zusammenschluss ermöglichte bäuerlichen Familien, die Vorteile neuer Anbaumethoden und der Drei-Felder-Wirtschaft zu nutzen und sich gegenseitig gemeinschaftliche Güter zur Verfügung zu stellen[14]. Basisdemokratische und konsensorientierte Formen der Entscheidungsfindung ermöglichten anspruchsvolle Regelungen wie die Allmende und die je nach Jahreszeit wechselnden Nutzungsrechte ‚privater' Anbauflächen (vgl. Schibel 1985: 31ff; 50). Konsensentscheid verhinderte, dass unzufriedene Minderheiten und damit für die gemeindliche Erzeugergemeinschaft untragbare Spannungen entstanden. Die Kommune trotzte der Obrigkeit eine große Bedeutung horizontaler Beziehungsmuster[15] und damit ein hohes Maß an Autonomie ab. Jeder Genosse hatte in der Gemeindeversammlung gleiches Stimmrecht bei Angelegenheiten, die das Dorf als ganzes betrafen. Dies unbeschadet individuell sehr unterschiedlicher Verhältnisse zur Herrschaft (vgl. ebenda: 42). Dadurch war die Versammlung kein Vollzugsorgan der Obrigkeit und sie setzte nicht idealtypisch vertikale Muster in Geltung. Sie war vielmehr eine Institution der Gemeinde und für die Gemeinde. Als solche entsprach sie gemeindlicher „Gewohnheit", weshalb sie keiner ausdrücklichen Regelungen des formalen Ablaufs und der ‚Geschäftsordnung' bedurfte (vgl. ebenda: 41f). Die Versammlung erlaubte außerdem dem Dorf, mit einer Stimme gegenüber der Grundherrschaft Stellung zu beziehen (vgl. Blickle 1991: 8).

Retrospektiv entsprach die institutionale Ordnung der Kommune den genossenschaftlichen Prinzipien „Kooperation" und „auf die Gemeinschaft gerichteter Bestrebungen" (Faust 1965: 9) sowie dem „Prinzip der Nebenordnung" (Schibel 1985: 42). Praktisch stützte sie kein Prinzip, sondern die Gemeinschaft des Or-

---

[14] Wo Gutsherrschaft und Leibeigenschaft, bzw. Gemeinschaften von Gutsherr und Untergebenen, fortbestanden, konnten sich Dorfgemeinden nicht in der weiterhin erläuterten Weise entwickeln (vgl. Press 1989: 123ff; Göttsch 1995: 367ff). Das Modell der Grundherrschaft und der recht autonomen Dorfgemeinden setzte sich vor allem im Schweizer Raum durch.
[15] Ich beziehe mich auf Roland Leslie Warrens (1970) systemtheoretischen Zugang zur Gemeindeforschung, oder vielmehr auf die heuristische Essenz der Unterscheidung zwischen vertikalen und horizontalen Mustern: Vertikale Muster sind strukturelle und funktionale Beziehungen der Gemeinde zu gemeindeübergreifenden Systemen mit einer hierarchischen Autoritäts- und Machtstruktur, welche typischerweise gemeindliche Institutionen auf ihrer untersten Ebene ansiedelt. Horizontale Muster sind dagegen Beziehungen zwischen gemeindlichen Einheiten auf ungefähr gleichem hierarchischen Niveau (ebenda: 80f). Diese Unterscheidung ist nicht als Abbildung von „Gemeinschaft und Gesellschaft" auf der Strukturebene aufzufassen. Gemeinschaft mit der Abwesenheit von Hierarchie und Herrschaft gleich zu setzen würde die Absicht dieses Beitrages konterkarieren. Tönnies (1931: 16) streitet jedoch nicht ab, was der Blick auf die Kommune nahe legt, nämlich dass sehr asymmetrische Verhältnisse einen gemeinschaftlichen Charakter von Beziehungen eher nicht fördern.

tes, in der „echte Gemeinnutzung der Genossen gegeben war, mehr als nur das Eintreten des Nachbarn für den Nachbarn. Die Genossen nutzten eine Sache gemeinsam, und mit dem Recht des einzelnen verband sich die Pflicht, die Substanz des Nutzungsgegenstandes durch schonenden Umgang zu erhalten, besser noch zu mehren" (ebenda: 34). Das Eigentum war an die Gemeinschaft, das entsprechende Besitzrecht an Nutzen und Nießen gebunden. Was für das abstrakte Privatrecht „ein Unding, eine Anomalie" (vgl. Tönnies 1963: 214 §) wäre, entsprach einer *ratio vivens* in der Rechtsprechung, einer Orientierung an der sozialen Logik gewachsener Bindungen. Eine wesentliche Basis waren Gewohnheitsrecht und Einverständnis – mit Tönnies: „Sitte" – was sich in einer Unterschiedlichkeit der Gemeinden zeigte. Deren Vielfalt entsprachen „auf das Dorf zugeschnittene Gerichte unter den verschiedensten Namen und in den vielfältigsten Formen seit dem Spätmittelalter im ganzen deutschen Sprachgebiet und darüber hinaus" (Schibel 1985: 45). Die Urteilsfindung orientierte sich sogar an persönlichen Beziehungen, das heißt sie interpretierte weniger Gesetze als vielmehr konkretes Verhalten. Das kommunale Recht regelte die Verantwortung des Bauern und der Gemeinde für die Hofstelle und die Bewirtschaftungsflächen, außerdem die Brandverhütung (vgl. Schibel 1985: 35ff; Vogler 1991: 44). Die Richter suchten mit Priorität zu schlichten und die Gemeinschaft zu (re)integrieren. Normübertreter sühnten oft mit der Herausgabe ihres Alkoholvorrats für mitunter mehrtägige gemeinsame Gelage – den „Bier- und Weinbußen".

In solchen Regelungen manifestieren sich zwei grundlegende Zielhorizonte politischer Gemeinwesen, nämlich „Friede" und „Gemeinwohl", die in gesatzter Form zuerst in Gemeindeverfassungen auftraten. Peter Blickle sieht eine gleichsinnige realhistorische Bedeutung der Kommune:

„Die eidgenössischen Bünde der Orte, einschließlich der so genannten ‚Gründung' von 1291 verfolgten keinen anderen Zweck als den, die Fehde zu verhindern, den Frieden zu stiften. (...) über die Konsolidierung der Gemeinden, und nur über sie, wird allmählich und mühsam genug der Friede hergestellt. Kommunen verdrängen die Geschlechter; Frieden verdrängt die Fehde." (Blickle 1991: 15f)

Der dazu notwendige hohe Grad an gemeindlicher Autonomie wurde auch in religiösen Dingen verteidigt. Jede Kommune war darauf bedacht, „die Kirche im Dorf" zu haben, „d.h. in der Versorgung mit den Heilsgütern der Kirche ‚autonom'" sein (Wunder 1991: 391), um ihre jeweiligen Muster des Glaubens und der Religionsausübung erhalten zu können. Vielfältige Mischungen traditioneller mythischer und christlicher Glaubensinhalte einten jeweils religiöse „Gemeinschaften des Geistes", und widerstrebten dem Streben der Amtskirche nach Vereinheitlichung (vgl. Schibel 1985: 95).

Der Interessenunterschied zwischen Gemeinde und Obrigkeiten manifestierte sich in Kämpfen um das Recht zur Auswahl des obersten Polizeibeamten, des Dorfrichters und auch des Priesters. Es ging um die Geltung von Gewohnheitsrecht gegenüber universal geltendem Römischen Recht, um Inhalte und Ausdrucksformen gemeindlichen Glaubens und um die Definition des ‚Gemeinwohls', des ‚bonum commune'. Mit der Gemeindebildung war nämlich zunächst einiges erreicht worden: Gewiesenes, herrschaftsbezogenes Recht wurde zu einem selbstbestimmten, auf eigene Interessen abgestimmten Recht. Dabei wurde der Nutzen des Wirtschaftens von herrschaftlichen Höfen auf die Kommune verlagert (vgl. Blickle 1991: 22ff). Dadurch vereinten sich Einzelinteresse und Gemeindeinteresse in der Synchronisation der Arbeitsabläufe und in der Abwehr äußerer Eingriffe. Deshalb gelang die interne Konsensfindung leicht (vgl. Enders 1995: 160ff). Hingegen wurde „die ‚Chance' der Herren, Zustimmung zu ihren Forderungen zu finden, (gebunden) an die Erfüllung bestimmter Erwartungen bei den Holden, von denen ihre Legitimation abhing" (Wunder 1991: 399), d.h. „an eine ökonomisch und sozial akzeptable Herrschaftshaltung" (Peters 1995: 9). Kurzum: Die Kommune nahm sich heraus, ihre Interessen gegenüber Ansprüchen weltlicher und geistlicher Herrschaft zu wahren.

Die „Modernisierung" der Kommune

Auf die von Peter Blickle (1991) entwickelte *Kommunalismus*these Bezug nehmende historische Studien (Blickle 1991a) reflektieren auf den Status der Kommune innerhalb gesellschaftlicher Kräfteverhältnisse des Hochmittelalters und der Frühneuzeit. Im Zeitraum zwischen 1300 und 1800 habe es, so Blickle, durchgehend Land- und Stadtgemeinden gegeben, die über die Besetzung gemeindlicher Ämter mindestens mitbestimmten, deren Amtsträger auf das Gemeinwohl der Gemeinde und der Bauern verpflichtet waren und deren Mitglieder „in einem mehr oder weniger großen Sektor im Kreise der kommunalen Aufgaben genossenschaftlich, ohne herrschaftliche Bevormundung" (Vogler 1991: 43) handelten. Dies bedeutet für das Bild des Staatenbildungsprozesses eine Jahrhunderte lange Gleichzeitigkeit der kommunalen Vergesellschaftungsweise mit jenen zentralistischen Tendenzen und Vergesellschaftungslogiken, die sich langfristig durchsetzten. Die Gleichzeitigkeit zweier sozialer Logiken, eine vertreten durch die Kommune, die andere durch Obrigkeiten auf zunehmend zentraleren Ebenen, macht den Kommunalismus aus. Um dies aufrecht zu erhalten waren Gemeinden zum Arrangement und zum Kampf bereit. Die widerständigen Bauern markierten, mit Elias, dezentralistische bzw. zentripetale Kräfte dieser Zeit. Aufgrund von Quellenstudien folgert Schibel, dass „wäre es nach den Bauern gegangen, (...) die Geschichte anders verlaufen" (Schibel 1985: 40) wäre.

Gegenstand der Auseinandersetzungen waren zunächst die Gemeindesatzungen, in denen seit dem 12. Jahrhundert die politischen Rechte der neuen Kommunen festgeschrieben wurden. Die Machtrate der Kommunen beruhte auf ihrer Kompetenz in kommunalen Angelegenheiten und war abhängig von den Möglichkeiten der Grundherrschaft, direkt auf die Gemeinde zuzugreifen, also nicht zuletzt von räumlichen Aspekten. Im frühen 16. Jahrhundert empfanden die Bauern die steigenden herrschaftlichen Ansprüche als Gefahr für die Reproduktion der Gemeinden. Ihre Wortführer forderten 1524 unter anderem die Selbstverwaltung des Getreidezehnten, die komplette Abschaffung der Leibeigenschaft und der herrschaftlichen Nutzungsrechte über Gewässer, Wald, Gemeindeland und das Hab und Gut Verstorbener sowie Parteilichkeit der landesherrschaftlichen Gerichte zugunsten der Kommune (ebenda: 24ff).

Sozusagen als Friedensangebot appellierten die Bauernführer an vermeintlich ständeübergreifende Konsense über das Gute, kurz: Christlichkeit (vgl. Kaak 1995). Wie jeder hohe Wert hat aber auch dieser die oben genannten zwei Seiten: einmal die vergangenheitsbezogene, gemeinschaftlich verbindende, zum anderen die zukunftsbezogene strategische Seite. Letztere führte zu verschiedenen politischen Interpretationen der Reformation. Luthers strikte Trennung von Religion und Politik kam einem Widerstandsverbot für die Kommune gleich. Der radikale Thomas Müntzer nahm dagegen den offensichtlichen Zusammenhang religiöser mit politischer Selbstbestimmung auf. In dem Bewusstsein, in „der Konsequenz (...) eine radikale Neuordnung der mittelalterlichen Gesellschaft" (Schibel 1985: 9) anstreben zu müssen, wurde er selbst zum Anführer des Bauernkrieges.

Dieser Krieg gilt als ein Punkt, an dem die Kräfteverhältnisse zwischen Kommune und Territorialismus in eindrücklicher Weise verschoben, und das Ende des Kommunalismus vorweggenommen wurde. Als aber die Bauern zunächst Oberhand gewannen, entwarfen sie eine künftige, ihren Interessen diendende Gesellschaftsordnung. Die „Staatsvorstellungen des gemeinen Mannes" (Angermeier 1966) pointierten als eindeutig zentralistisch-vertikales Moment die Zentralmacht des omnipotenten „Volkskaisers" von Gottes Gnaden. Dieser hätte im Dienste des Gemeinwohls die Machtrate aller adligen Zwischengewalten drastisch reduzieren sollen auf den Status direkt dem Kaiser unterstellter und vom Volk gewählter Beamter (vgl. ebenda: 334ff). Die Staatsvorstellungen wiesen „darauf hin, dass kirchliche Organisation und politisches Regiment auf der

Grundlage der Gemeinden strukturiert und gestaltet werden sollten" (Vogler 1991: 42). Das zentralistische Moment war gedacht als Mittel zum Zweck der Festigung einer Gesellschaft mit stark dezentralisierten Kompetenzen[16].

Statt dessen wurden Tendenzen des frühmodernen Staates „zur Bürokratisierung von Herrschaft, Vereinheitlichung von Recht und der Nivellierung sozialer Unterschiede in Richtung auf den Staatsbürger" (Wunder 1991: 393) durchgesetzt, die Gemeinden zu Verwaltungseinheiten (vgl. ebenda 1991: 386), „zu Vorzimmern der landesfürstlichen Amtsstuben herabgemindert" (Blickle 1991: 26) und das Nebeneinander zweier Vergesellschaftungslogiken beendet. Staatliches und kommunales politisches Handeln unterschieden sich prinzipiell nicht mehr. Zu neuer Blüte kam die Kommune etwa hundert Jahre nach dem Bauernkrieg in Nordamerika, wo sich der Prozess der Verstaatlichung der Gemeinden wiederholte. Als intentionale Gemeinschaft tritt die Kommune auf, seit sie „vom aufstrebenden Nationalstaat zerschlagen oder absorbiert worden war. (...)Ihr geht es darum, modellhaft die gute Gesellschaft in einer überschaubaren Gruppe zu entwickeln" (Schibel 1985: 10), ein Anliegen, dass seitdem auf verschiedene Weise verfolgt und mit verschiedenen Visionen besetzt wird.

Fazit

Die Frage, was Gemeinschaft sei, ist durch alle vorangegangenen Betrachtungen hindurch mit dem Verweis auf eine überschaubare Zahl handlungstheoretischer Kerndimensionen beantwortet worden: Ausgehend von Tönnies' Willenslehre meint Gemeinschaft ein Spektrum sozialer Bindungen, die ihren Grund im vergangenen „echten und dauerhaften Zusammenleben" haben und die darin eine Grundlage von Einverständnis entwickelten. Gemeinschaft und die Inhalte ihrer Übereinstimmung sind in jedem Fall „gewollt", aber nicht notwendig in gesatzten „Beschlüssen" festgehalten, nicht einmal notwenig jederzeit „bedacht". Gemeinschaftliche Bindungen „gefallen", sie halten durch „Gewohnheit" und sie überdauern durch „Gedächtnis". Bis hierhin wird Gemeinschaft prinzipiell durch nichts weiter kontrastiert als durch jene anderen Bindungsrationalitäten, die Tönnies idealtypisch einem komplementären Terminus – „Gesellschaft" – zuordnet. Max Webers „Gemeinschaftshandeln" und „Vergemeinschaftung" bilden nicht exakt dasselbe ab, da diese Termini abheben auf in die Zukunft gerichtete Bestrebungen. Affektive und traditionale Motive, die Weber der Gemeinschaft zuordnet, sind jedoch an sich weit weniger interpretierbar und mehr an Vergangenheit gebunden als Werte und Zwecke, die Rationalitäten von „Verge-

---

[16] Die Staatsvorstellungen illustrieren den Zusammenhang von Engagement und Distanzierung: Eine planvolle Gestaltung gesellschaftlicher Machtverhältnisse, mithin eine distanzierte Sicht auf große figurationale Zusammenhänge, hätte letztlich die Dauerhaftigkeit von Gemeinschaft fördernden Sozialzusammenhängen sichern sollen.

sellschaftung". Insofern liegt Weber mit Tönnies doch in etwa auf einer Linie. Und insbesondere Webers „Einverständnishandeln" verweist auf Handlungen, die aus Tönnies' Gemeinschaft heraus motiviert sind.

Verschiedene Bindungsrationalitäten und Handlungsmotive treten überall und gleichzeitig auf. Überall suchen Menschen die von ihnen mit Wesenwille bejahen Beziehungen auf Dauer zu stellen, wofür sie zweck- und wertrational motiviert Zukunft gestalten. Elias' (1994) erklärt, sozialer Wandel sei ein Zusammenwirken konkreter Zwecksetzungen und Planungen, allerdings ein insgesamt ungeplantes Zusammenwirken. Neben der Planbarkeit auf kommunaler bzw. kommunitärer Ebene – sozusagen dem Spielraum für Intentionale Gemeinschaften – sind für die Gemeinschaftsforschung Manifestationen von Gemeinschaft von Interesse. Ferdinand Tönnies lenkt die Aufmerksamkeit von der „reinen" Unterscheidung zwischen Gemeinschaft und Gesellschaft um zu der „empirischen" und „angewandten" Frage, welche Geltung das Gemeinschaftliche in konkreten sozialen Formationen habe. Die Kommune ist nur ein mögliches Feld, auf dem dieser Frage nachgegangen werden kann. Dieses Feld ist interessant durch seine sozialhistorische Brisanz und den gegenwärtigen Kontrast zwischen kommunaler Verwaltungsebene und „alternativen" kommunitären Lebensformen, welcher ein Ergebnis der oben skizzierten Entwicklungen ist.

Die Betrachtungen der Kommune zeigten, dass mit dem Gemeinschaftsbegriff allein nicht beliebig viele Themen soziologischer Gemeinschaftsforschung erklärt werden können. Weitere Basiskategorien sind notwendig, die hier verwendeten sind Vorschläge. „Horizontale Muster", „Basisdemokratie" und „Autonomie" haben jeweils einen Gegenspieler haben benennen jeweils Anteile gemeindlicher Institutionen und der gesellschaftlichen Einbindung der Kommune benennen, welche für die Geltung gemeinschaftlicher Bindungen eine immense Rolle spielen. Solche Kategorien mit Gemeinschaft synonym zu verwenden, brächte allerdings keinen heuristischen Gewinn, eher Bestätigung eines idealistischen Vorschusses, der gegebenenfalls besser explizit kund zu tun wäre.

Der Gegensatz der *ratio vivens* zur *ratio scripta* erwischt sozusagen einen Kern der Tönnies'schen Betrachtungen über die soziologischen Gründe des Naturrechts (vgl. Tönnies 1963: 171ff). Bezüge zu Bindungs- und Handlungstheoretischen Unterscheidungen konnten hier in der gebotenen Kürze zumindest angedeutet werden. Historisch markiert der Unterschied eine Linie zwischen den jeweiligen Bestrebungen, mit denen Gemeindebauern und Obrigkeiten im Bauernkrieg gegeneinander antraten. Er muss aber nicht notwendig die Linien politischer Aktionen heutiger kommunitärer Gemeinschaften abbilden. Mehr noch, als es der Bauernkrieg dokumentierte, dürfte heute neben einem quantifizierba-

ren Übergewicht horizontaler Muster vor allem eine inhaltlich geeignete Politik
– sowohl der „Obrigkeiten", als auch der intentionalen Gemeinschaften – für
kommunale Gemeinschaftlichkeit entscheidend sein. Was das genau bedeutet,
und welche Mischung aus zentraler und dezentraler Steuerung die richtige ist,
muss hier nun nicht mehr diskutiert werden.

Ausblick

Inwiefern nun kann der Gemeinschaftsbegriff heuristische Konzepte der Gemeinschaftsforschung bereichern? Ihn in philosophische Definitionskämpfe hin-
ein zu ziehen, ist eher nicht der richtige Weg. Und eine schlichte Gleichsetzung
von Kommune mit Gemeinschaft macht keinen Sinn. Kommunen[17] gründen und
pflegen – damals und umso mehr heute – idealtypisch „gesellschaftliche" Anteile
mit ihrer intentional hergestellten Öffentlichkeit und ihren „gesatzten Ordnungen". Die Leitideen, Satzungen und Grundsatzpapiere können zugleich als auf
den „Begriff" gebrachte gemeinschaftliche Bindungen und als explizite Grundlagen wertrationalen Handelns gelesen werden. Ein Schlüssel zum Verständnis
kommunitärer Vergemeinschaftungsprozesse könnte in der Unterscheidung eben
jener zwei Seiten des Wertebezugs – die Verbindung durch im Vergangenen entstandene gemeinsam geteilte Werte einerseits und die zukunftsbezogenen wertrationalen Handlungsmotive andererseits - liegen. Vor allem die Suche nach Besonderheiten von Generationenbeziehungen in Intentionalen Gemeinschaften (s.
Drucks im 2. Abschnitt i.d.B. [18]) sollte gewinnen können durch eine Sensibilität
für die Dialektik von Verfestigung und Neuorientierung.

Intentionale Gemeinschaften können befragt werden nach Gemeinschaften des
Ortes (Erzeugergemeinschaften), des Geistes (gemeinsam geteilte Werte und Visionen) sowie den originär gemeinschaftlichen, den familialen Beziehungen innerhalb der Kommune. Es ist zu verobjektivieren, inwiefern intentional gestaltete
Strukturen aus Gemeinschaften hervorgehen und wie sie auf die Zukunft gemeinschaftlicher Beziehungen hin strategisch ausgedacht werden. Dies betrifft
zum Beispiel die von Ökodörfern institutionalisierten Wege der Entscheidungsfindung und der Mitgliederaufnahme. Durch diese wird die Erhaltung gemeinschaftliches Einverständnisses als gemeinsame Aufgabe wahrgenommen, wäh-

---

[17] Dieser Terminus bietet sich hier an, um in einem Wort auf Analogien zu den oben genannten Merkmalen der alten Kommune und gleichzeitig auf einen fundamentalen Unterschied zu
Verwaltungseinheiten zu verweisen.
[18] Ein idealtypischer Vergemeinschaftungsprozess Intentionaler Gemeinschaften könnte mit
einer Abfolge von Tönnies' Gemeinschaftsformen grob so illustriert werden: Die Gemeinschaft des Geistes käme nicht als Folge von Familiengründungen und gemeinsamer Arbeit in
den Blick, sondern als Voraussetzung der gewagten Entscheidung für einen gemeinsamen
Lebensort und für die Chance, dass eine Gemeinschaft des Ortes zusammenwächst.

rend gleichzeitig Differenzen und individuelle Besonderheiten berücksichtigt werden (vgl. Dierschke i.d.B.).

Was bleibt von der Zuordnung der Gemeinschaft zu ‚früheren', ‚traditionalen' oder ‚vormodernen' Lebensweisen, was von der damit logisch nicht zu vereinbarenden Unterscheidung ‚bisheriger' Gemeinschaften von heutigen viel besseren Gemeinschaftskonzepten? Unter Berufung auf die Klassiker bleibt in zweierlei Hinsicht gar nichts: Zum einen berühren solche Abgrenzungsversuche die soziologischen Grundbegriffe weder auf der kategorialen noch auf der geschichtsphilosophischen Dimension. Ihr Sinn kann eigentlich nur im Bedürfnis nach Kontrast und Identität liegen, gegen das kein prinzipieller Einwand vorzubringen ist, das aber wichtige Fragen provozieren muss (vgl. Mohrs i.d.B.). Zum anderen gibt es keine *vor*modernen Kommunen. Die Moderne beginnt, so Tönnies, mit dem Mittelalter und umschließt alle drei genannten Zeitalter (vgl. Tönnies 1931). Die Kommune, die gegenüber feudalistischen und staatlichen Vereinnahmungsversuchen Autonomie behauptet, ist eine Erscheinung der Moderne – ‚früher' genau wie heute.

Der Gemeinschaftsbegriff wird vielfältig eingesetzt – von Ehe- bis Weltgemeinschaft. Für eine wissenschaftliche Arbeit mit dem Begriff bedarf es einiger klarer Bedeutungslinien, für dieser Beitrag Vorschläge macht. Das Verflechtungsnetz, auf das Menschen sich einstellen müssen, hat sich verdichtet und erweitert mit dem Geltungsbereich gesatzter Ordnungen, der Globalisierung von Risiken und der universalen Kapitalisierung. Elias zufolge erfordert und begünstigt all dies eine zunehmend distanzierte Denk- Wahrnehmungs- und Handlungsmatrix. Unterschiede zwischen früheren und aktuellen Leitideen können mit sozialen, politischen und ökologischen Umständen sowie entsprechend wahrgenommenen Problemen (vgl. Beck 1986), der Einschätzung eigener Gestaltungsmacht und Einsatzbereitschaft, außerdem aus Vergemeinschaftungsprozessen selbst erklärt werden.

Ob weltweite ‚Sachzwänge' und Probleme einmal weltweite Gemeinschaftlichkeit im handlungstheoretischen Sinn hervorgebracht haben werden, und was dies bedeuten könnte, sei dahingestellt.

Literatur

Angermeier, Heinz (1966): Die Vorstellung des gemeinen Mannes von Staat und Reich im deutschen Bauernkrieg. In: Vierteljahrsschrift für Sozial- und Wirtschaftsgeschichte 53, S. 329-343.

Aschenbrenner, Katrin/ Dieter Kappe (1965): Großstadt und Dorf als Typen der Gemeinde. Opladen.

Balla, Balint (1990): Das Drei-Stadien-Denken, ein Grundmuster von Sozialtheorien, und seine Elemente bei Ferdinand Tönnies. In: Schlüter, Carsten/ Lars Clausen (Hg.): Renaissance der Gemeinschaft? Stabile Theorie und neue Theoreme. Berlin, S. 93-129.

Bellebaum, Alfred (1966): Das soziologische System von Ferdinand Tönnies unter besonderer Berücksichtigung seiner soziographischen Untersuchungen. Köln.

Bickel, Cornelius (1990): ‚Gemeinschaft' als kritischer Begriff bei Tönnies. In: Schlüter, Carsten/ Lars Clausen (Hg.): Renaissance der Gemeinschaft? Stabile Theorie und neue Theoreme. Berlin, S. 19-46.

Bickel, Cornelius (1991): Ferdinand Tönnies: Soziologie als skeptische Aufklärung zwischen Historismus und Rationalismus. Opladen.

Blickle, Peter (1991): Kommunalismus. Begriffsbildung in heuristischer Absicht. In: Ders. (Hg.): Historische Zeitschrift. Beiheft 13: Landgemeinde und Stadtgemeinde in Mitteleuropa. München, S. 5-38.

Blickle, Peter (Hg.) (1991a): Historische Zeitschrift. Beiheft 13: Landgemeinde und Stadtgemeinde in Mitteleuropa. München.

Brumlik, Micha/ Hauke Brunkhorst (Hg.) (1993): Gemeinschaft und Gerechtigkeit. Frankfurt/M.

Deichsel, Alexander (1981): Gemeinschaft und Gesellschaft als analytische Kategorien. In: Clausen, Lars (Hg.): Ankunft bei Tönnies: Soziologische Beiträge zum 125. Geburtstag von Ferdinand Tönnies. Kiel, S. 33-41.

Enders, Lieselott (1995): Individuum und Gesellschaft. Bäuerliche Aktionsräume in der frühneuzeitlichen Mark Brandenburg. In: Peters, Jan (Hg.): Historische Zeitschrift. Beiheft 18: Gutsherrschaft als soziales Modell. München, S. 155-178.

Elias, Norbert (1983): Engagement und Distanzierung. Frankfurt/M.

Elias, Norbert (1994): Über den Prozess der Zivilisation. Soziogenetische und psychogenetische Untersuchungen. 2 Bd., Frankfurt/M.

Eurotopia-Redaktion (Hg.) 2001, Verzeichnis europäischer Gemeinschaften und Ökodörfer. Ökodorf Sieben Linden. Poppau.

Faust, Helmut (1965): Geschichte der Genossenschaftsbewegung. Ursprung und Weg der Genossenschaften im deutschen Sprachraum. Frankfurt/M.

Göttsch, Silke (1995): Widerständigkeit leibeigener Untertanen auf Schleswig-Holsteinischen Gütern im 18. Jahrhundert. In: Peters, Jan (Hg.): Historische Zeitschrift. Beiheft 18: Gutsherrschaft als soziales Modell. München, S. 367-383.

Habermas, Jürgen (1995): Theorie des Kommunikativen Handelns. Band 1. Handlungsrationalität und gesellschaftliche Rationalisierung. Frankfurt/M.

Haselbach, Dieter (1985): Tönnies und der dritte Weg – Bemerkungen zur Tönnies-Rezeption bei Alexander Rüstow. In Clausen, Lars (Hg.): Tönnies heute. zur Aktualität von Ferdinand Tönnies. Kiel. S.132-140Honneth, Axel. (Hg.) (1994): Kommunitarismus. Eine Debatte über die moralischen Grundlagen moderner Gesellschaften. Frankfurt/M./N.Y.

Kaak, Heinrich (1995): Diskussionsbericht. In: Peters, Jan (Hg.): Historische Zeitschrift. Beiheft 18: Gutsherrschaft als soziales Modell. München, S. 439-501.

Lichtblau, Klaus (2001): „Vergemeinschaftung" und „Vergesellschaftung" bei Max Weber. Eine Rekonstruktion seines Sprachgebrauchs. In: Zeitschrift für Soziologie. Vol. 66, N. 1, S. 23-46.

Merz-Benz, Peter-Ulrich (1995): Tiefsinn und Scharfsinn. Ferdinand Tönnies' begriffliche Konstitution der Sozialwelt. Frankfurt/M.

Peters, Jan (1995): Gutsherrschaftsgeschichte in historisch-anthropologischer Perspektive. In: Ders. (Hg.): Historische Zeitschrift. Beiheft 18: Gutsherrschaft als soziales Modell. München, S. 3-22.

Rudolph, Günther (1995): Die philosophisch-soziologischen Grundpositionen von Ferdinand Tönnies. Ein Beitrag zur Geschichte und Kritik der bürgerlichen Soziologie. Hamburg-Harvestehude.

Schibel, Karl – Ludwig (1985): Das alte Recht auf die neue Gesellschaft. – Zur Sozialgeschichte der Kommune. Frankurt/M.

Strang, Heinz (1985): „Gemeinschaft" innerhalb von „Gesellschaft". In: Clausen, Lars (Hg.): Tönnies heute. zur Aktualität von Ferdinand Tönnies. Kiel, S. 257-265.

Tönnies, Ferdinand (1963): Gemeinschaft und Gesellschaft. Grundbegriffe der reinen Soziologie. Darmstadt.

Tönnies, Ferdinand (1931): Einführung in die Soziologie. Stuttgart.

Vogler, Günter (1991): Dorfgemeinde und Stadtgemeinde zwischen Feudalismus und Kapitalismus. In: Blickle, Peter (Hg.): Historische Zeitschrift. Beiheft 13: Landgemeinde und Stadtgemeinde in Mitteleuropa. München, S. 39-64.

Warren, Roland Leslie (1970): Soziologie der amerikanischen Gemeinde. Zur theoretischen Begründung praktischer Gemeindearbeit. Köln/Opladen.

Weber, Max (1980): Wirtschaft und Gesellschaft: Grundriss der verstehenden Soziologie. Tübingen.

Wunder, Heide (1991): Die ländliche Gemeinde als Strukturprinzip der spätmittelalterlich-frühneuzeitlichen Geschichte Mitteleuropas. In: Blickle, Peter (Hg): Historische Zeitschrift. Beiheft 13: Landgemeinde und Stadtgemeinde in Mitteleuropa. München, S. 385-402.

Thomas Mohrs

„Mir san mir!" unter Globalisierungsdruck –
Menschliche Gemeinschaften zwischen Nahbereich und Globalität

1. Das „anthropologische Dilemma": Der Mensch als nahbereichs- fokussiertes Kleingruppenwesen unter Globalisierungsbedingungen

Eine der zentralen Thesen der evolutionären – resp. soziobiologischen – Anthropologie lautet, dass wir Menschen von unser „ersten Natur" her Kleingruppenlebewesen sind, im Laufe unserer phylogenetischen Evolution selektiert für das Leben und Überleben in relativ kleinen, überschaubaren sozialen Verbänden in einer Größenordnung von ca. 30 bis zu maximal 150 Mitgliedern (vgl. Wuketits 2002: 23 f., 165 ff.). Diese biologische Selektion hat demzufolge nicht zuletzt ihren Niederschlag gefunden in genetisch implementierten kleingruppen- und nahbereichsspezifischen Grundmustern des Wahrnehmens, Erkennens, Urteilens und Verhaltens. Bedenkt man nun, dass wir heute lebenden Zweibeiner uns wegen der Langsamkeit biologischer Evolutionsprozesse von unseren Vorfahren im Neolithikum in genetischer Hinsicht praktisch nicht unterscheiden, dann ist davon auszugehen, dass auch wir noch mit denselben kleingruppen- und nahbereichsspezifischen Mustern des Wahrnehmens, Erkennens, Urteilens und Verhaltens ausgestattet sind wie unsere neolithischen Vorfahren (Voland 2000: 145), ob uns dieser Gedanke nun sympathisch ist oder nicht bzw. ob wir ihn lediglich als „Kränkung" unseres menschlichen Selbstverständnisses und Selbstbildes als vernünftiges und moralisch autonomes Kulturwesen auffassen wollen, der wir „naserümpfend" (wissenschaftliche) Aufmerksamkeit und Anerkennung verweigern, oder aber als wichtiges heuristisches Mittel zur realistischen Selbst-Aufklärung. Ich gehe jedenfalls in meinem Beitrag von diesem Letzteren aus.

Genauerhin besagt nun jene zentrale evolutionär-anthropologische These zum einen, dass wir in unserer Wahrnehmung, unserem Denken und Urteilen in zeitlicher wie auch in räumlicher Hinsicht zu einer starken Nahbereichsfokussierung bzw. einer raum-zeitlichen Wahrnehmungsbeschränkung auf mesokosmische Strukturen tendieren, also dazu, nur das als relevant wahrzunehmen, was uns buchstäblich vor Augen liegt, für die spezifischen Bedingungen unseres „ratiomorphen Apparates" sichtbar, greifbar, hörbar, riechbar, schmeckbar, fühlbar ist (Vollmer 2001: 14 f.). Demgegenüber haben wir prinzipielle Schwierigkeiten mit allem, was (für uns!) unanschaulich ist wie z. B. sehr kleine Abstände und kurze Zeiten, sehr große räumliche und zeitliche Entfernungen und sehr große Geschwindigkeiten oder gar komplexe Zusammenhänge zwischen nahe Liegendem und dessen möglichen „fernen" Ursachen oder Konsequenzen (vgl. Scheunpflug 2003: 133 f.). Konkret: Wenn wir unseren Kaffee trinken, eine Banane essen oder ein T-Shirt anziehen, spielen für uns *normalerweise* weder deren Produktionsweise und der Transportweg aus einem fernen Land eine Rolle, noch der damit verbundene Energieaufwand, noch der Plantagenarbeiter (oder der Kindersklave) und dessen womöglich ärmliche, gemessen an unseren eigenen Standards unwürdige Lebensumstände. Derartig Gesichtspunkte sind unserem „normalen" Denken einfach nicht „präsent" und wir müssen buchstäblich (und immer wieder) erst auf sie „gestoßen" werden, sollen wir ihnen Beachtung schenken.

In sozialer Hinsicht bedeutet Nahbereichsfokussierung dementsprechend zweitens, dass wir auf das Leben und Überleben in einem „sozialen Mesokosmos" konditioniert sind (vgl. Vollmer 2001: 15 f.). Das bedeutet wiederum konkreter, dass wir zwar einerseits ausgesprochene Gemeinschaftswesen sind, also mit einer starken natürlichen, genetisch implementierten Disposition zur Bildung von (überschaubaren!) Wir-Gemeinschaften ausgestattet, mit denen wir uns identifizieren und gegenüber deren Mitgliedern wir uns in besonderer Weise sozial und „moralisch" verpflichtet wissen. Auch das gilt nach soziobiologischer Einschätzung heute prinzipiell in gleicher Weise wie in der Steinzeit, nur ist natürlich evident, dass in modernen pluralistischen Massengesellschaften diese Gemeinschaften nicht mehr primär über genetische Verwandtschaft (resp. Familienzugehörigkeit) definiert sein *müssen*, sondern ihre soziale Grundlage in Gefühlen der Sympathie, in geteilten Interessen, religiösem Glauben oder eben auch gemeinsamen Vorstellungen von einem (im moralischen Sinne) „guten Leben" haben können.

Doch umgekehrt neigen wir – das ist die nicht minder natürliche Kehrseite der Gemeinschafts-Medaille – gegenüber den Angehörigen von „Outgroups", sofern sie uns irgendwie ins „Gehege" kommen, natürlicherweise zu Misstrauen, Ablehnung und auch verschiedensten Formen der Aggressivität, wenn wir eigene (subjektive ebenso wie kollektive) Interessen durch die „Fremden" bedroht oder gefährdet sehen. Ansonsten sind diese „Outgroups" in sozialer oder gar moralischer Hinsicht für uns in aller Regel nicht relevant – deren Mitglieder gehen uns schlechterdings nichts an, ihre Belange „jucken" uns nicht. Wiederum konkret: Die fiebrige Erkältung unseres eigenen Kindes ist für uns *natürlich* wichtiger als diese schlimme Geschichte von der Krebserkrankung des Kindes einer flüchtig bekannten Familie zwei Straßen weiter (man hofft nur, in nächster Zeit niemandem von „denen" zu begegnen). Die „brutale" Kündigung eines guten Freundes (der doch Familie hat und gerade erst gebaut!) berührt uns weit mehr als knallharte „shareholder value"-motivierte Massenentlassungen in einer argentini-

schen Pkw-Fabrik, und empörte „Montagsdemonstrationen" gegen die prozentu-
ale Beschneidung unseres eigenen (vergleichsweise exorbitanten) Reichtums
liegen uns *natürlich* näher als auch lediglich die bewusste Wahrnehmung milli-
onenfachen menschlichen Elends im Sudan oder anderswo – von echter, hand-
lungsmotivierender emotionaler „Betroffenheit" ganz zu schweigen. Übrigens:
Haiti – war da irgend etwas?[1]

Besonders plakativ (und dementsprechend häufig kabarettistisch karikiert)
kommen diese natürliche menschliche Nahbereichsfokussiertheit und die
Ingroup-Outgroup-Differenzierung aber in jener Mentalität des „Mir san mir!"
zum Ausdruck, die durch das sture, bornierte Beharren auf dem Überkommenen
und Gewohnten, dem starren Festhalten an den im eigenen Nahbereich herrschenden Sitten und „moralischen" Wertmaßstäben sowie einem ausgesproche-
nen Argwohn gegenüber allem Neuen und Fremden geprägt ist. Einem Argwohn, der eben leicht in offene Feindseligkeit umschlagen kann, wenn man nur
das Neue und Fremde hinreichend stark als Bedrohung des Eigenen wahrnimmt.
Und wenn (bzw. weil) die evolutionäre Anthropologie zutrifft, ist diese Mentalität samt ihrer starken, diskriminierenden Trennung von „wir" und „die anderen"
keineswegs nur an oberbayerischen Dorfstammtischen anzutreffen, sondern
vielmehr ein gesamtgesellschaftliches bzw. sogar ein allgemein-menschliches
Phänomen – wenn auch die Wertvorstellungen in einer pluralistischen Gesellschaft von Gemeinschaft zu Gemeinschaft grundverschieden sein mögen. Und
an dieser Stelle sei daher auch betont, dass diese Kleingruppenmentalität nichts
per se Schlechtes ist, da sie für das natürliche Kleingruppenwesen Mensch eine
wichtige, wahrscheinlich unerlässliche Funktion bei der Ausbildung seiner per-
sonalen Identität samt der in ihr inkludierten kollektiven Identität(en) erfüllt.

Dennoch wird die „Mir san mir!"-Mentalität auf einer „höheren" sozialen Ebene
(zunehmend) zum Problem, da für praktisch alle diese nahbereichsfokussierten
Einstellungen in zunehmendem Maße gilt, dass sie im Zeitalter der Globalisierung in vielerlei Hinsicht *faktisch* massiv unter Druck geraten. Dies gilt für den
Bereich der Ökonomie ebenso wie für den Bereich der Medien, das Riesenprob-
lem der Ökologie wie auch im Hinblick auf weitere (interdependente) „Welt-

---

[1] Folgende Hypothese hätte vermutlich gute Chancen, in einer empirischen Untersuchung
eindeutig bestätigt zu werden: Würde man heute in einer beliebigen deutschen Fußgängerzone
eine wahllose Umfrage machen, was den Menschen spontan zum Stichwort „Haiti" einfällt,
erhielte man signifikant mehr Antworten, die auf „Südsee, Sonne, Palmenstrand" verweisen
als solche, die auf die Sturmkatastrophe von 2004 und die damit verbundene (nach wie vor
anhaltende) Massenverelendung abheben. Und die 50 Euro, die man „betroffen" für die Opfer
der Flutkatastrophe in Südostasien spendet, dienen letztlich mehr als Balsam für das eigene
Gewissen – sobald die schrecklichen Bilder nicht mehr „in" (den Wohnzimmern) sind, wird
auch die „Betroffenheit" rasch verebben.

probleme" wie die Weltbevölkerungsentwicklung, die gigantischen Migrationsströme, die international organisierte Kriminalität und den globalen Terrorismus. Für alle diese Bereiche ist – eigentlich längst trivialerweise – festzustellen: Globale Fragestellungen und Probleme können mit einer strikten Nahbereichsmentalität nicht mehr angemessen beantwortet bzw. gelöst werden. Jedenfalls wird man von dieser Annahme ausgehen müssen, wenn man eine „Clash-of-Civilizations"-Strategie Marke Huntington nicht als sinnvolle und „zukunftsfähige" Alternative betrachtet (was man freilich tun *kann*, und zwar legitimerweise!). Eine Strategie nämlich, die auf eine rigide Re-Moralisierung entsprechend *einer* bestimmten kulturellen Tradition *innerhalb* einer Gesellschaft setzt sowie auf eine „klassische", also vor allem wirtschaftlich und militärisch definierte Machtpolitik im Verhältnis zu anderen Staaten und Kulturen (vgl. Huntington 2004: 13 f.; ders. [6]1997: 506 f.).

Dennoch ist zu betonen: *Dass* viele Menschen grundlegende Veränderungen, die Auflösung überkommener und gewohnter kultureller sowie konkret lebensweltlicher Deutungsmuster und damit das Fragwürdig-Werden ihrer Identität(en) im Zuge der Globalisierungsdynamik als bedrohlich empfinden und auf diese wahrgenommene bzw. als solche empfundene Bedrohung reflexartig bzw. instinktiv mit dem „Rückzug in die Höhle" reagieren, dem Versuch also, sich auf der Basis des Überkommenen, des Gewohnten einzuigeln oder abzuschotten und als starkes, re-moralisiertes „Mir san mir!"-Kollektiv der Gefahr zu trotzen, ist aus evolutionär-anthropologischer Perspektive zutiefst verständlich, sogar eine höchst wahrscheinliche kommunitaristische Konsequenz. Wenn man aber jenen „Rückzug in die Höhle" entsprechend der Logik Huntingtons im Zeitalter der Globalisierung nicht mehr als angemessen betrachten will, sondern ganz im Gegenteil als kontraproduktiven und mittelfristig fatalen Atavismus, dann wird man das im Titel dieses Abschnitts erwähnte „anthropologische Dilemma" feststellen müssen, das den Menschen – metaphorisch gesprochen – in der gefährlichen Lage sieht, zwischen den „Mühlsteinen" seiner ersten Natur einerseits und den globalen Notwendigkeiten andererseits „zermahlen" zu werden.

Und damit stellt sich folgerichtig die Frage, wie dieses Dilemma gemildert werden oder wie man ihm womöglich in konstruktiver Weise entkommen könnte.

2. Intentionale Gemeinschaften – ein Ausweg aus dem anthropologischen Dilemma?

Eine der naheliegendsten und evidentesten (auf den ersten Blick sogar trivial wirkenden) Antworten auf diese Frage lautet, dass globale Fragen und Probleme eine entsprechende globale Mentalität oder ein weltbürgerliches Bewusstsein als

Grundlage ihrer konstruktiven und friedlichen Beantwortung und Lösung erforderlich machen. „Weltbürgerlicher Kommunitarismus" (vgl. Mohrs 2003: Kap. IV) ist demzufolge die nur scheinbar paradoxe Formel für eine aktuelle politische Philosophie, die nach Möglichkeiten sucht, den „natürlichen" menschlichen Nahbereichs-Kommunitarismus mit den Bedingungen und Erfordernissen der Globalisierung in konstruktiver Weise zu integrieren.

Und eine der attraktivsten Möglichkeiten, diesen „Spagat" zu wagen, auf die die politische Philosophie bei ihrer Suche stößt, dürften zweifelsohne jene selbstorganisierten Projekte der „intentionalen Gemeinschaften" sein, von denen in diesem Band und im Rahmen der neuen soziologischen Gemeinschaftsforschung vor allem die Rede ist. Denn in diesen „intentionalen Gemeinschaften", die sich als „experimentelle" Antworten auf gesellschaftliche Defizite verstehen (vgl. Kunze i. d. Band), setzen sich die in ihnen verbundenen Menschen offensichtlich das Ziel, die uralte philosophische Frage nach dem (zumindest *auch* im ethischen Sinne) „guten Leben" nicht nur theoretisch zu diskutieren, sondern Versuche der Beantwortung dieser Frage gemeinschaftlich lebenspraktisch umzusetzen, wobei eben globale, „weltbürgerliche" Belange in angemessener Weise berücksichtigt und in den Interessen- und Handlungskalkül des Nahbereichs mit einbezogen werden sollen. Dabei ist im Hinblick auf diesen letzteren, weltbürgerlichen Aspekt von besonderer Bedeutung, dass intentionale Gemeinschaften in ihrem Bemühen um ein praktikables, friedliches und ökologisch nachhaltiges soziales Miteinander ein möglichst hohes Maß an beständiger sozial- aber auch selbstkritischer Reflektiertheit anstreben (vgl. Kunze i. d. Band), da das bewusste, systematische und nicht nachlassende Reflektieren der eigenen Lebensführung und -philosophie aus evolutionär-anthropologischer Perspektive eine (wenn nicht sogar die einzige) adäquate Methode ist, die Immanenz des „sozialen Mesokosmos" in dem Sinne transzendieren zu können, dass man stets Aspekte und Faktoren mit bedenkt und einkalkuliert, denen unsere Kleingruppen- und Nahbereichsgehirne normalerweise eben keine Beachtung schenken.

Das alles klingt nun im Hinblick auf die intendierte weltbürgerlich-kommunitarische Zielsetzung so gut, dass ich als Philosoph vor dem Hintergrund des evolutionär-anthropologischen Menschenbildes gar nicht anders kann, als den zweiten Teil meines Beitrags einigen eher skeptischen Überlegungen zu und Anfragen an diese normative Gesellschaftsphilosophie der „intentional communities" zu widmen – unabhängig von der erst noch zu leistenden empirischen Erforschung der intentionalen Gemeinschaften sowie dem in ihnen jeweils faktisch herrschenden Verhältnis von theoretischem Anspruch und lebenspraktischer Wirklichkeit. Dabei ist „skeptisch" freilich nicht in einem defätistisch-destruktiven Sinne dahingehend zu verstehen, dass grundsätzliche Zweifel an der Möglichkeit einer „weltbürgerlichen" Lebensweise geäußert werden sollen – zumal der „weltbürgerliche Kommunitarismus" sich mit eben diesen Einwänden und Anfragen auseinander zu setzen hat. Vielmehr kann und soll es nur darum gehen, der empirischen Forschung einige Anregungen im Hinblick auf theoretische und begriffliche Fragestellungen mitzugeben, die der möglichst illusionslosen Untersuchung der experimentellen Gemeinschaften dienen und so zur Gewinnung valider Daten beitragen mögen.

2.1. Skeptische Überlegungen und Anfragen zur normativen Gesellschaftsphilosophie der „intentional communities"

Zunächst sei gegen die angedeuteten skeptizistischen Defätismus grundsätzlich festgestellt: Es gibt Weltbürger! Selbst Samuel Huntington räumt ein, dass es Menschen gibt, die sich dem Leitbild einer „internationalen Solidarität" verpflichtet fühlen, ja sogar eine kosmopolitische Identität, eine „world identity" ausgeprägt haben (vgl. Huntington [6]1997: 78 f.; ders. 2004: 239 f.). Doch diese „globalen Bürger" sind für Huntington nur eine kleine, „national entwurzelte Elite", die er eben wegen dieser „Entwurzelung" auch als „tote Seelen" bezeichnet (Huntington 2004: 235 ff.). Doch unabhängig davon, ob diese Seelen wirklich so tot sind[2], wird man zugeben müssen, dass es sich bei den Menschen mit einer echten „world identity" in der Tat (zumindest bisher) lediglich um eine vergleichsweise kleine Elite von (im Zweifel wohl situierten und vornehmlich aus westlichen Ländern stammenden) Intellektuellen, hoch dotierten Beamten und Managern multinationaler Unternehmen handeln dürfte, die das Privileg genießen, sich intensiv, zum Teil hauptberuflich, in Theorie und Praxis mit „globalen" Fragen beschäftigen zu können. Und eine solche Elite kann in der Tat nicht als Maßstab für den status quo des *allgemeinen* „globalen" Denkens oder des „weltbürgerlichen Bewusstseins" gelten, und zwar nicht einmal innerhalb unserer eigenen, bereits weitgehend „mcdonalisierten" Wohlstandsgesellschaft. Folglich ist die Frage zu stellen, *wie* denn das in intentionalen Gemeinschaften herrschende, offensichtlich ebenfalls höchst elitäre und – bezogen auf die Gesamtgesellschaft – zugleich utopische Verständnis vom „guten Leben" in einer ansonsten trägen Gesellschaft breite Ausdehnung finden sollte. In einer Gesellschaft zumal, deren Normen und Institutionen vom strikt materialistischen (bzw. konsumistischen) Zeitgeist des neoliberalen Ökonomismus bestimmt sind, vom dem (längst nicht nur) ich zu behaupten wage, dass für ihn beispielsweise der Wert „soziale Gerechtigkeit" (und das womöglich noch im globalen Maßstab!) keinerlei Rolle spielt – oder allenfalls im Sinne des alten Trasymachos: Gerecht ist das, was dem Mächtigeren nützt.

---

[2] Bzw. ob Huntingtons Argumentation nicht eine höchst bedenkliche demagogische Dimension seiner Lehre impliziert!

Setzt man in intentionalen Gemeinschaften (bzw. in der normativen Soziologie) also allein darauf, dass das praktische Vorleben von „Möglichkeiten einer anderen Welt" mittelfristig eine solche Sogwirkung auf den Rest der Gesellschaft ausübt, dass diese schließlich von selbst – und notwendigerweise zumindest partiell gegen die Interessen ebenso wie die Macht der Wirtschaft! – ihre defizitären Systembedingungen entsprechend *ihren* Vorstellungen von einer „ethischen Lebensweise" korrigiert, die wesentlich stärker „postmateriell" und „postkonsumistisch" geprägt ist? Bei allem Respekt: Wäre das nicht ein bisschen arg idealistisch? Und zwar nicht zuletzt deshalb, weil bedauerlicherweise heute nicht weniger als zu den Lebzeiten Immanuel Kants gilt, dass die allermeisten Menschen schlicht zu faul und zu feige sind, selbstbestimmt, mündig, autonom ein ethisch verantwortliches Leben zu führen, zur Not auch gegen die „Sachzwänge" der Gesellschaft und der in ihr *herrschenden* Maßstäbe und Werte? Oder umgekehrt: weil es zwar durchaus viele Individuen geben mag, die an sich „guten Willens" sind, prinzipiell bereit, ihre Lebensweise zu ändern, die sich aber gleichwohl nicht global verhalten, solange sich ihnen der Verdacht aufdrängt, dass sie dann nur die „Dummen" wären, die „draufzahlen", während die allermeisten anderen weiterleben, als gäbe es überhaupt keine Probleme und keinen Bedarf an „weltbürgerlichem Bewusstsein"?

Aber wenn man skeptisch ist im Hinblick auf eine umfassend und nachhaltig erfolgreiche Vorbildwirkung der intentionalen Gemeinschaften und ihrer „anderen" Lebenspraxis, dann stellt sich wiederum die Frage: Wie sonst ist das Gesellschaftssystem zu ändern, wie die herrschenden Systembedingungen, sodass mittelfristig neue Systembedingungen entstehen und sich durchsetzen können, die es den Mitgliedern intentionaler Gemeinschaften auch erlauben würden, sich nicht mehr als (vom Establishment) allenfalls widerwillig (oder mitleidig) geduldete Elite von Weltverbesserungsspinnern zu fühlen. Kurzum: Wie stehen die Mitglieder intentionaler Gemeinschaften zur Frage des über ihre jeweiligen Nahbereichsgrenzen hinaus reichenden gesamtgesellschaftlichen, politischen Engagements und damit zur Frage der Macht?

Oder ist der Zustand der „defizitären" Gesamtgesellschaft den Angehörigen intentionaler Gemeinschaften eher egal, solange nur innerhalb der eigenen, überschaubaren Gemeinschaft alle nach den gemeinsam vereinbarten, für ethisch besser befundenen Regeln und Absprachen leben? Aber wäre nicht auch dies wiederum eine Form des – anthropologisch verständlichen! – „Rückzugs in die Höhle", eine allerdings elitäre Form des „Mir san mir!" – und auch eine Form der moralischen Selbstgefälligkeit und Selbstgerechtigkeit, die von Außenste-

henden („normalen" Angehörigen der Gesellschaft) durchaus als eitel und an-
maßend wahrgenommen werden kann?

Eine weitere, mit diesen Überlegungen eng verknüpfte kritische Anfrage an die
hier diskutierte normativ ausgerichtete soziologische Forschung bezieht sich auf
die Problematik von Inklusion und Exklusion. Zunächst zur Inklusion: In diversen Beiträgen dieses Bandes ist explizit von intentionalen Gemeinschaften als
überschaubaren sozialen Einheiten die Rede. Dazu ist aus evolutionär-
anthropologischer Hinsicht natürlich einerseits zu sagen, dass „Überschaubarkeit" als ein Indiz für „artgerechte Haltung" gewertet werden kann. Aber dennoch sei die Frage erlaubt, was „Überschaubarkeit" im Zusammenhang mit intentionalen Gemeinschaften genauerhin heißt. Bis zu welcher Größe gelten intentionale Gemeinschaften als „überschaubar", und was tut man, um eine zah-
lenmäßige Überlastung zu verhindern, bzw.: Wie reglementiert und wie limitiert
man die Inklusion? Und in diesem Zusammenhang: Wie kann man es sich vorstellen, dass überschaubare intentionale Gemeinschaften samt ihren Vorstellungen vom „guten Leben" eine breite Ausdehnung in der Gesellschaft finden?
Dehnen sich dann die intentionalen Gemeinschaften aus, über die Grenzen der
Überschaubarkeit hinaus – was aber wiederum ihrer „wärmenden" Funktion ab-
träglich wäre? Oder hat man sich eine „Bürgergesellschaft" vorzustellen, die aus
vielen, gleichwohl aber an kompatiblen Wertvorstellungen orientierten intentionalen Klein-Kommunen besteht, für die gilt, dass sie überschaubar sind und vor
allem autonom, also nicht regiert und staatlich reglementiert werden wollen,
sondern aufgrund einer soliden sozialmoralischen Verankerung ihre alltäglichen
Beziehungen selbst gestalten? Doch diese Vorstellung, die mich ziemlich stark
an Kants (anarchisches) „herrliches Ideal eines Reichs der Zwecke" erinnert,
bringt mich – abgesehen vom wiederum nahe liegenden Vorwurf eines allzu i-
dealistischen Utopismus – zum Problem der Exklusion (und der Toleranz), und
zwar zum einen im Hinblick auf das Binnenverhältnis der intentionalen Gemeinschaften, zum anderen im Hinblick auf ihr Außenverhältnis.

Geht man beispielsweise von der Überlegung aus, dass die normativ ausgerichtete soziologische Gemeinschaftsforschung auf der Suche nach praktikablen
egalitären, liberalen, sozial gerechten, zukunftsfähigen, kurz: ethischen Lebensweisen ist (vgl. Kunze i. d. Band), dann klingt dies so, als sei der Begriff „e-
thisch" geradezu definiert durch Werte wie „egalitär", „liberal", „sozial gerecht"
und „zukunftsfähig". Und genau das halte ich für nicht unproblematisch. Denn
vor dem Hintergrund dieser Ethik-„Definition" stellt sich im Hinblick auf das
Binnenverhältnis intentionaler Gemeinschaften die Frage bzw. das Problem, wie
mit „Abweichlern" umgegangen wird. Bis zu welchem Grad wird ein Verhalten
toleriert, das den gemeinsam vereinbarten Regeln nicht entspricht? Und wer be-

findet anhand welcher Kriterien darüber, ob und wann ein als moralisch autonom geltendes Mitglied nicht mehr hinreichend gut entsprechend den „guten"
Werten der Gemeinschaft lebt und folglich ermahnt, bestraft oder in letzter Konsequenz ausgeschlossen werden darf? Oder allgemeiner formuliert: Wie steht
die normative Soziologie zur Problematik einer zumal in kleinen, überschaubaren Gemeinschaften bekanntlich möglichen „Tyrannei der Werte"?[3]

Umgekehrt: Wenn die „Tyrannei der Werte" zugunsten der Freiheit und moralischen Autonomie der einzelnen Gemeinschaftsmitglieder als höherrangigen
Werten unter allen Umständen vermieden werden soll, welche Handhabe hat
dann die Gemeinschaft, sich sozusagen als moralischem Kollektiv selbst treu
bleiben zu können und kommunitarische „Kohäsionskräfte" zu entwickeln, die
zumindest ein Mindestmaß an Stabilität gewährleisten bzw. die Fragilität der
Gemeinschaft soweit reduzieren, dass sie ihren Mitglieder eine hinreichende O-
rientierungssicherheit bieten kann? Reicht es aus, sich diesbezüglich auf die moralische Selbst-Verpflichtung der einzelnen Mitglieder zu verlassen, die doch in
aller Regel in einer Gesellschaft aufgewachsen sind, erzogen, sozialisiert und
enkulturiert wurden, die den Vorstellungen der intentionalen Gemeinschaft von
einer ethischen Lebensweise gerade nicht entspricht? Hier drängt sich (mir jedenfalls) der Verdacht der möglichen moralischen Überforderung auf, und damit
auch die Frage, wie diesem Problem in intentionalen Gemeinschaften Rechnung
getragen wird.

Im Hinblick auf das Außenverhältnis intentionaler Gemeinschaften stellt sich
schließlich zum einen wiederum die Frage, wie ihre an Werten wie Egalitaris-
mus, Liberalismus, sozialer Gerechtigkeit und Nachhaltigkeit orientierten Mitglieder ihr Verhältnis zur übrigen Gesellschaft sehen, die nach ihrer Auffassung
gar nicht oder zumindest zuwenig diesen „richtigen" Werten gemäß organisiert
ist. Versteht man sich als ethisch höherstehende Avantgarde, die gewissermaßen
einen „missionarischen" Auftrag zu erfüllen hat und die Rest-Gesellschaft zurecht als „defizitär" kritisieren darf? Oder nimmt man für sich nur in Anspruch,
eben experimentell eine *andere* Lebensweise als die in der Gesellschaft vorherrschende zu versuchen, die man *für sich* für besser hält, ohne aber damit irgendein universales, für alle gültiges Urteil und damit eine diskriminierende Kritik an
der Rest-Gesellschaft verbinden zu wollen?

---

[3] Ein Problem, das sich nicht zuletzt im Hinblick auf die Erziehung und (außerschulische)
Bildung der Kinder von Angehörigen intentionaler Gemeinschaften ergibt, die wahrscheinlich
in den seltensten Fällen vollständig von den „negativen" (für die Kinder womöglich aber
durchaus verlockenden) Einflüssen der materialistisch-konsumistischen Rest-Gesellschaft
abgeschottet werden können. Und wo dies möglich ist und praktiziert wird, stellt sich die „Tyrannei der Werte"-Problematik lediglich in umso schärferer Form!

Noch brisanter scheint mir aber die Frage, wie es um das Verhältnis intentionaler Gemeinschaften zu anderen intentionalen Gemeinschaften steht – und zwar intra- ebenso wie interkulturell ebenso wie intergenerationell! –, die Werten wie „egalitär", „liberal", „sozial gerecht" usw. skeptisch gegenüberstehen oder sie sogar als naiv, realitätsfremd, folglich als gerade *nicht* „zukunftsfähig" ablehnen und für die Rückkehr zu autoritativen, wesentlich straffer hierarchisch stratifizierten Gesellschaftsformen plädieren. Oder wiederum allgemein formuliert: Wie setzt sich die normative Soziologie und wie setzen sich egalitär-liberal-sozialgerechte intentionale Gemeinschaften mit dem Paradoxon der Toleranz auseinander und wie kommen sie damit zu Rande? Denn einfach zu behaupten, „Liberalität", „Pluralismus" und „Toleranz" seien sozial evolvierte Werte, hinter die man nicht mehr zurückfallen dürfe, ist Ausdruck einer universalistischen Wertüberzeugung – die allerdings in letzter Konsequenz weder liberal, noch pluralistisch, noch tolerant ist.

All dies sind theoretische und begriffliche Probleme und Paradoxien, mit denen sich nach meiner Überzeugung sowohl die normative Soziologie als auch die um ein hohes Reflexionsniveau bemühten intentionalen Gemeinschaften (ebenso wie der weltbürgerliche Kommunitarismus) auseinandersetzen müssen, wenn sie nicht an ihnen scheitern bzw. ihnen, als kritische Einwände formuliert, hilflos gegenüberstehen wollen. Dementsprechend sind empirische Forschungsergebnisse, die auch Antwortversuche zu diesen Problemen und Paradoxien umfassen, in der Tat mit größter Spannung zu erwarten.

Literatur

Huntington, Samuel P. (1997): Der Kampf der Kulturen. Die Neugestaltung der Weltpolitik im 21. Jahrhundert. München/ Wien.
Huntington, Samuel P. (2004): Who are we? Die Krise der amerikanischen Identität. Hamburg.
Lang-Wojtasik, Gregor; Claudia Lohrenscheit (Hg.) (2003): Entwicklungspädagogik – Globales Lernen – Internationale Bildungsforschung. Frankfurt/M.
Mohrs, Thomas (2003): Weltbürgerlicher Kommunitarismus. Zeitgeistkonträre Anregungen zu einer konkreten Utopie. Würzburg.
Scheunpflug, Annette (2003): Die Entwicklung zur globalen Weltgesellschaft als Herausforderung für das menschliche Lernen, in: Lang-Wojtasik, Gregor; Claudia Lohrenscheit (Hg.), Entwicklungspädagogik – Globales Lernen – Internationale Bildungsforschung. Frankfurt/M., S. 129-140.

Voland, Eckart (2000): Welche Werte? – Ethik, Anthropologie und Naturschutz, in: Philosophia naturalis, Bd. 37, Heft 1, S. 131-152.

Vollmer, Gerhard (2001): Können wir den sozialen Mesokosmos verlassen? In: Görgens, Sigrid u.a. (Hg.): Universalistische Moral und weltbürgerliche Erziehung. Frankfurt/M., S. 12-33.

Wuketits, Franz M. (2002): Der Affe in uns. Warum die Kultur an unserer Natur zu scheitern droht. Stuttgart/ Leipzig.

Thomas Dierschke

Organisation und Gemeinschaft
Eine Untersuchung der Organisationsstrukturen Intentionaler
Gemeinschaften im Hinblick auf Tönnies' Gemeinschaftsbegriff

1. Einleitung

Die Frage nach dem Verhältnis zwischen Gemeinschaft und Organisation steht im Zentrum dieses Aufsatzes, der nicht ohne Grund den Schluss des theoretischen Abschnitts dieses Sammelbandes bildet. Denn hier bietet sich die Möglichkeit, die Frage nach dem Verhältnis zwischen gemeinschaftlichen Beziehungen und kontraktuell geregelten Beziehungen, also dem was typischerweise unter Organisation verstanden wird, unter zwei Blickwinkeln zu verhandeln: dem Blickwinkel der theoretischen Begriffe, der den Schwerpunkt des ersten Abschnitts diese Sammelbandes bildet, und dem Blickwinkel empirischer Phänomene, wie z. B. den Intentionalen Gemeinschaften, die im zweiten Abschnitt dieses Sammelbandes behandelt werden.

Mit Blick auf die theoretischen Begriffe soll hier das, was Grundmann und besonders Drucks in ihren Beiträgen schon angeschnitten haben, vertieft werden, nämlich die auch von Tönnies dargestellte Verbindung zwischen Wesenwillen und Kürwillen im Rahmen konkreter sozialer Verbundenheiten, also die Möglichkeit und Bedeutung gemeinschaftlicher Beziehungen im Rahmen organisierter Sozialbeziehungen. Zu diesem Zweck werden Tönnies' Begriffe der Gemeinschaft und Gesellschaft dargestellt und in ihre Funktion als Begriffe der reinen Soziologie, also als erkenntnistheoretische Begriffe erläutert. Mit der anschließenden Darstellung des Organisationsbegriffs, der hier in seiner instrumentellen[1] und institutionellen[2] Bedeutung verwendet wird, findet auch ein Wechsel von der Ebene der reinen Begriffe hin zu konkreten Phänomene sozialer Verbundenheit statt. Organisation wird hier als empirisches Feld gesehen, in dem nach gemeinschaftlichen Beziehungen und Regelungen, die aus oder für gemeinschaftliche Beziehungen entstanden sind, gesucht werden kann. Damit ist eine spannende Möglichkeit aufgezeigt, wie das Verhältnis zwischen Gemeinschaft und Organisation produktiv erfasst werden kann, da Organisation jetzt als ein die Handlungen der Mitglieder beeinflussendes Regelwerk oder als spezifischer

---

[1] Unter dem instrumentellen Organisationsbegriff soll hier die Organisationsstruktur verstanden werden, die sowohl formelle als auch informelle Regelungen umfasst.
[2] Unter dem institutionellen Organisationsbegriff soll hier das Zusammenspiel zwischen Organisationsmitgliedern, ihren Ressourcen und den formellen und informellen Regeln, die ihr Handeln in der Organisation leiten, verstanden werden.

Handlungszusammenhang mit eigenen Regeln und Zweckbestimmung gesehen wird, innerhalb dessen soziale Beziehungen unterschiedlichster Couleur existieren und sich entwickeln. Das gilt auch für gemeinschaftliche Beziehungen.

Je nachdem, wie ein solches Regelwerk gestaltet ist und unter welchen Umständen es sich entwickelt hat, kann es positive Einflüsse auf die Entwicklung und Stabilität von gemeinschaftlichen Beziehungen haben. Ausgehend von dieser These sollen im zweiten Teil des Aufsatzes ein empirischer Blickwinkel eingenommen und mögliche Schnittstellen zwischen Gemeinschaft und Organisation herausgearbeitet werden. Dies geschieht anhand der Organisationsstruktur Intentionaler Gemeinschaften, wodurch auch die oben angekündigte Überleitung zum zweiten Abschnitt dieses Sammelbandes, der sich eingehender mit diesen Gemeinschaften beschäftigt, hergestellt wird. Um das Theoriegebäude, aus dem heraus die Überlegungen zum Verhältnis zwischen Gemeinschaft und Organisation im ersten Teil entstanden sind, nicht zu verlassen, setzt auch der zweite Abschnitt wieder bei Tönnies' Überlegungen zur Gemeinschaft an. Anhand seiner differenzierten Darstellungen verschiedener Formen der Gemeinschaft sowie seiner Überlegungen zur Herrschaft in Gemeinschaften werden prägnante Punkte zur Beschreibung gemeinschaftlicher Beziehungen herausgearbeitet. Korrespondierend dazu wird anschließend die Organisationsstruktur zweier Intentionaler Gemeinschaften ausschnittweise dargestellt. Untersucht werden die verschiedenen Regelungen, die im Zuge von Entscheidungsprozessen sowie der Aufnahme und Integration neuer Mitglieder Bedeutung haben. Ein Vergleich dieser Ausschnitte der Organisationsstruktur Intentionaler Gemeinschaften mit den Eckpunkten gemeinschaftlicher Beziehungen bei Tönnies lässt schließlich die theoretische und die empirische Perspektive zusammenfließen. Kann hier eine Schnittmenge zwischen Tönnies' theoretischen Überlegungen und den Regelungen sozialer Gemeinschaften in der Praxis gefunden werden? Inwieweit führt der von den Intentionalen Gemeinschaften gehegte Wunsch nach einem gemeinschaftlichen Leben auch in der Organisation und Verstetigung ihrer sozialen Beziehungen zu Regeln, die auf gemeinschaftliche Beziehungsstrukturen setzen? Auch wenn durch den Blick auf die Organisationsstrukturen nicht die interne Beziehungsstruktur Intentionaler Gemeinschaften abgebildet werden kann, also keine direkte Aussage über den Grad der gemeinschaftlichen Verbundenheit gegeben wird, lässt sie doch Schlüsse auf die durch sie möglichen Handlungen und die dadurch entstehende oder beibehaltene gemeinschaftliche Verbundenheit zu. Ihre Abbildung und der Vergleich mit Tönnies' theoretischen Überlegungen können also Hinweise darauf geben, wie Organisationsstrukturen aussehen, die unter dem Anspruch der Vergemeinschaftung der Mitglieder entstanden sind und inwieweit sich diese mit theoretischen Überlegungen zur Struktur gemeinschaftlicher Beziehungen decken.

2. Zur begrifflichen Klärung von Gemeinschaft, Gesellschaft und Organisation

Um eine begriffliche Basis für die weitere Diskussion zur Verfügung zu haben, muss hier klargestellt werden, in welcher Weise die Grundbegriffe Gemeinschaft, Gesellschaft[3] und Organisation verwendet werden. Gemeinsam ist allen drei Begriffen, dass sie, ganz in Tönnies' Verständnis des sozialen Lebens, gewollte soziale Beziehungen zwischen Individuen beschreiben. Ferdinand Tönnies würde von sozialen Beziehungen oder sozialen Verhältnissen und Samtschaften sprechen, die „aus dem gemeinsamen Wollen, also aus gegenseitiger Bejahung" (Tönnies 1981: 5) abgeleitet werden. Darüber hinaus unterscheiden sie sich aber fundamental. Während Gemeinschaft und Gesellschaft die erkenntnistheoretischen Grundbegriffe in Tönnies' „reiner Soziologie" sind, findet sich der Begriff der Organisation bei ihm nicht in dieser Funktion. Er muss in Bezug auf Tönnies' Begrifflichkeiten als stärker substanziell orientiert begriffen werden. In dieser grundlegenden Aufteilung sollen die Begriffe auch hier verstanden werden.

Was versteht Tönnies nun aber genau unter Gemeinschaft und Gesellschaft? Im Grunde genommen werden damit soziale Beziehungen anhand einer dichotomen Unterscheidung beschrieben und eine allgemeine Charakterisierung des Sozialen vorgenommen. Der eigentliche Ausgangspunkt sozialen Handelns liegt für Tönnies dabei im Willen des Einzelnen, der vor der eigentlichen Handlung, die schließlich die soziale Beziehung konstituiert, liegt. Entsprechend den Begriffen Gemeinschaft und Gesellschaft auf der Ebene der Beziehung, bildet Tönnies auf der Ebene des Willens die Begriffe des Wesenwillens und des Kürwillens. (vgl. Ott 2004: 36)

Der der Gemeinschaft zugrunde liegende Willen ist der Wesenwillen. Dieser lässt sich als ein „teilweise ererbt[es] und tradiert[es] [...] psychologisches Äquivalent des menschlichen Leibes" (Ott 2004: 46) denken. Der Wesenwille gründet auf der Vergangenheit und äußert sich für den Handelnden in dem Gefühl, dass das, was er gerade tut, auch das ist, wonach ihm zumute ist. (vgl. Tönnies 1991: 73, 84f) Er steht also mit seinem „Wesen" im Einklang. Die Beziehungen, die auf der Grundlage des Wesenwillens bestehen, nämlich die Gemeinschaften, sind demnach lebendige, organisch gewachsene Beziehungen, die auf eine gemeinsame Vergangenheit zurückblicken können. Die Beteiligten ha-

---

[3] Auch wenn der Begriff der Gesellschaft hier keine zentrale Rolle spielt, so ist er in Tönnies' Theoriegebäude doch so eng mit dem der Gemeinschaft verbunden, dass eine Erklärung des einen ohne die des anderen kaum möglich ist.

ben ein umfassendes gemeinsames Verständnis von dem, was sie tun. (vgl. Tönnies 1991: 3f, Ott 2004: 37)

Die der Gesellschaft zugehörige Willensform ist der Kürwille. Dieser stellt die Grundlage eines auf einen bestimmten Zweck gerichteten Handelns, unter der Nutzung bestimmter Mittel dar. (vgl. Tönnies 1991: 172) Ausgehend von der Trias Bedacht, Beschluss und Begriff, mit der Tönnies die Leitlinien des Kürwillens beschreibt, ist das von ihm angestoßene Handeln auf die Zukunft gerichtet und entwirft Projekte, Pläne und Ziele. (vgl. Bickel 1990: 18; Ott 2004: 47) Gesellschaftliche Beziehungen, die aus solch kürwillenhaften Handlungen entstehen, fokussieren auf ein bestimmtes Ziel, das erreicht werden soll. Sie umfassen nicht das ganze Wesen der Beteiligten, sondern sind zweckrational auf ein Ziel ausgerichtet. Der Grund, warum es auf dieser Basis zu Beziehungen zwischen Individuen kommt, liegt in der Notwendigkeit von Austauschverhältnissen, die aus einer solchen Handlungslogik entstehen. Benötigt ein Akteur zur Realisierung seiner Ziele die Hilfe eines anderen Akteurs, so versucht er, diese Hilfe durch Tausch zu erhalten. Die gesellschaftlichen Beziehungen beruhen also nur auf Leistung und Gegenleistung, oder wie Tönnies es selbst sagt:

"Keiner wird für den anderen etwas tun und leisten, keiner dem anderen etwas gönnen und geben wollen, es sei denn um einer Gegenleistung oder Gegengabe willen." (Tönnies 1991: 34)

Gesellschaft lässt sich demnach als ein Beziehungsgeflecht mit ideellem und mechanischem Charakter beschreiben und kann so durchaus auch mit dem verglichen werden, was unter dem Wort Marktwirtschaft verstanden wird. (vgl. Ott 2004: 40f; Tönnies 1991: 3)

Um den Unterschied zwischen Gemeinschaft und Gesellschaft auf einen Punkt zu bringen, kann man davon ausgehen, dass sich gemeinschaftliche Beziehungen auf eine Sinnvorstellung beziehen, die von allen Beteiligten geteilt wird und Gültigkeit für eine Vielzahl ihrer Handlungen hat. Es herrscht Einverständnis darüber, dass man sich gemeinsam im Handeln an diesem Sinn orientiert. Die Beteiligen sind also im Wesentlichen vereint. Gesellschaftliche Beziehungen beruhen dagegen auf dem Wunsch, ein bestimmtes Ziel zu erreichen, das jedoch mittels der eigenen Ressourcen nicht erreicht werden kann. Man ist also auf die Ressourcen anderer angewiesen, um das Ziel dennoch zu verwirklichen. Es bilden sich also Beziehungen zur Erfüllung bestimmter Zwecke, die durch das Interesse an spezifischen Ressourcen motiviert sind. Sie entstehen durch die punktuelle Überschneidung des Interesses an den Ressourcen des anderen und müssen somit für jede neue soziale Handlung auch neu ausgehandelt werden. Individuen in gesellschaftlichen Beziehungen sind somit nur im Speziellen vereint, bleiben aber im Wesentlichen getrennt. (vgl. Tönnies 1991: 34, 153) [4]

Abschließend muss noch einmal deutlich auf den erkenntnistheoretischen Charakter, der den beiden Begriffen hier innewohnt, hingewiesen werden. Die dichotome Konzeption von Gemeinschaft und Gesellschaft kann nicht eins zu eins auf reale soziale Figurationen übertragen werden und so z. B. der Verein X als Gesellschaft und die intentionale Gemeinschaft Y als Gemeinschaft im Sinne der tönnies'schen Begriffe bezeichnet werden. In diesem Punkt weist Bickel klar darauf hin, dass eine Dichotomie zwischen Gemeinschaft und Gesellschaft auf der Grundlage einer substanzialisierten oder gar ontologisierten Auffassung der beiden Begriffe bei Tönnies nicht gegeben ist. (vgl. Bickel 1990: 24f.)

„Ganz im Gegenteil löst Tönnies die konkreten sozialen Gebilde in ein Geflecht von Willensakten auf. Auf diese Weise kann er seine Behauptung, dass Gemeinschaft und Gesellschaft in der sozialen Wirklichkeit stets gleichzeitig und dabei in verschiedenen Mischungsverhältnissen auftreten, in die Forschungspraxis umsetzen." (ebenda)

Gemeinschaft und Gesellschaft sind also als Idealtypen zu verstehen, „zwischen denen sich das wirkliche soziale Leben bewegt." (Tönnies 1991: XLII) Für die Untersuchung von konkreten sozialen Gebilden, z. B. von Intentionalen Gemeinschaften, bedeutet dies, dass nicht das gesamte Gebilde als Gemeinschaft oder Gesellschaft begriffen werden darf, sondern die einzelnen Beziehungen darin als gemeinschaftlich oder gesellschaftlich klassifiziert werden können und diese in unterschiedlichem Maße für den Zusammenhalt des gesamten Gebildes von Bedeutung sind.

Beim Begriff der Organisation, der für diesen Aufsatz noch definiert werden muss, kann nicht auf Tönnies zurückgegriffen werden, der diesen Terminus mit keiner expliziten Bedeutung versieht. Daher sollen zur Klärung zwei Definitionen aus der Organisationstheorie verwendet werden: der institutionelle Organisationsbegriff, der Organisation im Kern als Zusammenspiel von Organisationsmitgliedern unter einem spezifischen Regelsystem versteht, und der instru-

---

[4] Insgesamt unterscheidet Tönnies die Begriffe Gemeinschaft und Gesellschaft anhand einer ganzen Reihe von konträren Merkmalen, die sich auf psychologische, soziologische, ökonomische und juristische Aspekte des sozialen Lebens beziehen: Wesenwille, Selbst, Besitz, Grund und Boden, Familienrecht und Status ist dabei die der Gemeinschaft zugehörige Merkmalsreihe, Kürwille, Person, Vermögen, Geld, Obligationsrecht und Kontrakt werden hingegen der Gesellschaft zugeschrieben. (vgl. Tönnies 1991: 158)

mentelle Organisationsbegriff, der sich auf das Regelsystem, die Organisationsstruktur beschränkt, die als sozialer Katalysator das Handeln der Organisationsmitglieder beeinflussen soll (vgl. Bea/Göbel 2002: 2ff; Endruweit 2004: 18f,
Schulte-Zurhausen 1999: 1ff).

Diese Organisationsbegriffe beschreiben damit unterschiedliche Perspektiven,
die beide, wenn auch auf verschiedene Weise, für die Klärung des Verhältnisses
von Organisation und Gemeinschaft wichtig sind. Für die theoretische Verbindung des Organisationsbegriffs mit der reinen Soziologie von Tönnies soll der
institutionelle Organisationsbegriff herangezogen werden. Er beschreibt, wie
oben schon angedeutet, Organisation als ein spezifisch geregeltes Beziehungsgeflecht, als „ein soziales Subjekt – ein[en] Gegenstand soziologischer Betrachtung" (Endruweit 2004: 18), der durch den Zusammenschluss von Individuen
zur Verwirklichung ihrer Interessen geschaffen wurde, in dem Aufgaben arbeitsteilig erledigt werden und dessen interne Koordination durch mindestens eine
Leitungsinstanz, sowie eine formelle oder informelle Verfassung geregelt wird.
(vgl. Abraham/Büschges 2004: 21) Je nachdem, welchem Autor man folgen
möchte, findet man kürzere (vgl. Kieser/Kubicek 1983: 1) oder umfassendere
Merkmalsreihen (Endruweit 2004: 19f.) als diese, die Organisationen von anderen sozialen Subjekten abgrenzen sollen. Wir haben es hier also mit einer geregelten Aggregation mehrerer Individuen und ihrer internen Beziehungen zu tun.
Da Organisationen heute in vielen Bereichen der Gesellschaft allgegenwärtig
sind und als legitimes und produktives Mittel zur Koordination von sozialen Beziehungen angesehen werden, spielt sich ein beträchtlicher Teil des sozialen Lebens in ihnen ab. (vgl. Abraham/Büschges 2004: 29ff, 39f.) Die Verbindung des
Gemeinschaftsbegriffs mit dem Organisationsbegriff auf dieser Ebene zielt damit auf die Frage: Existieren Gemeinschaftsbeziehungen in Organisationen, und
welche Rolle spielen sie für Organisationen als soziale Gebilde?

Der instrumentelle Organisationsbegriff - als zweiter Organisationsbegriff, der
in diesem Aufsatz eine Rolle spielt - umfasst nur einen Teil der Merkmale des
institutionellen Organisationsbegriffs, nämlich Regeln, Verfassungen, Aufbau-
und Ablauforganisation, kurz das, was man in seiner Gesamtheit auch als Organisationsstruktur beschreiben kann. (vgl. Bea, Göbel 2002: 3f.) Diese ist dabei
gleichzeitig als Resultat einer Verständigung der Organisationsmitglieder über
ihre Zusammenarbeit und als „Instrument", das die Beziehungen der Organisationsmitglieder untereinander in feste Bahnen lenkt, zu sehen. Je nachdem, wie
solche Regelungen entstanden sind, spricht man von formalen Organisationsstrukturen, die verbindlich und für alle Mitglieder einsehbar festgelegt sind, und
von informalen Organisationsstrukturen, die sich aus den täglichen Handlungen
ergeben und die auch dann Gültigkeit haben, wenn sie nicht von allen bewusst

erkannt werden. (vgl. Abraham/Büschges 2004: 130ff) In diesem Aufsatz kommt der instrumentelle Organisationsbegriff bei der empirischen Untersuchung des Verhältnisses von Organisation und Gemeinschaft am Beispiel Intentionaler Gemeinschaften zum Zuge. Hier sollen die Organisationsstruktur, die institutionalisierten Handlungsabläufe und das Beziehungsgeflecht innerhalb der Intentionalen Gemeinschaften dargestellt werden (Büschges 1983: 104). Die instrumentelle Organisation dient hier also als Indikator für den Charakter der Beziehungen zwischen den Mitgliedern der Intentionalen Gemeinschaft. Gleichzeitig ist sie aber auch ein Instrument, das diese Beziehungen mehr in Richtung der Gesellschaft oder der Gemeinschaft schieben kann.

3. Organisation und Gemeinschaft

Auf der Grundlage der eben beschriebenen Begrifflichkeiten lässt sich nun auch das Verhältnis zwischen Organisation und Gemeinschaft im Sinne von Tönnies eingehender klären. Zuerst einmal muss festgestellt werden, dass dieses Verhältnis vielen Tönnies-Rezipienten spannungsreich oder unvereinbar erscheint. Eine Interpretation, die Gesellschaft mit Organisation gleichsetzt und auf der Annahme einer auch in empirischen Verhältnissen gegebenen Dichotomie zwischen Gemeinschaft und Gesellschaft fußt[5], wird schon von Tönnies selbst als Ergebnis einer falschen Rezeption seiner Begriffe wahrgenommen. Dass er selbst das Verhältnis zwischen Gemeinschaft und Organisation nicht so sieht, zeigt er deutlich durch das folgende Zitat, aus der Vorrede zur sechsten und siebten Auflage von „Gemeinschaft und Gesellschaft":

„Es ist ein Mißverständnis, das mir und anderen begegnet ist, als wollte ich nach Art der juristischen Begriffe, die in unserem BGB niedergelegt sind, Gemeinschaft mit unorganisierten, Gesellschaft mit organisierten Verbundenheiten gleichsetzen. Vielmehr sind Gemeinschaft und Gesellschaft Kategorien, die auf alle Arten der Verbundenheit anwendbar sind und angewendet werden sol-

---

[5] Der Ausgangspunkt dieser Argumentation, die Gesellschaft und Organisation miteinander verbindet, ist der Begriff des Kürwillens. Da dieser die Grundlage für ein auf bestimmte Zwecke, unter der Nutzung bestimmter Mittel, gerichtetes Handeln darstellt (vgl. Tönnies 1991: 172), lässt sich von ihm aus schnell eine Verbindung zu einer Vorstellung von Organisation (z. B. Webers Bürokratietheorie) finden, die auf zweckrational geplanten Regeln, Verschriftlichung und Kontrolle beruht. (vgl. Bickel 1990: 18; Bea/Göbel 2002: 44f) Daneben weisen auch die Begriffe Person, Geld und Kontrakt, als Merkmale der Gesellschaft, auf marktförmige Koordinationsmechanismen hin, die mit einer solchen Vorstellung von Organisation verbunden werden können. Hier geht es also um Beziehungen in Organisationen, die sich als Verbindung von „individuellen Personen mit getrennten Kürwillenssphären" (Tönnies 1991: 172) beschreiben lassen. Ein klassisches Beispiel dafür ist die über einen Arbeitsvertrag geregelte Beziehung zwischen Arbeitgeber und Arbeitnehmer, die auf dem Austausch von Geld gegen Arbeitskraft beruht. (vgl. Tönnies 1991: 44).

len. Alle - sowohl Verhältnisse als Samtschaften, als Körperschaften - sind gemeinschaftlich, in dem Maße, als sie in unmittelbarer gegenseitigen Bejahung,
also im Wesenwillen, beruhen; gesellschaftlich in dem Maße, als diese Bejahung rationalisiert worden ist, d. i. durch Kürwillen gesetzt worden ist." (Tönnies 1991: XLII)

Auch wenn Tönnies den Organisationsbegriff nicht explizit mit einer Bedeutung
versieht, lässt sich aus diesem Zitat eine Einordnung des Organisationsbegriffs
in das Begriffssystem von Tönnies ableiten. Dafür muss Organisation im institutionellen Sinn des Begriffs verstanden werden, da sie dann eine spezifische Art
sozialer Verbundenheit darstellt. Da Gemeinschaft und Gesellschaft, Wesenwille und Kürwille in jeder Form sozialer Verbundenheit wirksam sind, existieren
sie auch in Organisationen. Das Verhältnis zwischen Organisation und Gemeinschaft stellt sich auf der begrifflichen Ebene also als ein Verhältnis zwischen
einer sozialen Verbundenheit, in der sich eine Vielzahl sozialer Beziehungen
bündelt, und den einzelnen gemeinschaftlichen oder gesellschaftlichen Beziehungen dar, aus denen diese besteht und die sie zusammenhalten. Je nachdem,
wie in der einzelnen Organisation Ziele, Regeln, Verfassung und weitere Faktoren, die im empirischen Abschnitt dieses Aufsatzes noch genauer zu benennen
sind, ausgestaltet sind, können auch gemeinschaftliche Beziehungen eine be-
stimmende Rolle für die Funktionsfähigkeit einer Organisation spielen.

Ein Blick in die Organisationstheorie zeigt, dass auch hier die Bedeutung gemeinschaftlicher Bindungen für den Zusammenhalt von Organisationen diskutiert wird. Hier lässt sich z. B. an die Diskussion um die Bedeutung formeller
und informeller Faktoren der Organisation anknüpfen. Ähnlich wie Gemeinschaft und Gesellschaft bilden auch diese ein dichotomes Kräftepaar. Dabei fal-
len inhaltliche Überschneidungen mit den tönniesschen Begriffen auf, so dass
die formellen Faktoren durchaus mit Gesellschaft und die informellen Faktoren
mit Gemeinschaft verglichen werden können. (vgl. Endruweit 2004: 48f.) Ausgangspunkt der Diskussion um die Bedeutung informeller Faktoren in Organisationen waren die Hawthorne-Studien in den 1930er Jahren. Diese stellten als
erste die sozialen Beziehungen der Organisationsmitglieder ins Zentrum ihrer
Beobachtungen und konnten feststellen, dass sich diese nicht nur nach den formalen Vorgaben richteten, sondern auch einer eigenen Entwicklungsdynamik
folgten. (vgl. Endruweit 2004: 64ff) Darauf aufbauend entwickelte sich der Hu-
man-Relations-Ansatz in der Organisationstheorie, der im Gegensatz zu älteren
Ansätzen, wie z. B. dem Scientific Management, Organisation nicht als eine
Maschine sah, sondern als Organismus, in dem sich unterschiedliche Formen
sozialer Beziehungen entwickeln können. (vgl. Bea/Göbel 2002: 54ff, 63ff) Per
Otnes weist in seinem Aufsatz „Das Ende der Gemeinschaft?" auf weitere An-

sätze der Organisationstheorie hin, die informelle Faktoren als wichtige Aspekte von Organisationen begreifen. Das prägnanteste Beispiel ist dabei sicher der Diskurs über die Unternehmenskultur, die er als „Wiederentdeckung der Gemeinschaft, mitten in der Gesellschaft" (Otnes 1990: 70) darstellt. Anschließend an Tönnies plädiert er weiterhin dafür, formelle und informelle Strukturen als integrale Bestandteile einer jeden Organisation zu begreifen, die zwar in unterschiedlichen Verhältnissen und Funktionen zueinander auftauchen, aber immer ein ineinander greifendes Geflecht bilden. (ebenda)

Dabei können Organisationen und soziale Gebilde, die an der Grenze zur Organisation liegen, auch über ein solches „Geflecht" verfügen, dessen informelle/gemeinschaftliche Anteile eine große Bedeutung für den Zusammenhalt und die Funktionsfähigkeit der gesamten Organisation haben. In „Gemeinschaft und Gesellschaft" nennt Tönnies dafür eine ganze Reihe von Beispielen, wobei Gemeinden, Gilden, Zünfte, Kirchen und Orden als historische Verweise dienen (vgl. Tönnies 1991: 170) und die Genossenschaftsbewegung des 19. Jahrhunderts als wichtigstes „aktuelles" Beispiel. In den Genossenschaften sieht er eine aus Kontrakten abgeleiteten Verbundenheit, die, um zu funktionieren, auf gemeinschaftliche Beziehungen ihrer Mitglieder angewiesen ist. Die Genossenschaft, ist für Tönnies die moderne Anwendung des Gemeinschaftsprinzips unter Einbindung gesellschaftlicher Prinzipien, oder anders gesagt, auf der Grundlage von kürwillenhafter Organisation. (vgl. Bickel 1990: 27, 44; Tönnies 1991: 174)

Zwischenfazit

An dieser Stelle sollen in einem Zwischenfazit die wichtigsten Punkte der bisherigen Darstellung zusammengefasst werden: Im Zentrum der theoretischen Betrachtung stehen soziale Beziehungen als Grundelemente des Sozialen. Diese lassen sich erkenntnistheoretisch in zwei dichotome Typen sozialer Beziehungen unterscheiden, in Gemeinschaft und Gesellschaft. In realen sozialen Gebilden wie Vereinen, Unternehmen, Kommunen oder Intentionalen Gemeinschaften existieren gleichzeitig gemeinschaftliche und gesellschaftliche Beziehungen, allerdings in unterschiedlichen Mischungsverhältnissen. (vgl. Tönnies 1991: XLII) Organisationen werden nach der institutionellen Definition als spezifischer Typ eines sozialen Gebildes gesehen. In ihnen können neben gesellschaftlichen Beziehungen auch gemeinschaftliche Beziehungen existieren und wirken. Auch wenn Organisationen durch ihre Zweck- und Zielorientierung typischerweise mit gesellschaftlichen Beziehungen verbunden werden, lassen einige Definitionen des Organisationsbegriffs (vgl. Türk 2000: 12ff) und Ansätze aus der Organisationstheorie auf die Existenz von gemeinschaftlichen Beziehungen in Organisationen schließen. Dabei können diese, so kann angenommen werden,

auch zur „Funktionsfähigkeit" einer Organisation beitragen. Auf der Grundlage
dieser Annahmen soll im Weiteren nach Gemeinschaft in Intentionalen Gemeinschaften gesucht werden. Diese werden hier als soziale Gebilde gesehen, die ü-
ber eine ganze Reihe der Merkmale einer Organisation verfügen. Im Sinne einiger Organisationsdefinitionen (vgl. Abraham/Büschges 2004: 29ff) können sie
auch als Organisationen gesehen werden.[6] Gleichzeitig ist gemäß der Zielsetzung Intentionaler Gemeinschaften, dem Leben in Gemeinschaft, davon auszugehen, dass gemeinschaftliche Beziehungen eine bedeutende Rolle für den Zusammenhalt und die Funktionsfähigkeit Intentionaler Gemeinschaften spielen.

4. Tönnies' Quellen der Gemeinschaft

Nachdem bisher auf einer theoretischen Ebene das Verhältnis zwischen Organisation und Gemeinschaft abgehandelt wurde und damit die prinzipielle Beziehung geklärt wurde, in der diese beiden Begriffe zueinander stehen, rückt nun
die empirische Untersuchung in den Mittelpunkt. Gegenstand der Untersuchung
ist die Organisationsstruktur Intentionaler Gemeinschaften. Sie stellt ein Regelwerk dar, dass die Handlungen der Mitglieder beeinflusst, und sie ist gleichzeitig Ergebnis der Verhandlungen dieser Mitglieder über die von ihnen gewünschten sozialen Beziehungen in der jeweiligen Intentionalen Gemeinschaft. Die Untersuchung wird sich auf zwei Ausschnitte der Organisationsstruktur beschränken, die wichtige Bereiche des sozialen Lebens der Gemeinschaften repräsentie-
ren: Regelungen zu Entscheidungsprozessen und Regelungen zur Aufnahme und
Integration neuer Mitglieder. Exemplarisch werden solche Regelungen in zwei
Intentionalen Gemeinschaften in Deutschland untersucht. Ziel ist es, Schnitt-
punkte zwischen den Überlegungen zu Tönnies und den innerhalb Intentionaler
Gemeinschaften existierenden Regelungen zu finden und so auf die Möglichkeit
der Integration gemeinschaftlicher Beziehungen in speziellen Organisationen zu
schließen.

Da die bisherige Darstellung des Gemeinschaftsbegriffs nur grundlegende
Merkmale für die Bearbeitung dieser Fragestellung aufgeführt hat, sollen zuerst
weitere Merkmale gemeinschaftlicher Beziehungen aus Tönnies' Darstellungen
herausgearbeitet werden. Diese sind Quellen der Gemeinschaft, die Modi gemeinschaftlicher Bezugnahme und Rahmenbedingungen, innerhalb derer sich
Gemeinschaft entwickelt und besteht, beschreiben. Sie finden sich hauptsächlich
in den verschiedenen Formen der Gemeinschaft, die Tönnies in „Gemeinschaft

---

[6] Intentionale Gemeinschaften sind ein Zusammenschluss mehrerer Individuen zur Verwirklichung bestimmter Interessen. Sie verfügen über Leitungsinstanzen und Verfassungen, durch
die sie ihre Zusammenarbeit koordinieren. Damit verfügen sie über die zentralen Merkmale
einer Organisation, die im zweiten Abschnitt dieses Aufsatzes dargestellt wurden.

und Gesellschaft" (Tönnies 1991) darstellt. Weitere Anhaltspunkte finden sich in seinen Überlegungen zur historischen Genese der Gemeinschaft und zur Macht in Gemeinschaften.

Ausgangspunkt der Darstellung muss aber die zentrale Kraft sein, die in einer Gemeinschaft „die Menschen als Glieder eines Ganzen zusammenhält". (Tönnies 1991: 17) Dies ist für Tönnies die „gegenseitig-gemeinsame, verbindende Gesinnung, als eigener Wille einer Gemeinschaft, ist das, was hier als Verständnis (consensus) begriffen werden soll." (ebenda) Mit den Begriffen verbindende Gesinnung und Verständnis werden hier zwei zentrale Punkte genannt, die, auch wenn sie in einem wechselseitigen Wirkungszusammenhang stehen, einzeln betrachtet werden sollen. Verständnis, das der eingeklammerten Ergänzung folgend als Konsens, also als Einverständnis zwischen den Betroffenen, verstanden wird, bildet den zentralen Bezugspunkt gemeinschaftlicher Beziehungen. Mit Rückgriff auf die Darstellung des Gemeinschaftsbegriffs kann noch ergänzt werden, dass sich dieses Verständnis nicht auf eine punktuelle Beziehung beschränkt, sondern langfristig gedacht ist.[7] Einverständnis als Basis sozialer Beziehungen kann hier als erster und wichtigster Ausgangspunkt für die Existenz von Gemeinschaft festgehalten werden. Daran knüpfen weitere charakteristische Merkmale gemeinschaftlicher Beziehungen an, die aus den Darstellungen der drei Formen der Gemeinschaft, der Gemeinschaft des Blutes, der Gemeinschaft des Ortes und der Gemeinschaft des Geistes, abgeleitet werden können.[8] Im Zuge der Darstellung dieser Formen der Gemeinschaft wird auch auf die oben schon angesprochene Bedeutung der gemeinsamen Gesinnung für Gemeinschaft eingegangen.

Die erste Form der Gemeinschaft ist die Gemeinschaft des Blutes. Diese vergleicht Tönnies mit der Beziehung zwischen Mutter und Kind, der Familie oder der Verwandtschaft. Sie entsteht durch gegenseitiges Gefallen, durch eine emphatische Nähe zwischen den Beteiligten. Tönnies spricht hier auch von Instinkt, um die Unmittelbarkeit der Beziehung auszudrücken. (vgl. Tönnies 1991: 7f, 12) Dies weist auf eine kaum reflektierbare und nicht zweckrationale Basis gemeinschaftlicher Beziehungen hin. Der zentrale Begriff, der hier als Merkmal der Gemeinschaft festgehalten werden kann, ist das Gefallen oder die Sympathie und ein darauf basierendes Verständnis füreinander.

---

[7] Auf die Bedeutung der Gesinnung für die Gemeinschaft wird bei der Darstellung der Gemeinschaft des Geistes genauer eingegangen.
[8] Genau wie beim Gemeinschaftsbegriff insgesamt handelt es sich auch bei den Formen der Gemeinschaft um analytische Begriffe zur Untersuchung sozialer Beziehungen.

Die zweite Form der Gemeinschaft ist die Gemeinschaft des Ortes. Diese vergleicht Tönnies mit der Nachbarschaft, der Ehe und dem Haus, im Sinne eines gemeinsamen Haushaltes. Kernelement ist die durch lokale Nähe und/oder gemeinsamen Besitz begründete Abhängigkeit der Beteiligten voneinander. Diese Abhängigkeit stellt sich gleichzeitig als gemeinsame Verbindung dar, die in „gemeinsame[r] Arbeit, Ordnung und Verwaltung" (Tönnies 1991: 13) ihren Ausdruck findet.[9] Auf dieser Grundlage entsteht ein in Tönnies Beschreibung auf Gewöhnung beruhendes Verständnis, das er auch als genaue und intime Kenntnis voneinander beschreibt. (vgl. Tönnies 1991: 7f., 12f., 20) Aus der Gemeinschaft des Ortes lassen sich mehrere Merkmale und Rahmenbedingen von Gemeinschaft ableiten. Gemeinsamer Besitz, gemeinsamer Wohnort und andere Formen der gegenseitigen Abhängigkeit bilden hier also einen Ausgangspunkt für gemeinsame Arbeit und andere Formen regelmäßiger Kontakte, aus denen eine genaue Kenntnis voneinander entstehen kann.

An dritter Stelle der Gemeinschaftskategorien steht die Gemeinschaft des Geistes, als Ausdruck einer auf Gedächtnis, also auf einer geistigen Verbindung, beruhenden Gemeinschaftsbeziehung. (vgl. Tönnies 1991: 13) Eine solche Verbindung wird an anderer Stelle auch als „einmütige Arbeit und Denkungsart" (Tönnies 1991: 13) oder „gemeinsame Gesinnung" (Merz-Benz 1990: 59f) beschrieben. In Verbindung mit den Beispielen, die in „Gemeinschaft und Gesellschaft" für diese Form der Gemeinschaft angeführt werden, z. B. Freundschaft, gleiche Religion und ähnliche Berufe (vgl. Tönnies 1991: 13), kann sie auch als Gemeinschaft auf Grundlage gleicher Wert- und Sinnstrukturen interpretiert werden. Das für Gemeinschaft notwendige Verständnis füreinander beruht hier also grob gesagt auf gemeinsamen Werten, an denen die jeweiligen Handlungen ausgerichtet werden.

Die drei Formen der Gemeinschaft stellen in Tönnies' Theorie drei Stufen einer chronologischen Entwicklung dar. Von der Gemeinschaft des Blutes über die Gemeinschaft des Ortes bis hin zur Gemeinschaft des Geistes modelliert er einen Prozess, der sowohl als Evolution einer einzelnen Gemeinschaftsbeziehung als auch als historische Entwicklung der verschiedenen Formen der Gemeinschaft dargestellt wird. (vgl. Tönnies 1991: 7f.) Ähnlich wie schon die Grundbegriffe Gemeinschaft und Gesellschaft muss dieser Zusammenhang als er-

---

[9] Die weiter oben angesprochenen Genossenschaften sind ein gutes Beispiel für Organisationen, die auch als Gemeinschaften des Ortes interpretiert werden können. Durch die finanzielle Beteiligung aller Mitglieder und das demokratische Führungsprinzip sind hier alle Beteiligten in hohem Maße aufeinander angewiesen. Auch Gemeinden oder Kommunen lassen sich als Gemeinschaft des Ortes sehen. Das entscheidende Merkmal ist hier die räumliche Nähe und die sich daraus entwickelnde Verbundenheit.

kenntnistheoretischer Zugang gesehen werden. Bezogen auf reale soziale Gemeinschaften konstatiert Tönnies immer die Existenz von Gemeinschaft „der einen oder der anderen Art". (Tönnies 1991: 12) Jede Form der Gemeinschaft - und das gilt es herauszustellen - steht mit den anderen Formen der Gemeinschaft in einer engen Wechselwirkung, so dass sie sich alle gegenseitig „enthalten". (ebenda) Empirische Gemeinschaftsbeziehungen sollten nach dieser Vorstellung also mehrere der oben aufgeführten Merkmale enthalten; und jede Form der Gemeinschaft, und die mit ihnen verbundenen Rahmenbedingungen können Ausgangspunkte von Vergemeinschaftung sein.

Neben den Gemeinschaftsformen enthalten auch Tönnies' Ausführungen zu Macht und Hierarchie in Gemeinschaften Aussagen über Rahmenbedingungen gemeinschaftlicher Beziehungen. Herrschaft in Gemeinschaft wird in Tönnies' Vorstellung durch Autoritäten ausgeübt, die von allen Beteiligten aus freiem Willen anerkannt werden. Als Beispiele für solche Autoritäten nennt Tönnies den Vater, den Priester und den Fürsten. (vgl. Tönnies 1981: 37) In diesen Beispielen sieht er den Anspruch einer Herrschaft verwirklicht, die dem Wohl aller Beteiligten dient. Damit kann auch wieder an das Grundmotiv gemeinschaftlicher Verbundenheit angeschlossen werden. Gemeinschaft beruht auf gegenseitigem Verständnis und gemeinsamer Verantwortung. (vgl. Tönnies 1981: 45f.) Auch wenn sich Tönnies' Beschreibung der Herrschaft in Gemeinschaft nicht als demokratisch beschreiben lässt, so enthält sie doch einen Anspruch an ein ausgeglichenes Kräfteverhältnis zwischen den Beteiligten. Dies wird durch die Annahme begründet, dass eine zu große Machtkonzentration die gegenseitige Abhängigkeit und damit auch die gemeinschaftlichen Beziehungen auflösen würde. (vgl. Tönnies 1991: 16) Eine gewisse Gleichheit der Beteiligten, die den Herrscher genauso von der Gemeinschaft abhängig macht, wie sie von ihm abhängig ist, ist wichtig für die gegenseitige Bejahung, den gegenseitigen Respekt, das gegenseitige Verständnis und damit für den Zusammenhalt der Gemeinschaft.

Gemeinschaftliche Beziehungen zeichnen sich zusammengefasst also durch die folgenden Merkmale und Rahmenbedingungen aus: Einverständnis, Gefallen, regelmäßige Kontakte, gemeinsame Werte, freiwillig anerkannte Autoritäten und ein gewisses Kräftegleichgewicht zwischen den Beteiligten.

5. Einführung in den Untersuchungsgegenstand Intentionale Gemeinschaft

Den Einstieg in die empirische Darstellung macht hier ein Überblick über den Untersuchungsgegenstand Intentionale Gemeinschaft. Dabei soll zum einen auf allgemeine Merkmale Intentionaler Gemeinschaften eingegangen werden und zum anderen das Setting der beiden untersuchten Gemeinschaften, des Ökodorfs sieben Linden (ÖSL) und des Zentrums für experimentelle Gesellschaftsgestaltung (ZEGG), dargestellt werden. Einen ausführlichen Überblick über Intentionale Gemeinschaften bietet der Aufsatz: „Intentionale Gemeinschaften: Begriffe, Felder und Zugänge", der sich an diesen Aufsatz anschließt. Die folgenden Betrachtungen beruhen auf einer qualitativen Untersuchung des ÖSL und des ZEGG sowie einer quantitativen Befragung Intentionaler Gemeinschaften in der BRD.[10]

Grundsätzlich lassen sich Intentionale Gemeinschaften als örtlich gebundene Lebens- und Arbeitszusammenhänge sehen, deren Mitglieder sich untereinander eine gemeinschaftliche Verbundenheit wünschen. Ihre Handlungen zielen dabei nicht nur auf die Entwicklung gemeinschaftlicher Beziehungen, sondern umfassen eine ganze Reihe verschiedener Ziele, die von der Sicherung der ökonomischen Grundlage bis hin zur Verwirklichung spezifischer Leitlinien wie z. B. eines ökologischen und nachhaltigen Wirtschaftens reichen. (vgl. Dierschke 2003: 96ff, 116ff) In Intentionalen Gemeinschaften wird also unter vielfältigen ökonomischen, inhaltlichen, zeitlichen und strukturellen Ansprüchen und Zwängen ein Beziehungsgeflecht entwickelt, ausgehandelt und gepflegt. Ob und inwieweit dabei gemeinschaftliche Beziehungen entstehen, lässt sich nicht pauschal beantworten. Durch ihre klare Absicht zur Entwicklung und Etablierung gemeinschaftlicher Beziehungsstrukturen sind Intentionale Gemeinschaften aber dennoch lohnende Untersuchungsfelder für das Verhältnis zwischen Organisation und Gemeinschaft.

Ein Faktor, der in Bezug auf das Verhältnis von Gemeinschaft und Organisation eine wichtige Rolle spielt, ist die Anzahl der Mitglieder. Dies wird auch bei der folgenden Darstellung des ZEGG und des ÖSL zu erkennen sein. Prinzipiell soll hier davon ausgegangen werden, dass mit steigender Mitgliederzahl die durchschnittliche Kontaktdichte innerhalb der Gemeinschaft sinkt. Die Möglichkeit einer Koordination durch ungeregelte Absprachen zwischen allen Mitgliedern sinkt, und damit steigt die Bedeutung formeller Organisationsstrukturen, z. B. der Einrichtung von Plenen und Abstimmungsregeln zum Zweck der gemeinsamen Entscheidungsfindung. (vgl. Kieser 2001: 177) Die beiden Intentionalen

---

[10] Die qualitativen Daten wurde 2003 mittels leitfadengestützer Experteninterviews erhoben und mit dem Verfahren der qualitativen Inhaltsanalyse ausgewertet (vgl. Dierschke 2003: 33ff). Die quantitativen Daten stammen aus der Studie „Soziale Gemeinschaften" (Drucks, Grundmann, Kunze o. J.). Diese untersucht 113 soziale Gemeinschaften (67 Intentionale Gemeinschaften und 46 Klöster) in Deutschland unter anderem nach Elementen ihrer Organisationsstruktur (z. B. Regelungen zur Entscheidungsfindung). Sie wurde im Sommer 2003 am Institut für Soziologie der Westfälischen Wilhelms-Universität Münster durchgeführt. Für diesen Aufsatz wurden nur die Antworten der 67 Intentionalen Gemeinschaften ausgewertet, die an der Studie teilgenommen haben.

Gemeinschaften, die hier untersucht werden, gehören mit jeweils 70 bis 80 Mitgliedern schon zu den größten Intentionalen Gemeinschaften in der BRD. [11] Es
kann also davon ausgegangen werden, dass sich in ihnen formale Regeln zur
Koordination entwickelt haben.
Zusätzlich zu diesen groben Rahmenbedingungen lassen sich noch eine ganze
Reihe weiterer Merkmal des ÖSL und des ZEGG schildern, die für das Verständnis und die Interpretation ihrer Regelungen zur Entscheidungsfindung und
zur Aufnahme von Mitgliedern hilfreich sind. Um wenigstens die wichtigsten
davon aufzuführen, folgt hier eine Kurzdarstellung der beiden Intentionalen
Gemeinschaften. Für einen ausführlicheren Überblick über Intentionale Gemeinschaften sei noch einmal auf den Aufsatz „Intentionale Gemeinschaften: Begriffe, Felder und Zugänge" in diesem Sammelband verwiesen.

Kurzdarstellung: Ökodorf Sieben Linden

Das ÖSL liegt in ländlichem Gebiet, einen Kilometer außerhalb des nächsten
Dorfes. Hier leben etwa 70 Personen auf dem Gelände eines alten Gehöfts. Zentrales Ziel der Gemeinschaft ist der Aufbau einer sozial-ökologischen Modellsiedlung für etwa 300 Bewohner. Die Idee zu diesem Projekt entstand 1989 im
Umkreis der Zeitschrift „Ökodorf-Informationen" und konkretisierte sich 1993
mit dem Aufbau eines Projektzentrums in Groß Chüden. Hier trieb eine Gruppe
Interessierter die Planungen für das eigentliche Ökodorf voran. Das heutige ÖSL
wurde 1997 bezogen. In den letzten Jahren wurde vor allem die Infrastruktur auf
dem Gelände aufgebaut und Wohnraum renoviert oder gebaut. Ein Teil der Mitglieder lebt und arbeitet aber immer noch in Bauwagen.
Die Mehrheit der Gemeinschaftsmitglieder ist zwischen 30 und 60 Jahre alt, mit
einem Schwerpunkt bei den Mitgliedern zwischen 30 und 40 Jahren. Fast alle
Mitglieder haben einen Hochschulabschluss. Die Organisationsstruktur des ÖSL
lässt sich als demokratisch und dezentral beschreiben. Den rechtlichen Rahmen
der Gemeinschaft bildet die Siedlungsgenossenschaft Ökodorf eG, innerhalb der
es mehrere Untergruppen mit eigenen Entscheidungskompetenzen gibt. Diese
Struktur beschreibt das ÖSL selber als „Gemeinschaft von Gemeinschaften".
(Dierschke 2003: 96) Finanziell wird das ÖSL hauptsächlich von seinen Mitgliedern getragen. Deren Genossenschaftseinlagen sind der Grundstock aller Investitionen der Gemeinschaft. Die laufenden Kosten werden durch monatliche
Gebühren der Mitglieder gedeckt. Zusätzlich dazu erhält das ÖSL in einzelnen
Arbeitsbereichen, z. B. bei Bauprojekten, finanzielle Förderungen durch öffentliche Stellen und private Spenden. Weitere Informationen zum ÖSL finden sich
im Aufsatz von Iris Kunze in diesem Band.

---

[11] Nur 30 % der Intentionalen Gemeinschaften in der BRD Deutschland haben 40 oder mehr
Mitglieder. (vgl. Dierschke 2003: 127)

Kurzdarstellung: Zentrum für experimentelle Gesellschaftsgestaltung

Das ZEGG ist eine Intentionale Gemeinschaft mit etwa 80 Mitgliedern, deren durchschnittliches Alter von der Geschäftsführung auf 40 bis 45 geschätzt wird. Gemeinsames Anliegen ist die Erprobung neuer Formen des sozialen Zusammenlebens. Die Gemeinschaft lebt am Rand einer Kleinstadt, auf einem 15 ha großen Gelände, mit mehreren Gebäuden, die als Wohn-, Veranstaltungs-, Büro- oder Gemeinschaftsräume genutzt werden. Der Ursprung des ZEGG liegt in dem 1984 gegründeten Gemeinschaftsprojekt Bauhütte, von dem aus 1991 das ZEGG an seinem heutigen Ort gegründet wurde. Die Organisationsstruktur des ZEGG lässt sich als demokratisch bezeichnen. Rechtlicher Träger der Gemeinschaft ist die ZEGG GmbH, in der alle Mitglieder als Gesellschafter vertreten sind. Betrieb und Instandhaltung des Geländes und der gemeinsamen Einrichtungen werden durch die Mieten der Bewohner sowie durch Einnahmen aus Seminaren und Großveranstaltungen finanziert.

6. Entscheidungsprozesse in Intentionalen Gemeinschaften

In den meisten Intentionalen Gemeinschaften, insbesondere in denen, die seit den 1980er Jahren entstanden sind, zeichnen sich Entscheidungsprozesse durch Basisdemokratie und Konsens aus. (vgl. Christian 2003: 693; Christian/Metcalf 2003: 673) Diese internationalen Trends decken sich auch mit den Ergebnissen einer Untersuchung Intentionaler Gemeinschaften in der BRD. Hier gaben gut 70% der Intentionalen Gemeinschaften an, ihre Entscheidungen im Konsens zu treffen.[12] Ein genauerer Blick auf die Regelungen einzelner Intentionaler Gemeinschaften zeigt, dass sich unter den globalen Prinzipien des Konsens und der Basisdemokratie eine Vielzahl ausdifferenzierter Regelungen finden lassen. (vgl. Christian 2003: 693ff) Diese beruhen zwar auf den oben genannten Prinzipien, binden aber weder alle Mitglieder in jede Entscheidung ein, noch müssen Entscheidungen in absoluter Einstimmigkeit gefällt werden.[13]

So lassen sich in Bezug auf das Konsensprinzip im ÖSL und im ZEGG Entscheidungsregelungen finden, die nicht danach fragen, wie viele Mitglieder einer Entscheidung zustimmen, sondern danach fragen, ob es Einwände gegen einen vorgeschlagenen Entschluss gibt. Die praktische Anwendung dieses Prinzips stellt sich in beiden Gemeinschaften so dar, dass Entschlussvorschläge von

---

[12] Bei der Untersuchung handelt es sich im die schon oben angeführte Studie „soziale Gemeinschaften".
[13] Auch der Aufsatz von Iris Kunze in diesem Band bietet einige Information über Entscheidungsprozesse in Intentionalen Gemeinschaften.

einzelnen Personen oder Untergruppen der Gemeinschaft erarbeitet und anschließend für alle Mitglieder zugänglich publiziert werden. Erhebt kein Mitglied innerhalb einer festgelegten Frist einen Einwand gegen den Vorschlag, so ist er angenommen. Wird ein Einwand formuliert, muss die Entschlussvorlage überarbeitet und neuerlich zur Abstimmung gestellt werden[14]. Zum Tragen kommt diese Regel nicht bei allen Entscheidungen. Grundsatzentscheidungen sind sowohl im ÖSL als auch im ZEGG von dieser Regelung ausgenommen. Auch andere Intentionale Gemeinschaften verwenden dieses Abstimmungsverfahren, das unter dem Namen „Sociocracy" bekannt geworden ist. (vgl. Christian 2003: 693)

Weitere Modifikationen des Konsensprinzips lassen sich bei den möglichen Wahloptionen innerhalb einer Abstimmung und den Auswirkungen eines Vetos entdecken. Ein Veto - und das gilt in beiden Gemeinschaften - hat immer nur eine retardierende Wirkung. Gleichzeitig verpflichtet das Einlegen eines Vetos zur persönlichen Beteiligung an der Überarbeitung des Entscheidungsvorschlags. Wirkmächtig bleibt ein Veto dabei nur, wenn mehr als eine Person an der Überarbeitung des Vorschlags mitwirkt. (vgl. Dierschke 2003: 102f., 121) Im ÖSL muss sogar ein Drittel der Mitglieder ein Veto unterstützen, damit es seine Gültigkeit behält.[15] Flankiert wird diese Modifikation des Vetos im ÖSL durch eine Differenzierung der Wahloptionen, die im Rahmen von Abstimmungen gegeben sind. Zusätzlich zu einer Zustimmung (Ja), einer Ablehnung (Veto) und einer Enthaltung, kann durch ein „Nein" die Ablehnung, bei gleichzeitiger Bereitschaft den Entschluss mit zu tragen, ausgedrückt werden. Für die Annahme eines Beschlusses müssen mindestens zwei Drittel der Mitglieder mit „Ja" gestimmt haben[16]. Ziel dieser Modifikationen der Abstimmungsregeln ist es, die in den idealtypischen Vorstellungen von Basisdemokratie und Konsens notwendige Einstimmigkeit aller durch eine gegenseitige Akzeptanz auch bei differierenden Ansichten zu ersetzen. Als pragmatische Zielsetzung, so kann angenommen werden, sollen diese Entscheidungsregeln die Geschwindigkeit von Entscheidungsprozessen erhöhen und gleichzeitig eine größtmögliche Identifikation aller Mitglieder mit den gefällten Entscheidungen ermöglichen.[17]

Auch bei den Akteuren, die in die Entscheidungsfindung einbezogen werden, haben sich im ÖSL und im ZEGG Abweichungen von einer idealtypischen Basisdemokratie entwickelt. Diese Modifikationen stellen sich als Dezentralisie-

---

[14] vgl. www.siebenlinden.de info Entscheidungsfindung (17.12.2005) und http://www.zegg.de/deutsch/zegg_was_ist_das/zeggKonkret.php (17.12.2005)
[15] vgl. www.siebenlinden.de info Entscheidungsfindung (17.12.2005)
[16] vgl. www.siebenlinden.de info Entscheidungsfindung (17.12.2005)
[17] vgl. www.siebenlinden.de info Entscheidungsfindung (17.12.2005)

rung der Entscheidungskompetenzen durch hierarchisch gestaffelte Instanzen
dar. Es werden also nicht alle Entscheidungen von einer zentralen Pluralinstanz,
z. B. einer Vollversammlung, gefällt, sondern Entscheidungsbefugnisse auf untergeordnete Gruppen übertragen, die in einem festgelegten Rahmen autonom
handeln können. Die Dezentralisierung richtet sich dabei nach dem Betroffenheitsprinzip. Die einzelnen Untergruppen erhalten also Verantwortung für alle
Bereiche, von denen hauptsächlich sie allein betroffen sind. (vgl. Dierschke
2003: 102) Dies führt sowohl im ZEGG als auch im ÖSL zu einer dreigliedrigen
Struktur, an deren Spitze die Vollversammlung aller Gemeinschaftsmitglieder
steht. Dieses Gremium, das in größeren Abständen[18] zusammentritt, ist für Entscheidungen, die alle Mitglieder betreffen, verantwortlich. Seine zentrale Bedeutung im Entscheidungsprozess erhält es auch durch seine Funktion als offizielle
Vertretung der Anteilseigner der beiden Gemeinschaften, als Genossenschaftsversammlung des ÖSL oder Gesellschafterversammlung des ZEGG. Damit besitzen Entscheidungen dieses Gremiums auch einen nach außen bindenden und
juristisch einklagbaren Charakter. (vgl. Dierschke 2003: 100, 119)[19] Nach innen
ist die Zuweisung von Entscheidungsbefugnissen an Untergruppen der Gemeinschaft eine der wichtigsten Aufgaben der Vollversammlung. Bei den Unter- oder
auch Kleingruppen handelt es sich um Arbeits- oder Projektgruppen, im ÖSL
auch um Wohngruppen. Je nach Aufgabenstellung und Kompetenzzuweisung
liegen diese Gruppen auf der untersten Ebene der hierarchischen Struktur der
Intentionalen Gemeinschaften oder sind als koordinierende Instanzen zwischen
die Arbeitsgruppen und die Vollversammlung geschaltet. Übernehmen erstere
mehrheitlich ausführende- oder produzierende Arbeiten wie z. B. die Organisation von Veranstaltungen, die Durchführung von Bauvorhaben oder die Küchen-
arbeit, findet über die letzteren die praktische Führung der Gemeinschaft im Alltag statt. Im ÖSL gibt es mehrere solcher Instanzen, im ZEGG übernimmt der
„13er Rat" diese Funktion. (vgl. Dierschke 2003: 101f., 120f.)[20]

Um die Einbindung aller Gemeinschaftsmitglieder in diesen dezentralisierten
Entscheidungsprozess sicherzustellen und so dem basisdemokratischen Anspruch gerecht zu werden, haben sich in beiden Gemeinschaften Regeln über die
Beteiligung in den einzelnen Instanzen entwickelt. Grundlegend ist hierbei die
Verpflichtung, sich aktiv an den Entscheidungsprozessen in der Gemeinschaft
zu beteiligen, was im ÖSL und ZEGG zumindest eine verpflichtende Teilnahme
an den Vollversammlungen bedeutet. Im ÖSL existiert darüber hinaus die Forderung an die Mitglieder, sich in zwei bis vier der Kleingruppen aktiv zu enga-
gieren. (vgl. Dierschke 2003: 108, 121) Auch in der Besetzung der koordinie-

---

[18] vgl. www.siebenlinden.de info Entscheidungsfindung (17.12.2005)
[19] vgl. www.siebenlinden.de info Entscheidungsfindung (17.12.2005)
[20] vgl. www.siebenlinden.de info Entscheidungsfindung (17.12.2005)

renden Instanzen spiegeln sich die Bemühungen der beiden Intentionalen Gemeinschaften, die dezentralisierten Entscheidungsprozesse an möglichst viele Mitglieder der Gemeinschaft zu binden, wider. Beispiele dafür sind der Projektrat im ÖSL oder der „13er Rat" im ZEGG. Sie setzen sich aus Mitgliedern der wichtigsten Untergruppen zusammen und sollen diese so wieder in den Entscheidungsprozess integrieren. (vgl. Dierschke 2003: 120)[21]

Die wichtigsten Ansätze zur Integration der Mitglieder in den Entscheidungsprozess und zur Identifikation der Mitglieder mit dessen Ergebnissen liegen aber im schon beschriebenen Prinzip der „Sociocracy" und den damit verbundenen Bemühungen, möglichst viele Informationen aus den einzelnen Untergruppen für die gesamten Gemeinschaft zugänglich zu machen. Durch diese Abstimmungsregel ist es jedem Mitglied der Gemeinschaft prinzipiell möglich in den Entscheidungsprozess der einzelnen Gruppen der Gemeinschaft einzugreifen. Des Weiteren führt das Prinzip der „Sociocracy" über die Verpflichtung zur Veröffentlichung von Entschlüssen und Besprechungen der einzelnen Arbeitsgruppen zu einem Informationsfluss innerhalb der Intentionalen Gemeinschaften, der jedem Mitglied einen Einblick in die Bereiche gewährt, an denen er nicht direkt beteiligt ist. Dies geschieht im ZEGG über einen regelmäßigen Infobrief und das Schwarze Brett, im ÖSL durch die Protokoll-, Mitteilungs- und Entschlussordner in denen die entsprechenden Dokumente veröffentlicht und archiviert werden. (vgl. Dierschke 2003: 121)[22] Dieser schriftliche und formale Informationsfluss wird durch gemeinsame Mahlzeiten, Plenen, Foren oder Themennachmittage ergänzt, die den direkten Informationsaustausch zwischen den Mitgliedern ermöglichen. (vgl. Dierschke 2003: 102, 121)

Ein Vergleich der dargestellten Entscheidungsstrukturen mit den Merkmalen von Gemeinschaft, wie sie Tönnies beschreibt, zeigt mehrere deutliche Überschneidungen. Grundsätzlich beruhen alle Entscheidungen auf einem Einverständnis zwischen den Mitgliedern der Intentionaien Gemeinschaft. Auch wenn Basisdemokratie und Konsens nur als grundlegende Prinzipien des Entscheidungsprozesses interpretiert werden können, sorgen viele Regelungen - wie das Modell der „Sociocracy", Abstimmungsregeln und die Besetzung der verschiedenen Gremien - dafür, dass alle Mitglieder jederzeit in den Entscheidungsprozess eingreifen können. Die Ergebnisse der Entscheidungen können somit dennoch als Konsens zwischen den Beteiligten gesehen werden. Ein weiterer Schnittpunkt zwischen Tönnies' Merkmalen und den Entscheidungsstrukturen Intentionaler Gemeinschaften liegt in der Zusammensetzung der verschiedenen Entscheidungsinstanzen. Als Pluralinstanzen, an denen entweder alle Mitglieder

---

[21] vgl. www.siebenlinden.de info Entscheidungsfindung (17.12.2005)
[22] vgl. www.siebenlinden.de info Entscheidungsfindung (17.12.2005)

der Gemeinschaft oder alle Mitglieder der jeweiligen Untergruppe beteiligt sind, stellen sie freiwillig anerkannte Autoritäten dar. Damit entspricht zumindest die formale Hierarchie der Intentionalen Gemeinschaften den Ansprüchen, die Tönnies allgemein an Hierarchie und Machtverteilung[23] in Gemeinschaft stellt. Mit Blick auf die Entscheidungsprozesse lassen sich weitere Schnittstellen finden. Zum einen sorgt die regelmäßige Einbindung aller Mitglieder in diese Prozesse auch für eine hohe Dichte an persönlichen Kontakten, zum anderen entsteht im Zuge dieser gemeinsamen Entscheidungen auch ein gemeinsames Produkt, grob gesagt eine Organisationsstruktur, die in der Verantwortung aller liegt. Nicht zuletzt stellen die Entscheidungsprozesse der Intentionalen Gemeinschaften auch eine Form der gemeinsamen Arbeit und Verwaltung dar, die Tönnies als wichtigen Ausgangspunkt von Vergemeinschaftungsprozessen beschreibt. Geht man von der Annahme aus, dass die Regeln des Entscheidungsprozesses auch das soziale Beziehungsgeflecht innerhalb der Intentionalen Gemeinschaften widerspiegeln, kann man aus der bisherigen Betrachtung auf gemeinschaftliche Beziehungen als wichtiges Element dieses Beziehungsgeflechts schließen.

7. Aufnahme neuer Mitglieder in Intentionale Gemeinschaften

Für die Aufnahme und Integration neuer Mitglieder in die Gemeinschaft haben sich in Intentionalen Gemeinschaften formalisierte Verfahrensweisen entwickelt, mit denen dieser Prozess begleitet wird.[24] Dies gilt auch für die beiden Intentionalen Gemeinschaften, die im Zentrum dieses Aufsatzes stehen. Bei ihnen stellt sich der Weg in die Gemeinschaft als mehrstufiger Prozess dar, dessen Verlauf sich als Abfolge von Kennenlernen, Integrieren und Verpflichten beschreiben lässt. Bis die „Novizen" diesen Aufnahmeprozess durchlaufen haben und vollwertige Mitglieder der Gemeinschaft sind, vergeht mindestens ein Jahr. In vielen Fällen dauert dieser Prozess wesentlich länger. (vgl. Dierschke 2003: 107ff, 124ff) Während dieses Zeitraums werden verschiedenen Stadien der Mitgliedschaft durchlaufen, die sich als ein System konzentrischer Kreise beschreiben lassen. Im äußeren Bereich dieser Kreise wird das zukünftige Mitglied von der Gemeinschaft als Interessent wahrgenommen und hat als Gast oder Dauer-

---

[23] In Bezug auf die Machtverteilung kann auch auf die interne Kommunikation der Intentionalen Gemeinschaften verwiesen werden, die versucht, möglichst allen Mitgliedern die relevanten Informationen über aktuelle Entscheidungen zur Verfügung zu stellen. Es geht hier also nicht nur um das Recht, mitbestimmen zu dürfen, sondern auch darum, allen die Möglichkeit zu geben, kompetent mitbestimmen zu können.

[24] Die Ergebnisse der Befragung "Soziale Gemeinschaften" zeigen, dass 92,1% der Gemeinschaften Vorgespräche im Rahmen der Aufnahme neuer Mitglieder durchführen. Auch eine Probezeit (76,6%) oder regelmäßige Besuche in der Gemeinschaft (63%) sind häufig einer Mitgliedschaft vorgeschaltet. Die Teilnahme an so genannten Gemeinschaftskursen fordern nur 22 % der Gemeinschaften von ihren neuen Mitgliedern.

gast die Möglichkeit, die Gruppe kennenzulernen. Je weiter der Gast dann über die Probezeit und schließlich den Aufnahmeantrag ins Zentrum der Gemeinschaft vorrückt, desto größer werden die Anforderungen, die an die neuen Mitglieder gestellt werden, aber auch deren Rechte.[25]

Ein solcher Aufnahmeprozess lässt sich analytisch in zwei Teile zerlegen. Ein Teil kann als formalisierte Unterstützung des Sozialisationsprozesses auf funktionaler Ebene der gesamten Gruppe wie auf persönlicher Ebene zwischen den einzelnen Mitgliedern verstanden werden. Der zweite Teil kann als Einbindungsprozess der neuen Mitglieder im Sinne der Entwicklung eines Commitments zur Gemeinschaft verstanden werden.

Für die Vermittlung von Werten, Regeln und Lebensweisen bieten das ÖSL und das ZEGG auf allen Stufen des Aufnahmeprozesses verschiedenen Möglichkeiten an, die von einfachen Informationsveranstaltungen über Gemeinschaftskurse und Patenschaften bis zur verpflichtenden Probezeit vor der endgültigen Aufnahme reichen. Steht dabei am Anfang hauptsächlich die Information über die Gemeinschaft im Vordergrund, wechselt der Schwerpunkt in den späteren Phasen zur Anerkennung und Übernahme der Werte, Regeln und Lebensweisen der Gemeinschaft durch die „Novizen". Gerade die späteren Phasen werden von der Gemeinschaft durch eine intensive Begleitung und Reflexion der Entwicklung der „Novizen" unterstützt.[26] Im Zuge dieser begleiteten Integration sollen nicht nur formale Regeln vermittelt werden. Die Förderung des persönlichen Kontakts zwischen den Mitgliedern der Gemeinschaft, also die Integration auf der Mikroebene, lässt sich ebenfalls in der Struktur der Integrationsprozesse des ÖSL und des ZEGG erkennen. Beispiele dafür sind die Einbindung in Wohn- und Arbeitsgruppen und die Patenschaften, die alte Mitglieder für neue Mitglieder übernehmen. Aber auch die mehrfach notwendige Zustimmung der Gemein-

[25] Die Aufnahme und Integration neuer Mitglieder gliedert sich im ZEGG in vier Stationen. Am Anfang stehen mehrere kurze Besuche. Der zweite Schritt ist die Teilnahme an einem vierwöchigen Gemeinschaftskurs, der unter intensiver Betreuung an das Leben in der Gemeinschaft heranführen soll. Daran schließt eine mehrmonatige Probezeit an. Die letzte Station bildet dann der Antrag auf eine volle Mitgliedschaft im ZEGG. (vgl. Dierschke 2003: 126) Im ÖSL lässt sich eine ähnliche Struktur erkennen. Über kurze Besuche findet ein erstes Kennen lernen statt. Die Dauergäste leben und arbeiten schon über einen längeren Zeitraum im ÖSL und können als nächsten Schritt zur Mitgliedschaft eine Probezeit beantragen, an deren Ende dann die volle Mitgliedschaft in der Gemeinschaft steht. Auch das ÖSL bietet einen Gemeinschaftskurs an und empfiehlt die Teilnahme an diesem Kurs allen, die dauerhaft in der Gemeinschaft leben wollen. Er ist aber nicht verpflichtend, wie dies im ZEGG der Fall ist. (vgl. Dierschke 2003: 108ff)
[26] Beispielhaft dafür ist das Forum, eine „Diskussionsrunde", in der mit theatralischen Mitteln und Moderation die Anliegen der Teilnehmer dargestellt und reflektiert werden. (vgl. Dierschke 2003: 121)

schaftsmitglieder zur Aufnahme neuer Mitglieder reflektiert und erwartet eine persönliche Einbindung der neuen Mitglieder.

Die dargestellte Organisation des Integrationsprozesses hat auch eine Selektionsfunktion. Die lange Dauer, die notwendige Zustimmung der Gemeinschaftsmitglieder zur Aufnahme als Dauergast, Probezeitler und Mitglied, die intensive Reflexion der Entwicklung der „Novizen" und das finanzielle und persönliche Commitment, das von den „Novizen" gefordert wird, lassen vermuten, dass viele Interessierte von der endgültigen Mitgliedschaft vor oder während des Integrationsprozesses Abstand nehmen.

Mit Blick auf die angesprochene zweite Funktion des Aufnahmeprozesses der beiden Intentionalen Gemeinschaften, die Entwicklung von Commitment zur Gemeinschaft, oder anders gesagt, die Bindung der Mitglieder an die Gemeinschaft, spielen die von den neuen Mitgliedern geforderten Verpflichtungen eine wichtige Rolle. Dabei handelt es sich um finanzielle Leistungen wie die Beteiligung am gemeinsamen Besitz der Gemeinschaft oder den Beitritt zur Einkommens- und Vermögensgemeinschaft der Mitglieder und um die Übernahme von Arbeiten und Diensten in der Gemeinschaft.[27] Die Mitglieder werden hier also dazu aufgefordert, nicht unerhebliche Ressourcen in die jeweilige Gemeinschaft zu investieren. Diese Investitionen sind eine Leistung, die eine mittelfristige Fokussierung des neuen Mitglieds auf das Leben in der Intentionalen Gemeinschaft mit sich bringen soll. Den anderen Mitgliedern signalisieren diese Investitionen dadurch die Ernsthaftigkeit des Beitritts und können so für ein Vertrauen auf ein ausgeglichenes Commitment der Mitglieder zur Gemeinschaft sorgen. Beispielhaft für eine solche Investition mit starkem Signalcharakter ist der im ÖSL verlangte Businessplan, den die „Novizen" vor der Entscheidung über ihre Aufnahme präsentieren müssen. Aus diesem muss zu erkennen sein, wie sie ihr Leben in der Gemeinschaft finanzieren und gestalten möchten. Daran möchte die Gemeinschaft ablesen, ob diese Pläne mit dem Lebensstil der Gruppe vereinbar sind, und welche Mühe in Form einer Zukunftsplanung vorab in die Mitgliedschaft investiert wird. (vgl. Dierschke 2003: 109)

---

[27] Die finanzielle Beteiligung beläuft sich im ZEGG auf einen monatlichen Beitrag von etwa 450 € für Miete, Essen und Kinderbetreuung und eine einmalige Beteiligung an der ZEGG GmbH in Höhe von 2250 €. Im ÖSL belaufen sich die finanziellen Beiträge auf monatlichen Kosten von ca. 190 € und eine finanzielle Beteiligung an der Genossenschaft, die der rechtliche Träger der Gemeinschaft ist, in Höhe von 10.250 €. Darüber hinaus fordern beide Gemeinschaften eine Übernahme von Diensten und Arbeiten. (vgl. Ökodorf Sieben Linden 2002: 24; Dierschke 2003: 107ff, 125)

Auch die Regeln zur Aufnahme neuer Mitglieder in Intentionalen Gemeinschaften weisen Parallelen zu den Merkmalen gemeinschaftlicher Beziehungen von Tönnies auf. Grundsätzlich scheinen die beiden Intentionalen Gemeinschaften genau darauf zu achten, dass sie nur solche Personen aufnehmen, die über ähnliche Wertvorstellungen verfügen und sich auch auf affektueller Ebene in die Gruppe einpassen können. Dies kann sowohl aus den langen Probezeiten, als auch aus der intensiven Begleitung der Integration durch Lehrgänge und der ständigen Reflexion der Entwicklung der „Novizen" geschlossen werden. Diese Regelungen scheinen dabei zwei Funktionen zu haben. Sie sollen helfen, spezifische Normen und Werte der jeweiligen Intentionalen Gemeinschaft zu vermitteln und damit den Sozialisationsprozess unterstützen. Gleichzeitig sind sie Signal und Selektionsmechanismus und wählen die Personen aus, die schon vorab affektuell und auf der Grundlage ihrer Wertorientierung zur Gruppe passen. Die dargestellten Ressourcen, die neue Mitglieder in die Intentionale Gemeinschaft investieren müssen, können ebenfalls als Signal für die Zustimmung des neuen Mitglieds zu den Werten, an denen sich die gesamte Gruppe orientiert, gesehen werden. Insgesamt scheint damit auch die Organisationsstruktur im Bereich der Aufnahme neuer Mitglieder auf die Bedeutung gemeinschaftlicher Beziehungen für Intentionale Gemeinschaften hinzuweisen, da alle Regelungen darauf abzielen, neue Mitglieder aufzunehmen, also neue Beziehungen einzugehen, die auf gegenseitiger Sympathie und geteilten Werten beruhen. Damit tauchen hier zwei zentrale Merkmale der Formen der Gemeinschaft von Tönnies auf.

8. Schlussbetrachtung

In welchem Verhältnis stehen Gemeinschaft und Organisation zueinander? Diese Frage bildet den Ausgangspunkt der hier dargestellten Überlegungen und soll nun zusammenfassend beantwortet werden.

Auf Basis der reinen Begriffe, also auf theoretischer Ebene, lassen sich hier drei Aussagen treffen. Erstens liegt der Gemeinschaftsbegriff auf der Ebene einzelner sozialer Beziehungen und damit praktisch unterhalb des Organisationsbegriffs, der eine Vielzahl miteinander verbundener sozialer Beziehungen bezeichnet. Zweitens kann angenommen werden, dass in Organisationen, wie in jeder Aggregation sozialer Beziehungen, gemeinschaftliche und gesellschaftliche Beziehungen existieren. Drittens verweisen Theorien und Ergebnisse der Organisationsforschung darauf, dass auch in eigentlich zweckorientierten Organisationen gemeinschaftliche Beziehungen eine nennenswerte Bedeutung für Zusammenhalt und Funktionsfähigkeit haben.

Als ein Merkmal von Organisationen, das in Bezug auf die empirischen Untersuchungen eine besondere Bedeutung hat, kann die instrumentelle Organisationsstruktur angesehen werden. Sie bildet aus zwei Gründen einen Indikator für
den Charakter sozialer Beziehungen in Organisationen. Ihre formellen und informellen Regeln stellen einen Handlungsrahmen dar, der den Charakter sozialer
Beziehungen beeinflusst. Gleichzeitig ist die Organisationsstruktur gerade in
demokratischen Organisationen auch Ergebnis der Handlungen der Organisationsmitglieder und so ein Abbild ihrer sozialen Beziehungen.

Beim Blick auf das empirische Verhältnis zwischen Gemeinschaft und Organisation lässt sich zunächst einmal feststellen, dass der relative hohe Formalisierungsgrad der Organisationsstruktur Intentionaler Gemeinschaften bemerkens-
wert ist. Denn eigentlich könnte man vermuten, dass eine Gemeinschaft kaum
Formalisierungen zur Regelung des Sozialen benötigt. Eine Begründung für diese ausdifferenzierten formalen Regeln könnte in der relativ großen Zahl der
Mitglieder der untersuchten Gemeinschaften und deren Fluktuation liegen.

Betrachtet man die dargestellten Organisationsstrukturen, fällt schnell auf, dass
sich in ihnen eine ganze Reihe an Parallelen zu den von Tönnies vorgeschlagenen Merkmalen und Quellen gemeinschaftlicher Beziehungen finden lassen.
Dieser Befund lässt über das Verhältnis von Gemeinschaft und Organisation
zweierlei vermuten. Erstens scheinen sich auch aus gemeinschaftlichen Verbundenheiten formale Organisationsstrukturen zu entwickeln, und zweitens scheinen diese Organisationsstrukturen einer gemeinschaftlichen Verbundenheit nicht
entgegenzuwirken, sondern können auch einen Rahmen für die Beibehaltung
und Entwicklung von Gemeinschaft sein. Das Verhältnis zwischen Gemeinschaft und Organisation erscheint damit auch auf empirischer Ebene als ineinander verzahnt.[28] Je nachdem, welche Zwecke eine Organisation verfolgt, und je
nachdem, welcher Handlungsrahmen durch eine Organisationsstruktur gegeben
werden soll, können gemeinschaftliche Faktoren bewusst mit Organisation verbunden werden.

---

[28] Im Zuge dieser Aussagen muss betont werden, dass hier keine Aussagen über die tatsächli-
che Gemeinschaftlichkeit Intentionaler Gemeinschaften getroffen werden können, da Informationen über die einzelnen sozialen Beziehungen innerhalb der Gemeinschaften, also ihr
soziales Netzwerk, nicht vorliegen. Die Aussagen, die getroffen werden, beruhen auf der Interpretation des Indikators Organisationsstruktur. Diese erfolgt hier durch den Vergleich mit
der theoretischen Konzeption gemeinschaftlicher Beziehungen von Tönnies.

Literatur

Bea, Franz X./ Elisabeth Göbel (2002): Organisation. Theorie und Gestaltung. Stuttgart.

Bickel, Cornelius (1990): Gemeinschaft als kritischer Begriff bei Tönnies. In: Clausen, Lars/ Carsten Schlüter (Hg.): Renaissance der Gemeinschaft. Stabile Theorie und neue Theoreme. Berlin, S. 17-46.

Christian, Diana (2003): Intentional Communities and Governance. In: Christensen, Karin/ David Levinson (Hg.): Encyclopedia of Community. From the village to the virtual world. Thousand Oaks, S. 693-697.

Christian, Diana/ Bill Metcalf (2003): Intentional Communities. In: Christensen, Karin/ David Levinson (Hg.): Encyclopedia of Community. From the village to the virtual world. Thousand Oaks, S. 670-676.

Dierschke, Thomas (2003): Intentionale Gemeinschaften. Ziele, Kultur und Entwicklung am Beispiel zweier Gemeinschaften. Universität Münster. http://nbn-resolving.de/urn:nbn:de:hbz:6-24619479736

Drucks, Stephan u. a. (o. J.): Ergebnisse der Fragebogenstudie 2003 an Klöster und Intentionale Gemeinschaften in der BRD. Organisations- und Beziehungsstrukturen in sozialen Gemeinschaften. http://www.uni-muenster.de/Sozialisationsforschung/gemeinschaftsforschung_forschungs ergebnisse.o1.htm (16.12.2005)

Endruweit, Günter (2004): Organisationssoziologie. Stuttgart.

Kieser, Alfred (2001): Der situative Ansatz. In: Kieser, Alfred (Hg.): Organisationstheorien. Stuttgart, S. 169-198.

Merz-Benz, Peter-Ulrich (1990): Die Entstehung der sozialen Gemeinschaft als Entnaturalisierung der Natur - ein Aspekt der Begriffstheorie von Ferdinand Tönnies. In: Clausen, Lars/ Carsten Schlüter (Hg.): Renaissance der Gemeinschaft. Stabile Theorie und neue Theoreme. Berlin, S. 47-63.

Ökodorf Sieben Linden (Hg.) (2002): Eine Information für Siedlungsinteressierte der Siedlungsgenossenschaft Ökodorf e. G. Poppau.

Otnes, Per (1990): Das Ende der Gemeinschaft? In: Clausen, Lars/ Carsten Schlüter (Hg.): Renaissance der Gemeinschaft. Stabile Theorie und neue Theoreme. Berlin, S. 65-74.

Tönnies, Ferdinand (1981): Einführung in die Soziologie. Stuttgart.

Tönnies, Ferdinand (1991): Gemeinschaft und Gesellschaft. Grundbegriffe der reinen Soziologie. Darmstadt.

Türk, Klaus (2000): Einblicke in die Soziologie der Organisation. Kurseinheit 1: Organisationen in der modernen Gesellschaft. FernUniversität - Gesamthochschule in Hagen.

II. Erschließung eines Feldes: Intentionale Gemeinschaften

Thomas Dierschke, Stephan Drucks, Iris Kunze

Intentionale Gemeinschaften: Begriffe, Felder, Zugänge

1. Was sind Intentionale Gemeinschaften?

Die theoretisch-konzeptionellen Überlegungen der bisherigen Beiträge zeigen, dass ein Zurück zur idealtypischen, über unverfügbare Sitte integrierte Gemeinschaft im 21. Jahrhundert weder herstellbar noch erstrebenswert ist. Beispielweise zeigt Thomas Mohrs, dass Reflexion auf globale Zusammenhänge eine notwendige Bedingung verantwortlicher pragmatischer Vergemeinschaftung ist, und er plädiert, wie auch Hans Joas, für eine Akzeptanz der Gleichzeitigkeit von partikularistischen und universalistischen Bestrebungen, die der Moderne nun einmal eigentümlich seien.

In jedem Fall bleibt Gemeinschaft eine gesellschaftstheoretische Schlüsselkategorie. Kommunitaristen suchen nach der „neuen" und „richtigen" Gemeinschaft, welche die „gute Gesellschaft" (Etzioni 2005) bei der Aufrechterhaltung von Balancen stützt. Es gehe um die Balance zwischen Autonomie und Ordnung, zwischen individueller Freiheit und gemeinschaftlicher Einbindung, welche immer in Gefahr oder aus dem Lot sei (vgl. Etzioni 1975/ 1995/1998). Der Gemeinschaftsbegriff scheint sich dabei vor allem auf die Fähigkeit sozialer Gruppierungen zu beziehen, außer durch Gesetze auch durch normative Bindungen „Ordnung" zu stabilisieren. Dies hat nicht geringe Auswirkungen auf die Vorstellung von gelungener Vergesellschaftung: Das „autonome" Subjekt wird konzipiert als Träger von zu inneren normativen Antrieben geronnenen äußeren Zwängen, denen es „freiwillig" folge (vgl. Reese-Schäfer 2001: 19ff). „Autonomie" an sich wird weniger als Eigenschaft oder Motiv von Akteuren, sondern vielmehr als der Rahmen des gesellschaftlich Erlaubten verstanden. Abgesehen von dieser einseitigen Sicht auf Akteure geht es in der Kommunitarismus-Debatte um die Balance von Gemeinschaft und Gesellschaft[1]: Auf der einen Seite bedürfen liberale Gesellschaften eines gemeinschaftlichen Unterbaus (vgl. Honneth 1994) und auf der anderen Seite müssen moderne bzw. „posttraditionale" Gemeinschaften mit Liberalismus gesättigt sein. Wichtiger als partikularistische Werte ist dementsprechend, dass Gemeinschaften universalistische Werte verkörpern (vgl. Honneth 1993). Die konzeptionelle Suche nach der „richtigen" Gemeinschaft, welche die „gute" Gesellschaft revitalisiert, zeigt im gleichen

---

[1]Zu der Auffassung der Gemeinschafts- und Gesellschaftsbegriffe in der Kommunitarismus-Liberalismus-Debatte siehe Honneth 1994.

102 Thomas Dierschke, Stephan Drucks, Iris Kunze

Sinne Robert Putnam, wo er auf die Wichtigkeit des brückenschlagenden, des „bridging" social capital gegenüber dem gruppenbezogenen, dem „bonding" social capital (vgl. Putnam 1993/2000) hinweist. Die besondere Wertschätzung gemeinschaftsorientierter Organisationen des Dritten Sektors für ihre zwischen Individuum und Gesellschaft vermittelnde Integrationskraft, die dem Sektor seine intermediäre Funktion verleiht (vgl. Zimmer 2000/2004), zielt in die gleiche Richtung.

Die Gemeinschaftsforschung, mit der sich der vorliegende Band befasst, ist ihrerseits durch ein starkes Interesse an gesellschaftlichen und gesellschaftspolitischen Implikationen von Gemeinschaften motiviert. Den Autoren geht es dabei jedoch nicht jeweils um eine Verortung in politiktheoretischen und philosophischen Diskursen, sondern darum, wie „neue" Gemeinschaften nun wirklich sozial verfasst sind und wie ihre Einbindung in die Gesellschaft aus nicht unbedingt partikularistischen, aber doch selbst entworfenen Zielen und vor allem aus praktischen Entwicklungen heraus beschreibbar ist. Darum werden im Folgenden die Beziehungen und Prozesse *innerhalb* Sozialer Gemeinschaften als Ausgangspunkt und Hauptgegenstand der Betrachtungen gewählt. Jeweils gemeinsam geteilte Wertsetzungen, die auch gesellschaftliche Relevanz haben, werden in ihrer Bedeutung für konkrete Vergemeinschaftungsprozesse erfasst. Wertedebatten und Grundsatzdiskussionen über das richtige Verhältnis von Gemeinschaft zu Gesellschaft sollten an diese Forschungen anschlussfähig sein. Der hier gewählte Zugang zum Thema Gemeinschaft beruht jedoch auch auf Offenheit und Wertschätzung für das Partikulare, für das Einzigartige jeder Gemeinschaft und für alternative Lebensweisen und -einstellungen, welche ihre gesellschaftlichen Bedingungen kritisch, teilweise fundamentalkritisch reflektieren. Das Forschungsfeld, das diese Offenheit repräsentiert, umfasst verschiedene gemeinschaftliche Lebensformen, zu denen Kibbutzim und Cohousing-Projekte, aber auch Ökodörfer, genossenschaftliche Lebens- und Arbeitsformen, „,Sternendörfer', ‚Überlebensinseln', ‚Mother Earth Land', ‚Lebensgärten', ‚christliche Gemeinschaftshöfe'" (Bennholdt-Thomsen, Mies 1997: 118f) und andere mehr gehören.

Zum Begriff „Intentionale Gemeinschaft"

„Intentionale Gemeinschaft" ist der gängige Begriff, der dieses Feld überschreibt. Er wurde 1948 auf einer regionalen Konferenz von communities im Osten der USA als Sammelkategorie „Intentional Community" eingeführt. Wie weiter unten gezeigt wird, treten diese Gemeinschaften mit verschiedenen Intentionen hinsichtlich der eigenen Lebensweise sowie der Modellgebung für gesellschaftliches Leben auf. Für die soziologische Verwendung des Begriffs gilt es zu klären, ob er das Potential hat zu einer, im Sinne eines Idealtyps heuristisch und analytisch wirksamen Kategorie zu werden. Um diesem Potential nachzuspüren, bedarf es der Besprechung einer Irritation, welche die Verknüpfung von „Intentional" und „Gemeinschaft" mit sich bringt. Diese Kombination ist nämlich aus der Sicht der klassischen Soziologie auf reizvolle Weise sperrig, sofern beide Teile jeweils in einem engen Sinn aufgefasst werden. Ausgehend von Tönnies' Willenslehre ist Gemeinschaft als dasjenige aufzufassen, was Menschen „im Keime" zu Eigen, aber nicht planbar ist. Intentionalität hingegen verweist auf zielgerichtetes Handeln, auf die planbare und planmäßig Umsetzung von Zwecken, mithin auf „Kürwille" und letztlich - „Gesellschaft". Eine gemeinschaftliche Bindung, oder wie Tönnies es ausdrücken würde, eine mit Wesenwillen um ihrer Selbst willen bejahte Bindung ist entweder in der Vergangenheit gewachsen, oder sie ist nicht. Gemeinschaft kann nicht „intendiert" sein, sofern dies „kürwillenhaft" auf die Zukunft gerichtete Kalkulation meint. Jede Gemeinschaft erklärt sich aus Vergangenem. Der intentionalen Willkür zur Disposition stehen lediglich „gesellschaftliche" oder definierten Zwecken dienliche Beziehungen (vgl. Tönnies 1963: 88 §3). Gemeinschaft zu intendieren ist vor diesem Hintergrund nicht möglich.

Aus Tönnies' abstrakter Unterscheidung von Gemeinschaft und Gesellschaft und besonders aus seiner Konzeption gleichberechtigter Willenssphären (vgl. Bickel 1990/1991) lassen sich aber auch Schlüsse ziehen, welche die Idee „Intentionaler Gemeinschaften" unterstützen. Erstens sind und bleiben gesellschaftliche Verhältnisse gestaltbar. Zweitens bleiben gemeinschaftliche Bindungen für die Menschen stets ebenso wesentlich wie gesellschaftliche. Aus beidem folgt drittens, dass eine rationale Gesellschaftsgestaltung gemeinschaftliche Bindungen nicht zurückdrängt, sondern ihnen Raum gibt. Viertens ist nicht letztgültig bestimmbar, wie eine Gemeinschaft aussieht.

Eine weitere Unschärfe des Gemeinschaftsbegriffs betrifft die Voraussetzungen gemeinschaftlicher Beziehungen und damit den prozessualen Charakter Sozialer Gemeinschaften. Dies kann an einem Beispiel dargestellt werden. Der Eurotopia-Redaktion folgend, demonstrieren Mitglieder intentionaler Gemeinschaften ihr Selbstempfinden als Gemeinschaft, indem sie Weltanschauungen, aber auch Besitztümer, Geld, Betriebe, Selbsthilfe und weiteres miteinander teilen (vgl. Eurotopia-Redaktion 2000: 7). Beim Wort genommen heißt das, die Gemeinschaft ist der intentionalen Gestaltung des Gemeinschaftsprojekts vorgängig. Parallel wird aber auch die Auffassung vertreten, Projektmitglieder hätten vor der Gründung und Gestaltung einer intentionalen Gemeinschaft miteinander nichts gemein. Was den Gemeinschaftsbegriff in diesem Gebrauch unscharf macht, ist die fehlende Aufklärung darüber, wie Gemeinschaft entstehen kann.

Dies wird deutlich, wenn man sich vor Augen führt, dass Weltanschauungen keine Güter sind, die nur infolge eines Beschlusses miteinander geteilt werden können. Dass vorgängige Übereinstimmung eine Voraussetzung für Vergemeinschaftung ist, mag für die Beteiligten selbstverständlich erscheinen. Soziologische Klassiker haben jedoch dieser Vorgängigkeit nachgespürt und damit eine Grundlage für die Wahrnehmung von Vergemeinschaftung als Prozess gelegt.

Von Tönnies her gedacht ist die intentionale Gestaltung eines gemeinsamen Lebensortes Bedingung der Möglichkeit einer „Gemeinschaft des Ortes", die im Zuge gemeinsamer Alltagsorganisation und durch Gewöhnung entsteht. Voraussetzung für das Wachsen von Freundschaft bzw. „Gemeinschaft des Geistes", z.B. in Intentionaler Gemeinschaft, ist für Tönnies eine vorgängige Ähnlichkeit individueller Erfahrungen und Weltsichten (vgl. Tönnies 1963). Das heißt, dass eine Intentionale Gemeinschaft eine Gruppe von Menschen mit ohnehin ähnlichen Weltsichten ist. Diese Übereinstimmung kann in der konkreten Gruppe präzisiert und gemeinsam weiterentwickelt werden.

Karl Mannheims (1928) begriffliches Kontinuum von der „Generationenlagerung" über den „Generationenzusammenhang" und die „Generationeneinheiten" bis hin zur Bildung konkreter Gruppen kann genau in diesem Sinne auf Prozesse sozialer Verdichtung angewandt werden. Während die Lagerung lediglich die Option gemeinschaftlicher Bindungen prinzipiell offen hält, ist die konkrete Gruppe eine Verbindung, in der „Individuen in vitaler Nähe sich treffen, sich seelisch-gegenseitig steigern und in dieser Lebensgemeinschaft die (...) Grundintentionen sich herausstellen" (ebenda: 50). Mannheim ist durch bündische Jugendvereinigungen inspiriert, trifft aber in der Allgemeinheit seines Entwurfes alle Intentionalen Gemeinschaften deren Wert- und Zielsetzungen nicht nur selbstreferentiell sind. Konkrete Gruppen, welche Intentionale Gemeinschaften ins Leben rufen, sind also Ergebnis eines Prozesses, genauso wie sie wiederum Voraussetzung für die Entstehung von Leitideen sind, welche ihrerseits Geltung für die weitere Entwicklung der Gemeinschaft beanspruchen.

Die Besonderheit gegenüber Tönnies' allgemeiner Konzeption der Gemeinschaft (vgl. Drucks i.d.B.) liegt dann offenbar darin, dass der soziale Verdichtungsprozess mit der Projektgründung einen markanten Höhepunkt erfährt, von dem aus er gut nachvollziehbar, und für die Forschung besonders leicht zugänglich ist. Von diesem Punkt aus schaffen sich die Beteiligten gemeinsam neue Möglichkeiten zur Gestaltung ihres privaten und gesellschaftlichen Lebens. In diesem Sinne beschreiben Donath und Forthman (1999) Gemeinschaftsprojekte nicht als Demonstration empfundener Gemeinschaft, sondern als gemeinschaftliche Umsetzung individueller Lebensvorstellungen. Und diese ist eine gute *Grundlage* für die Entstehung im engen Sinn gemeinschaftlicher Bindungen, deren Motivationen Tönnies mit Gefallen, Gewohnheit und Gedächtnis (Tönnies 1963: 93 §6ff) benennt.

2. Tragik und Reiz der Gemeinschaft in der Moderne

Alles in allem liegt der Reiz der Intentionalen Gemeinschaft in der Spannung zwischen einem den Menschen „in die Wiege gelegt(en)" (Strob 1999: 98) Willen zur Gemeinschaft und einer gesellschaftlichen Dynamik, welche daraufhin mindestens ambivalent ist. Auszuschließen ist ein historischer Rückschritt hinter die Chance zum freien Kontraktschluss als Gleichberechtigte. Diese ist Grundlage der Bildung Intentionaler Gemeinschaften. Individualisierung ist somit nicht per se negativ zu begreifen, sondern beinhaltet auch neue Freiheiten, die die Entwicklung neuer gemeinschaftlicher Beziehungen ermöglichen. Der „tragische" (vgl. Rehberg 1993) Verlust an Gemeinschaft muss ausgehalten werden und er bedarf als Befund der empirisch-historischer (vgl. Joas i.d.B) und theoretischer Präzisierung. Für die gesellschaftliche Praxis gilt es, auf Tendenzen zu reagieren, die Ungleichheit, Ungerechtigkeit sowie Unsicherheit individueller und kollektiver Existenzen produzieren, damit das Eigenrecht gemeinschaftlicher Bindungen nicht untergraben wird. Vielleicht sind intentionale Gemeinschaften adäquater als Teil der Moderne aufzufassen, denn als ihr Gegenmodell. Sie sind aber dennoch eine Gegenkraft zur „Kolonisation der Lebenswelt" (Habermas 1987), zu gnadenlosen Mobilitäts- und Flexibilitätsforderungen und zur Individualisierung gesellschaftlicher Risiken (Beck 1986). Hier gestalten Menschen in gemeinsamer Selbstorganisation Lösungen für drängende Probleme moderner Lebensführung. Hier werden Experimente gewagt, welche weder in Modernisierungstheorien, noch in amtlichen Statistiken erscheinen und die daher umso mehr Aufmerksamkeit verdienen.

3. Daten zu Intentionalen Gemeinschaft

Wie viele intentionale Gemeinschaften derzeit weltweit existieren lässt sich nur schwer fassen. Die folgenden Schätzungen können jedoch einen Eindruck vermitteln. So führt Ralf Gehring aktuell 208 Netzwerke und Dachorganisationen, in denen insgesamt 3782 Gemeinschaften zusammengeschlossen sind in seinem Verzeichnis. Aus diesen Zahlen schließt er auf 367.000 Mitglieder intentionaler Gemeinschaften weltweit (vgl. Gering 2005). Andere Schätzungen gehen von bis zu 25.000 intentionalen Gemeinschaften aus (vgl. Nolte 2001: 34). Grundlage solcher Schätzungen sind hauptsächlich regionale Gemeinschaftsverzeichnisse (z.B. FIC 2000; Eurotopia-Redaktion 2000), Mitgliedsverzeichnisse von

Dachverbänden und Gemeinschaftsnetzwerken, sowie Selbstdarstellungen intentionaler Gemeinschaften im Internet.

Die große Varianz der Schätzungen lässt sich durch verschiedene Probleme der Erfassung intentionaler Gemeinschaften begründen. Zum einen gibt es keine letztgültige Entscheidung darüber, welche Gemeinschaftstypen zu den Intentionalen Gemeinschaften gezählt werden. Die entscheidenden Anhaltspunkte bei der Einteilung sind die Selbstzuschreibung der Gemeinschaften, die Vernetzung in Dachorganisationen intentionaler Gemeinschaften und die Einschätzung von Experten. So erfasst der Gemeinschaftsforscher Ralf Gehring nur Gemeinschaften mit mehr als 100 Mitgliedern. Man kann davon ausgehen, dass dadurch eine Vielzahl von Gemeinschaften übergangen wird.[2] Aber auch komplette Gemeinschaftstypen, wie z. B. die indischen Ashrams oder die Kibbutzim in Israel werden in Gerings Auflistungen nicht geführt. Verzeichnisse intentionaler Gemeinschaftsnetzwerke nennen solche Gemeinschaften aber sehr wohl (vgl. FIC 2000). Des Weiteren ist davon auszugehen, dass viele Gemeinschaften in keiner der angegebene Quellen verzeichnet sind und so auch nicht systematisch erfasst werden können.

Schon die bekannten Gemeinschaften unterscheiden sich stark hinsichtlich ihrer Informationsangebote und Kontaktmöglichkeiten. Während einige Gemeinschaften offensive Öffentlichkeitsarbeit betreiben, Besuchern vielfältige Möglichkeiten bieten, die Gemeinschaft kennen zu lernen und von Medien und Wissenschaft intensiv wahrgenommen werden, schotten sich andere Gemeinschaften von ihrer Umwelt ab und machen Besuche oder gar längere Aufenthalte kaum möglich.

Eine weitere strukturelle Grenze der vollständigen Erhebungen ist die hohe Fluktuation der Gemeinschaftsprojekte. Von den insgesamt 333 europäischen Gemeinschaften, die im Eurotopia-Verzeichnis aus dem Jahr 2000 aufgeführt sind, war lediglich die Hälfte auch schon in der vorherigen Ausgabe von 1998 aufgeführt. Das gleiche Bild zeigt sich beim Vergleich der neusten Ausgabe des Verzeichnisses von 2004 mit jener von 2000.[3] Der Gesamtüberblick deutet darauf hin, dass viele Gemeinschaftsprojekte ihre Gründungsphase nicht lange überstehen und sich auflösen, bevor sie Stabilität erreichen.

---

[2] Über 80% der Gemeinschaftsprojekte, die das Eurotopia-Verzeichnis von 2000 für die BRD aufführt, haben weniger als 50 Mitglieder (vgl. Kunze 2003: 41).
[3] Auch die im Eurotopia erfasste Entwicklung von Gemeinschaftsgründungen in der BRD lässt eine hohe Fluktuation und eine häufig nur kurze Lebensdauer der Projekte vermuten. Etwa 70% der verzeichneten Projekte wurden erst nach 1990 gegründet.

Soll der Blick nicht nur auf die augenblickliche Situation intentionaler Gemeinschaften sondern auch auf die Vergangenheit gerichtet werden, wird die Datengrundlage dünner. Da Netzwerke und Verzeichnisse erst in den letzten 20 Jahren entstanden sind, sind weiter zurückreichende Informationen nur über Gemeinschaften mit einer langen Tradition oder über Projekte, die große Aufmerksamkeit erregt haben, z.b. *Damanhur* in Italien, *Auroville* in Indien oder *Oneida* in den USA, erhältlich. Aussagen über Trends lassen sich mit absoluten Zahlen also nur schwer belegen. Lediglich die Vielzahl neuer Formen intentionaler Gemeinschaften, wie Ökodörfer, Ökosiedlungen und Co-housing Projekte, die sich in den letzten Jahren entwickelt haben, können ein Indiz für eine lebhafte Entwicklung sein.

Geographische Schwerpunkte der Gemeinschaftsbildung, Gemeinschaftsvernetzung und Gemeinschaftsforschung liegen in den USA und in Israel. Hier genießen intentionale Gemeinschaften und anknüpfende Themen eine höhere Aufmerksamkeit, die sich aus der historischen Bedeutung spezifischer Gemeinschaftstypen für die Regionen erklären lässt. In Israel handelt es sich dabei um die Kibbutz-Bewegung (vgl. Near 2003: 731 ff), in den USA um religiöse Gemeinschaften, die auf vielfältige Weise die Gründung und Geschichte der beiden Staaten geprägt haben (vgl. Daniels 2003: 1123f.). Unter dem Label „communal studies" hat sich diese Forschung institutionalisiert und mittlerweile auch intentionale Gemeinschaften in anderen Regionen in ihr Untersuchungsfeld einbezogen.[4]

4. Eine Befragung sozialer Gemeinschaften in Deutschland

Um einen Überblick über soziale Gemeinschaften in der BRD, ihre Visionen, ihren Alltag, ihre Lebensweise und ihre Organisation zu bekommen, wurde am Institut für Soziologie der Universität Münster im Sommer 2003 eine erste, explorative Befragung "sozialer Gemeinschaften" durchgeführt[5]. Unter der Leitung von Prof. Dr. Matthias Grundmann wurde auf der Grundlage historischer und kulturvergleichender Befunde zur Gemeinschaftsbildung ein Fragebogen entwickelt, der sich in vier Themenbereiche gliedert.
Im ersten Block werden allgemeine Informationen über die Gemeinschaft erhoben. Hierzu gehören die siedlungsgeographische Lage der Gemeinschaft, ihr Alter, die Leitideen und ihre Vernetzung. Aber auch Wohn-, Besitz- und Rechts-

---

[4] Die „Communal Studies Association" in den USA (http://www.ic.org/csa/) und die „International Communal Studies Association" in Israel (http://www.ic.org/icsa/) sind die wichtigsten Netzwerke der "communal studies".
[5] Material zu dieser Studie ist zu finden auf der Seite URL: http://www.uni-muenster.de/Sozialisationsforschung, unter der Rubrik „Gemeinschaftsforschung".

verhältnisse, Modi der Entscheidungsfindung, der Finanzierung, der internen
Ökonomie und Organisation sowie Aufnahmeregelungen werden abgefragt.

Der zweite Themenbereich fragt nach Momenten der Alltagsorganisation. Dazu
gehören die Bedeutung von Satzungen und Grundsatzpapieren für konkrete Fragen und Entscheidungen, Kommunikationsstrukturen, gemeinschaftlich koordi-
nierte Aufgaben sowie die Bereitstellung und Nutzung gemeinschaftlicher Güter.

Angaben zum sozialen Gemeinschaftsleben werden im dritten Teil erfasst. Hier
wird nach Aktivitäten, die der Stärkung des Gemeinschaftslebens dienen und
nach Wegen der Konfliktbearbeitung gefragt. Außerdem wird das Verhältnis
zwischen Gemeinschaft und Mitgliedern, der Kontakt zur Umwelt, die Häufig-
keit spezifischer Beziehungsformen zwischen den Mitgliedern sowie die über-
nommenen Fürsorgeaufgaben und die Bereitstellung von generationenspezifi-
schen Einrichtungen erhoben.

Der letzte Bereich der Befragung geht auf das Thema der Generationenbeziehungen ein. Zugrunde gelegt ist ein genealogische, pädagogische und auch his-
torisch-kulturelle Aspekte überspannender Generationenbegriff. Die Bedeutung
von Lebensphasen, aber auch der Mitgliedschaftsdauer für die Partizipation an
Vergemeinschaftungsprozessen soll erhellt werden. Gefragt wird nach dem Austausch zwischen definierten Generationeneinheiten, nach der Wahrnehmung von
Generationenunterschieden, nach Anlässen und Brisanz von Generationenkon-
flikten und nach durch die Gemeinschaft ermöglichten Entwicklungs-, Kontakt-
und Partizipationschancen für Kinder, Jugendliche und ältere Menschen.

Grundgesamtheit der Befragung sind soziale Gemeinschaften in der BRD, wozu
in dieser Studie intentionale Gemeinschaften und Klöster gezählt werden, die
mindestens zehn erwachsene Mitglieder[6] haben und ihr Zusammenleben unter
einem gemeinsamen Dach organisieren. Nach Recherchen im „Eurotopia- Verzeichnis europäischer Gemeinschaften und Ökodörfer" (Eurotopia-Redaktion
2000) sowie im Internet, wurden 317 Gemeinschaften und Klöster mit der Bitte
angeschrieben, den Fragebogen durch einen oder mehrere Stellvertreter ausfül-
len zu lassen. 67 Gemeinschaften und 46 Klöster sandten auswertbare Fragebö-
gen zurück, womit die Rücklaufquote bei knapp 36 Prozent lag.
Im Folgenden werden einige Ergebnisse der Befragung zu den Themen Wohnen,
Besitz, Ökonomie, Entscheidungsfindung, Gründungsmotive, Sozialbeziehungen
und Generationenverhältnisse vorgestellt. Insgesamt stellen sich Soziale Ge-

---

[6] Die erwachsenen Mitglieder sollten nicht lediglich aufgrund verwandtschaftlicher Beziehungen zueinander gefunden haben.

meinschaften in Bezug auf die Formen der Organisation und des sozialen Zusammenlebens als ein äußerst heterogenes Feld dar. Die Klöster wurden schon
als klar identifizierbare und recht homogene Gruppe in die Befragung aufgenommen und beantworteten dementsprechend viele Fragen vergleichsweise ein-
mütig.

I. Wohnen, Besitz und Ökonomie

Die befragten sozialen Gemeinschaften zeichnen sich durch selbst gestaltete Or-
ganisations- und Sozialstrukturen aus, die offensichtlich durch ein Konglomerat
von wertegeleiteten Intentionen, Voraussetzungen wie Mitgliederzahl und Engagement sowie von außen gegebenen gesellschaftskulturellen und politischen
Umständen geformt werden. Aus den Daten lassen sich folgende wesentliche
Strukturmerkmale herausfiltern.

- Die Wohnformen der Gemeinschaften weisen verschiedene Varianten und Grade räumlicher Nähe auf. Fast 96 Prozent aller Gemeinschaften teilen zumindest
ein gemeinsames Gelände. Mehr als die Hälfte der Klöster führen einen gemeinsamen Haushalt. Von den anderen Sozialen Gemeinschaften tun dies nur knapp
18 Prozent. Ebenso viele wohnen über ein Dorf oder eine Stadt verteilt. Somit
haben wir auch Gemeinschaften in der Grundgesamtheit, deren Wohnformen
nicht unseren Vorannahmen und Auswahlkriterien entsprechen, bzw. das Kriterium des gemeinsamen Daches ist großzügiger auszulegen, als es ursprünglich
gedacht war. Zu jeweils etwa einem Viertel bewohnen beide Gruppen ein gemeinsames Haus mit Gemeinschaftseinrichtungen.
- Eng mit der Wohnform hängt die Besitzregelung der Immobilen zusammen.
Bei über drei Vierteln der Klöster und nur der Hälfte der anderen Gemeinschaften befinden sich die Immobilien im Gemeinschaftsbesitz. Letztere haben in einigen Fällen sowohl Gemeinschaftsbesitz, als auch Individualbesitz. Die Mitglieder wohnen zum Teil zur Miete, zum anderen Teil ist der Wohnraum ihr Eigentum. Insgesamt überwiegt aber auch hier der gemeinschaftliche Immobilien-
besitz, der meist durch einen Verein getragen wird.
- Die meisten Gemeinschaften, auch die Klöster, verfügen über eine gängige
Form rechtlicher Verfasstheit, welche sie in der Gesellschaft juristisch legitimiert
und ihnen Handlungsfähigkeit als kollektive Akteure verschafft. Fast 46 Prozent
der Klöster sind als Verein organisiert und ein Drittel als Körperschaft öffentlichen Rechts. Bei den anderen Gemeinschaften ist der Verein mit 68,7 Prozent
ebenfalls die häufigste Rechtsform. Die Form der Genossenschaft wird von den
befragten Gemeinschaften fast gar nicht verwendet[7].

---

[7] Dieses Ergebnis könnte überraschen, da Gemeinschaftsprojekte nicht zuletzt den genossenschaftlichen Prinzipien „Kooperation" und „auf die Gemeinschaft gerichteter Bestrebungen"

- Zusätzlich zur Vereinssatzung oder anderen Satzungen die an die jeweilige
Rechtsform gebunden sind, verfassen viele Soziale Gemeinschaften Grundsatzpapiere, in denen sie ihre Leitideen und Zielsetzungen in einer nicht-juristischen,
ihrer Gemeinschaft jeweils entsprechenden Form fixieren. Satzungen und
Grundsatzpapiere werden für viele Bereiche des Alltagslebens, z.b. Entscheidungsfindung, Aufgabenverteilung, Konflikte und auch bei strukturellen Änderungen herangezogen. Für alle diese Bereiche, und auch für die Lebensführung
der Mitglieder, geben Klöster zu zwischen 40 und 50 Prozent, die anderen Gemeinschaften zwischen 50 und 60 Prozent, eine Relevanz der formalen Richtlinien an.

- Eine *gemeinsame Ökonomie*, die Finanzierung aller gemeinschaftlichen und
individuellen Ausgaben aus einer gemeinsamen, aus individuellen Einkünften
gefüllten Kasse, ist in den Klöstern die Regel. In vielen der anderen Sozialen
Gemeinschaften ist die Ökonomie erstaunlich wenig gemeinschaftlich. 26,8 Prozent dieser Gemeinschaften haben eine Einkommens-, davon genau die Hälfte
auch eine Vermögensgemeinschaft. Zu über 55 Prozent haben die Gemeinschaftsmitglieder hier eine „individuelle Kasse". Etwa die Hälfte dieser Gemeinschaften mit „individueller Kasse" differenziert die individuelle Kostenbeteili-
gung an den gemeinschaftlichen Einrichtungen nach sozialen Kriterien.

- Für den Fall einer gemeinsamen Ökonomie wurde die Regelung des Zugangs
der Mitglieder zum Geld erfragt. In den Klöstern wird das Geld überwiegend
nach Bedarf und in Absprache mit dem Finanzzuständigen, meist dem Abt/der
Äbtissin entnommen. In einigen Klöstern gibt es keinen individuellen Besitz und
es wird zentral eingekauft. In den anderen Sozialen Gemeinschaften werden etwa gleichhäufig verschiedene Formen praktiziert, die vom festem Taschengeld,
das teilweise durch Zuschüsse (z. B. Kinderzuschüsse) ergänzt wird, bis zur
selbstverantwortlichen Geldentnahme reichen.

II. Entscheidungsfindung

Institutionalisierte Wege der Entscheidungsfindung wurden durch Fragen nach
Entscheidungs*instanzen* sowie nach Entscheidungs*prinzipien* ermittelt.

Von den erfragten Instanzen werden stets mehrere genannt. Die insgesamt am
häufigsten genannten Instanzen sind jeweils für Klöster noch wichtiger als für

---

(Faust 1965: 9) folgen. Jedoch ist der Zusammenhang der internen sozialen Logik mit einer
bestimmten Rechtsverfassung nur vermittelt über den Kontext gesellschaftlicher Bedingungen
zu verstehen (vgl. dazu Drucks i.d.B.). Die hier vorgestellten Daten weisen die Vereinsform
als die am besten geeignete Form zur Organisation des Zusammenlebens und zur Erreichung
der Ziele Sozialer Gemeinschaften in diesem Kontext aus.

die anderen Gemeinschaften: das Plenum (Klöster: 76,1 Prozent/ andere: 53,7 Prozent) und die Gruppe der jeweils Zuständigen (63 Prozent/ 44,8 Prozent). Am wenigsten wurde die offizielle Vereins- oder Genossenschaftsversammlung (Klöster: 6,5 Prozent/ andere: 17,9 Prozent) genannt.

In fast 70 Prozent der Klöster, hingegen nur bei neun Prozent der restlichen Gemeinschaften werden Entscheidungen unter anderem von einem „Chef" getroffen. Der „Chef" der Klöster ist meistens ein gewählter Chef.

Auch bei den Entscheidungsprinzipien gibt es durchweg Mehrfachnennungen. Die Hälfte der Klöster und fast drei Viertel der anderen Gemeinschaften geben Konsens als Entscheidungsprinzip an.[8] Viel häufiger als in den anderen Gemeinschaften (31,3 Prozent) wird in Klöstern (84,8 Prozent) nach dem Mehrheitsprinzip entschieden. Auch hierarchische Entscheidungsprozesse gibt es in Klöstern (52,2 Prozent) häufiger als in anderen Gemeinschaften (17,9 Prozent).

III. Gründungsmotive

Über eine sechsstufige Skala (von null: überhaupt nicht wichtig bis 5: sehr wichtig) wurde die Wichtigkeit verschiedener Kategorien von Gründungsmotiven für die Gemeinschaften erfragt. Die einzelnen Kategorien sind recht allgemein gehalten: politische Motive, soziale Motive, wirtschaftliche Motive, ökologische Lebensführung, Suche nach neuen sozialen Lebensformen, Ideologie eines Gründers oder Leben nach einer Lehre/Vision, Abspaltung von einer größeren Gruppe, Spiritualität und religiöse Gründe. Entsprechend dieser groben und interpretierbaren Unterteilung sind die Ergebnisse mit Vorsicht zu interpretieren. Man darf nicht vergessen, dass die Gründung der Klöster und gar der Orden (oft wurde das Datum der Ordensgründung angegeben) meist viel weiter zurück liegt als die Gründung der anderen Gemeinschaften. Die Fragebogen-Ausfüller können sich mit ‚ursprünglichen' sozialen und politischen Zielen nicht unbedingt identifizieren. Zudem werden z.B. explizit ökologische Ziele erst seit relativ kurzer Zeit formuliert.

Die Bedeutung der Kategorie „Ideologie eines Gründers oder Leben nach einer Lehre/Vision" wurde von Klöstern als wichtiger eingestuft als von anderen Gemeinschaften. Bei einem Blick auf die offene Frage nach der Konkretisierung

---

[8] Aus Veröffentlichungen von Gemeinschaften ist bekannt, dass das Konsensprinzip die Umsetzung einer Entscheidung erst erlaubt, wenn diese von allen Mitgliedern getragen wird. Dies wird in verschiedenen Varianten praktiziert um Blockaden zu verhindern und um Entscheidungsverfahren sachlich und effektiv zu gestalten (vgl. dazu auch die Beiträge von Thomas Dierschke i.d.B.).

der Motive relativiert sich dieser Unterschied jedoch. Während Klöster sich auf ihre Schutzpatrone beriefen, nannten andere soziale Gemeinschaften verschiedenste Paradigmen und Paten. Auch religiöse, politische, wirtschaftliche und soziale Motive werden in vielen Variationen genannt. Insgesamt haben die Gemeinschaften einzelne Favoriten unter den vorgegebenen Gründungsmotiven, verfolgen aber offensichtlich multi-intentionale Ansätze. Auffällig ist, dass religiöse und spirituelle Motive in hohem Masse parallel angekreuzt werden. Dies gilt insbesondere für Klöster, welche beide Kategorien meist mit 5 und überhaupt nicht unter 3 bewerteten. Die anderen Sozialen Gemeinschaften bezeichneten zu ca. 28 Prozent religiöse und spirituelle Motive als sehr wichtig. Von den 35,8 Prozent, für die religiöse Motive gänzlich bedeutungslos sind, gestehen gut ein Drittel spirituellen Motiven zumindest etwas Bedeutung zu.

Deutlich häufiger als Klöster gaben die anderen Gemeinschaften soziale Motive und die Suche nach neuen Lebensformen als bedeutsam an. Beide Kategorien wurden von 64 Prozent der anderen Gemeinschaften mit vier oder fünf bewertet. Wirtschaftliche Ziele werden insgesamt als wenig wichtig eingestuft. Dies ist interessant, da 82,6 Prozent der Klöster gemeinsame Ökonomie praktizieren und die Organisation der ökonomischen Beziehungen, wie aus den folgenden Aufsätzen hervorgeht, ein zentrales Thema intentionaler Gemeinschaften ist. Möglichweise wurden „wirtschaftliche Motive" im verengten Sinne als Profitstreben interpretiert. Das Ziel der ökologischen Lebensführung wird von über 50 Prozent der Klöster als unwichtig und nur von einem einzigen als wichtig eingestuft. 46 Prozent der anderen Gemeinschaften geben dieses Ziel die höchste oder zweithöchste Bedeutungsstufe auf der Messskala. Es ist dabei nicht zu übersehen, dass die genauer angegebenen Ansätze ökologischer Lebensführung Überschneidungen mit klösterlichem Leben aufzeigen. Dies gilt insbesondere für die Motive „maßhaltende Lebensführung" oder „Selbstversorgung".

III. Sozialbeziehungen und Generationenverhältnisse[9]

Als Aktivitäten, die explizit der Stärkung der Gemeinschaft dienen, werden Ausflüge, Gottesdienste, Feste, Gebete, Plena, Retreat, gemeinsames Essen und auch gemeinsame Arbeit genannt. Der als überwiegend gut bis sehr gut eingeschätzte Austausch mit der sozialen Umwelt zeigt sich in gegenseitigen Einladungen zu Feiern und Gottesdiensten, in gemeinsamen politischen und sozialem

---

[9] Diese Bereiche sind in der Darstellung der Befragungsergebnisse hier deutlich unterrepräsentiert, gemessen am Umfang, den sie im Fragebogen einnehmen, vor allem aber gemessen am oben angesprochenen Vorhaben, Gemeinschaften vor allem aus sozialen Bezügen heraus darstellen zu wollen. Zur Forschungs-Konzeptionalisierung entlang von Generationenbeziehungen betreffenden Aspekten siehe den Beitrag von Drucks (i.d.B.).

Engagement und noch häufiger in der Freizeitgestaltung und privaten Kontakten.

Gemeinsame Ideen zum Beziehungsleben tendieren in sozialen Gemeinschaften zu „alternativer" Beziehungsgestaltung. Gleichzeitig gehören feste Partnerschaften zu den am häufigsten gelebten Bindungsformen. Die ideelle Relativierung „traditionell" normierter Lebensführung entspricht also nicht unbedingt gänzlich den gelebten Beziehungsmustern.

Fürsorgeeinrichtungen sind in den Gemeinschaften recht wenig vorhanden, und selten werden externe Betreuer für Kleinkinder, gebrechliche und behinderte Mensche zugezogen. Die Antworten auf die offene Frage nach den Möglichkeiten älterer Menschen, sich in das Gemeinschaftsleben einzubringen, zeigten zwei Schwerpunkte: Zum einen die Mitwirkung, soweit und solange es geht und zum anderen das Einbringen der Vorzüge des Alters, insbesondere der Lebenserfahrung.

Generationen wurden für die Erhebung als Gruppen definiert, die sich außer durch Altersstufen auch durch die Mitgliedschaftsdauer unterscheiden können. Eine Bedeutung von Generationsunterschieden bei Konflikten und der Aufteilung von Positionen und Aufgaben wird eher bejaht, hinsichtlich der Aufteilung von Rechten und Pflichten jedoch eher verneint. Über 88 Prozent der Gemeinschaften nehmen Generationsunterschiede als Bereicherung wahr.

Generationenkonflikte, ob solche um Ressourcen- und Aufgabenverteilung, um Positionen, Mitbestimmung oder um Lebensstilfragen werden zu 80- 95 Prozent als irrelevant oder meistens lösbar, keinesfalls als den Zusammenhalt gefährdend wahrgenommen. Konflikte einzelner Mitglieder mit der Gemeinschaft werden vor allem intern verhandelt und informell abgefedert. In jeweils zwei Dritteln der Fälle, wendet man sich im Konfliktfall an Freunde oder an den Vorstand bzw. die Leitung. Es folgt das Plenum, welches in Klöstern (26,1 Prozent) nur halb so oft Anlaufstelle ist wie in den übrigen Gemeinschaften (53,7 Prozent). Dachverbände oder Mediatoren werden kaum in die Konfliktlösung eingeschaltet.

Der Gesamteindruck hinsichtlich Einbindung, Entfaltungs- und Partizipationsmöglichkeiten von Kindern ist von Kinderfreundlichkeit bestimmt. Kinder können sich recht selbständig in den Gemeinschaften bewegen, oft in den Arbeitsbereichen Aufmerksamkeit beanspruchen, sie selbst betreffende Entscheidungen beeinflussen und durch das Gemeinschaftsleben leichter Freunde finden.

5. Weitere Datenquellen der Erforschung intentionaler Gemeinschaften

Neben Informationen, die durch eigene Forschungsarbeiten erhoben werden, wie z. B. die eben dargestellte Befragung „soziale Gemeinschaften", kann bei der Erforschung intentionaler Gemeinschaften noch auf eine Fülle weiterer Informationsquellen zurückgegriffen werden, Selbstdarstellungen, Publikationen von Dachverbänden und Netzwerken, Ratgeberliteratur und Medienberichte. Auch wissenschaftliche Literatur wird einbezogen, wobei oft weniger die Kontinuität wissenschaftlicher Diskurse als vielmehr der Rückgriff auf ausgewählte Ergebnisse im Vordergrund steht. (Metcalf 2004; Metcalf/Blömer 2001)

Um die Qualität dieser Quellen, die auch in den folgenden Beiträgen verwendet werden, richtig einschätzen zu können, werden sie hier kurz und kritisch dargestellt. Bei den Selbstdarstellungen einzelner intentionaler Gemeinschaften kann es sich um Broschüren, Bücher, Internetseiten, Jahresprogramme und Filme handeln. Die Menge des verfügbaren Materials unterscheidet sich von Gemeinschaft zu Gemeinschaft sehr stark. Publikationen von Dachverbänden und Netzwerken fokussieren die jeweiligen Mitglieder, deren Ziele und Probleme. Der thematische Fokus liegt neben dem Leben in Gemeinschaft auf der jeweiligen Programmatik des Netzwerks. So stehen im Umfeld des GEN (Global Ecovillage Network) Fragen der ökologischen Lebensführung im Zentrum des Interesses. Neben diesen Quellen von mit Gemeinschaftsprojekten direkt kooperierenden Autoren existieren viele Bücher, die sich mit unterschiedlichen, für die Lebenspraxis intentionaler Gemeinschaften relevanten Themen beschäftigen. Das Themenspektrum reicht dabei von Landwirtschaft und Gartenbau über Entscheidungsfindung bis hin zu Frauen und Gemeinschaft (vgl. FIC 2000: 403). Die Autoren dieser „Ratgeberliteratur" sind in vielen Fällen Mitglieder intentionaler Gemeinschaften oder verfügen über langjährige Gemeinschaftserfahrungen[10]. Auch wenn diese Publikationen teilweise wissenschaftlichen Anspruch haben, zeichnen sie sich häufig durch normative Argumentationen aus. Des Weiteren erscheinen immer wieder Berichte über intentionale Gemeinschaften in Presse, Radio und TV[11], die aufgrund ihrer externen Berichterstattung, eine gute und wichtige Ergänzung zu den Informationen sind, die von oder aus intentionalen Gemeinschaften veröffentlicht werden. Denn für eine wissenschaftliche Untersuchung ist nicht nur von Bedeutung, dass intentionale Gemeinschaften nie komplett erfasst werden können, sondern gleichfalls das Bewusstsein darüber, dass

---

[10] Ein Beispiel dafür ist Bill Metcalfs Monografie über die Findhorn-Community (Metcalf 2004).
[11] Zwei Beispiele sind die Fernsehdokumentationen „Die Siedler", über die Klein-Jasedow-Gemeinschaft und „Leben unter Palmen" über das Ökodorf sieben Linden, die beide im deutschen Fernsehen ausgestrahlt wurden.

Informationen, die von intentionalen Gemeinschaften verbreitet werden, auch den Zweck einer positiven Selbstdarstellung haben. Intentionale Gemeinschaften machen über die Verbreitung von Informationen auch Werbung für sich und versuchen darüber neue Mitglieder zu gewinnen, finanzielle Förderungen zu erhalten, zahlende Gäste zu erreichen oder ihre spezifischen Ziele positiv darzustellen. Diese Anliegen sind unbedingt sinnvoll und legitim, müssen jedoch im Zuge einer wissenschaftlichen Untersuchung beachtet werden, um nicht Selbstdarstellungen unkritisch zu adaptieren. Die Entwicklung eigener Fragestellungen auf der Grundlage genauer Auswertung wissenschaftlicher Literatur ist genauso notwendig wie eine Ergänzung von Datengrundlagen durch eigene wissenschaftliche Erhebungen. Dabei ist Methodenpluralismus gefordert, um durch Innen- und Außenperspektiven möglichst differenzierte Einblicke zu gewinnen, die nicht durch auf- oder abwertende Vorannahmen oder normative Setzungen eingeschränkt werden. Die weiter oben dargestellte Fragebogenstudie ist eine Möglichkeit, Informationen über das Selbstbild von Gemeinschaften und vorhandene Strukturmerkmale zu erhalten. Um diese Daten einer weitergehenden Analyse unterziehen zu können, wird die Erfassung der Innenperspektive durch Methoden der Feldforschung wie teilnehmende Beobachtung und narrative Interviews wichtig. Gerade solche Methoden werden dem komplexen sozialen Netz intentionaler Gemeinschaft gerecht, da sie nicht fokussierte Erzählungen generieren, sondern die Handlungen an sich zu ihrem Gegenstand machen. Dies ist besonders in der Phase der Annäherung an ein Untersuchungsfeld sehr hilfreich, da die spezifischen, von den Gemeinschaftsmitgliedern geschaffenen Bedeutungsmuster, die solche Untersuchungen zu Tage fördert, die Interpretation weiterer Daten erleichtern.

Das persönliche Erfahren des Lebens in intentionalen Gemeinschaften, ob im Zuge einer teilnehmenden Beobachtung oder eines kurzen Besuchs, kann wegen der Andersartigkeit dieses Lebensfeldes fast schon als notwendige, wenn auch nicht hinreichende Vorraussetzung für die wissenschaftliche Untersuchung intentionaler Gemeinschaften gelten.[12]

Die folgenden Beiträge nutzen verschiedene der eben dargestellten Quellen und Methoden in Bezug auf ihre Fragestellung, die sich entweder auf intentionale Gemeinschaften als Typus sozialer Formation, spezifische intentionale Gemeinschaften oder die Mitglieder einer intentionalen Gemeinschaft richtet.

---

[12] Ein Leitfaden, von Gemeinschaftsmitgliedern, der die Erwartung an ein angemessenes Verhalten von Besuchern in intentionalen Gemeinschaften klar formuliert, findet sich im Communities Directory des FIC (vgl. Kozeny 2000).

Der Beitrag von Gisela Notz schildert und diskutiert mittels Dokumentenanalyse, narrativer Interviews und ero-epischer Gespräche die Umsetzung politischer Ideale ins Alltagsleben in einigen Kommunen.

Stephan Drucks sucht aus den von der Kibbutzforschung gefundenen Aspekten intergenerationalen Zusammenlebens forschungsleitende Fragen an verschiedene intentionale Gemeinschaften herauszuarbeiten, indem er ein für solche Gemeinschaftstypen spezifisches „Problem der Generationen" umreißt und mögliche Dispositionen für besondere Ambivalenzen beleuchtet.

Die von Karl-Heinz Simon durchgeführte Studie in drei Gemeinschaften untersucht die Vorteile ökologisch-nachhaltiger Praktiken von gemeinschaftlichen Wohn- und Alltagsstrukturen anhand von sozialen Nachhaltigkeitsindikatoren und dem Messen von Ressourcenverbräuchen.

Iris Kunze untersucht mittels qualitativer Einzelfallanalysen die Umsetzungswege zweier intentionaler Gemeinschaften mit basisdemokratischen und ökologischen Zielen.

Literatur

Beck, Ulrich (1986): Risikogesellschaft. Auf dem Weg in eine andere Moderne. Frankfurt/M.

Benholt-Thomsen, Veronika/ Maria Mies (1997): Eine Kuh für Hillary. Die Subsistenzperspektive. München.

Bickel, Cornelius (1990): ‚Gemeinschaft' als kritischer Begriff bei Tönnies. In: Schlüter, Carsten (Hg.): Renaissance der Gemeinschaft? Stabile Theorie und neue Theoreme. Berlin, S. 19-46.

Bickel, Cornelius (1991): Ferdinand Tönnies: Soziologie als skeptische Aufklärung zwischen Historismus und Rationalismus. Opladen.

Brumlik, Micha/ Hauke Brunkhorst (Hg.) (1993): Gemeinschaft und Gerechtigkeit. Frankfurt/M.

Christensen, Karen/ David Levinson (Hg.) (2003): Encyclopedia of Community. From the village to the virtual world. Thousand Oaks.

Daniels, Bruce C. (2003): Puritans. In: Christensen, Karen/ David Levinson (Hg.): Encyclopedia of Community. From the village to the virtual world. Thousand Oaks, S.1122-1125.

Donath, Matthias/ Silke Fortmann (1999): Zukunft durch Gemeinschaft. Mit Gemeinschaftsprojekten in einer zukunftsfähige Gesellschaft. URL: http://www.prometheusonline.de/heureka/nachhaltigkeit/monografien

Etzioni, Amitai (1975): Die Aktive Gesellschaft. Opladen.

Etzioni, Amitai (1995): Die Verantwortungsgesellschaft. Individualismus und Moral in der heutigen Demokratie. Frankfurt/M./New York.

Etzioni, Amitai (1998): Die Entdeckung des Gemeinwesens. Das Programm des Kommunitarismus. Frankfurt/M.

Etzioni, Amitai (2005): The good society. URL: http://www.gwu.edu/~ccps/etzioni/A296.pdf. 04.10.2004

Eurotopia-Redaktion (Hg.) (2000): Eurotopia. Verzeichnis europäischer Gemeinschaften und Ökodörfer. Ökodorf Sieben Linden. Poppau.

Faust, Helmut (1965): Geschichte der Genossenschaftsbewegung. Ursprung und Weg der Genossenschaften im deutschen Sprachraum. Frankfurt/M.

FIC (Fellowship for Intentional Communities) (Hg.) (2000): Communities Directory. A guide to Intentional Communities and Cooperative Living. Rutlege.

Gering, Ralf (2000): The world Communal Scene. The Number of Communal Groups in the World. URL: http://www.communa.org.il/world.htm#number 15.12.04

Habermas, Jürgen (1987): Theorie des kommunikativen Handelns. Bd. 2. Frankfurt/M.

Honneth, Axel (Hg.) (1994): Kommunitarismus. Eine Debatte über die moralischen Grundlagen moderner Gesellschaften. Frankfurt/M./New York.

Honneth, Axel (1993): Posttraditionale Gemeinschaften. Ein konzeptioneller Vorschlag. In: Brumlik, Micha/ Hauke Brunkhorst (Hg): Gemeinschaft und Gerechtigkeit. Frankfurt/M., S. 260-272.

Kozeny, Geoph (2000): Red Carpets and Slammed Doors. In: FIC (Fellowship for Intentional Communities) (Hg.): Communities Directory. A guide to Intentional Communities and Cooperative Living. Rutlege, S. 35-40.

Kunze, Iris (2003): „Bildet Gemeinschaften – oder geht unter!" Eine Untersuchung selbstverwalteter, subsistenter Gemeinschaftsprojekte und Ökodörfer in Deutschland – Modelle für eine zukunftsfähige Lebensweise? WWU Münster, unveröff. Diplomarbeit.

Mannheim, Karl (1928): Das Problem der Generationen. In: Kölner Vierteljahreshefte für Soziologie Nr. 7, Berlin, S. 157-185.

Metcalf, Bill (2004): The Findhorn Book of Community Living. Forres.

Metcalf, Bill; Isabell Blömer (2001): Gelebte Visionen. Gemeinschaften in aller Welt. Belzig.

Near, Henry (2003). Intentional Communities in Israel - History. In: Christensen, Karen/ David Levinson (Hg.): Encyclopedia of Community. From the village to the virtual world. Thousand Oaks, S. 731-736.

Nolte, Wolfram (2001): Einblick über den Tellerrand – Gemeinschaften und Ökodörfer außerhalb Europas. In: Eurotopia-Redaktion (Hg.): Eurotopia.

Verzeichnis europäischer Gemeinschaften und Ökodörfer. Ökodorf Sieben Linden. Poppau, S. 34-37.

Putnam, Robert (1993): Making democracy work. Civic Traditions in Modern Italy. Princeton.

Putnam, Robert. (2000): Bowling Alone. The Collapse and Revival of American Community. New York.

Rehberg, Karl-Siegbert (1993): Gemeinschaft und Gesellschaft – Tönnies und Wir. In: Brumlik, Micha; Hauke Brunkhorst (Hg.): Gemeinschaft und Gerechtigkeit. Frankfurt/M., S. 19-48.

Reese-Schäfer, Walter (2001): Amitai Etzioni. Zur Einführung. Hamburg.

Schlüter, Carsten (Hg.) (1990): Renaissance der Gemeinschaft? Stabile Theorie und neue Theoreme. Berlin.

Strob, Burkhard (1999): Der vereins- und verbandsorganisierte Sport - ein Zusammenschluss von (Wahl)Gemeinschaften? Ein Analysemodell auf der Grundlage des Dritter-Sektor-Ansatzes. Münster u.a..

Tönnies, Ferdinand (1963): Gemeinschaft und Gesellschaft. Grundbegriffe der reinen Soziologie. Darmstadt.

Zimmer, Annette/ Eckhard Priller (2004): Gemeinnützige Organisationen im gesellschaftlichen Wandel. Ergebnisse der Dritte-Sektor-Forschung. Wiesbaden.

Zimmer, Annette/ Eckhard Priller (Hg.) (2000): Aktive Bürgerschaft e.V. Traditionen und Perspektiven. Opladen.

Gisela Notz

Theoretische Zugänge und empirische Beispiele zu kommunitären Lebens- und Arbeitsformen

> *„Der vernünftige Mensch passt sich der Welt an,*
> *der Unvernünftige besteht auf dem Versuch,*
> *die Welt sich anzupassen. Deshalb hängt aller*
> *Fortschritt vom unvernünftigen Menschen ab. "*
> *George Bernard Shaw, in: Aphorismen für Umstürzler*

Obwohl in den letzten Jahren immer lauter nach „Gemeinschaft" und „Gemeinsinn" gerufen wird und immer wieder die „Krise der Familie" beklagt wird, sind Lebensformen außerhalb der bürgerlichen Normen nicht gerade akzeptiert oder gar propagiert. In der neuen Wertedebatte sind Gemeinschaften, die auf solidarische Individuen ausgerichtet sind und gleichberechtigte Beziehungs- und Kommunikationsformen entwickeln (noch) nicht vorgesehen. Angesichts der gesellschaftlichen und ökonomischen Entwicklung, die mit dem Verlust des sozialen Kontextes, Orientierungslosigkeit, Exklusion und Armut verbunden ist, gewinnen sie dennoch an Bedeutung.

In meinem Beitrag will ich mich mit kommunitären Lebens- und Arbeitsformen beschäftigen. Zunächst werde ich danach fragen, was Kommunebewegungen wollen, anschließend werde ich einige historische Stränge aufnehmen, um dann auf die neuen Kommunebewegungen zu sprechen zu kommen. Danach soll die Kommune Niederkaufungen exemplarisch dargestellt und einige Kritikpunkte diskutiert werden. Abschließende sollen Perspektiven für das vielzitierte „gute Leben" aufgezeigt werden.

1. Was wollen Kommunebewegungen?

„Kommune ist ein Zusammenschluss von Personen (Kommunarden genannt) oft Studenten und Studentinnen, die eine ‚neue Form' des Zusammenlebens (Wohn- und Wirtschaftsgemeinschaft) suchen", so steht es im großen Brockhaus. "Als Kommune lassen sich vorwiegend Wohngemeinschaften von Sozialisten bezeichnen, die einerseits in einer kapitalistischen Gesellschaft sozialistische Lebensformen antizipieren wollen - auch um die Kinder für das Leben in einer geplanten repressionsfreien Gesellschaft zu erziehen - und die zugleich Basis und Organisationsform für den Kampf gegen die herrschenden Verhältnisse sind. Ihre Aufgabe sehen sie darin, die für den politischen Kampf notwendigen Verhaltensweisen praktisch zu erlernen und Ausgangspunkt des politischen Kampfes selbst zu sein" (Setzen/Setzen 1978), so ist es einem „ganz normalen" familiensoziologischen Buch aus den 70er Jahren zu entnehmen. Ein Kapitel über Kommune oder Kibutz fehlte damals in keinem Buch zur Familiensoziologie, denn alternative Lebensweisen begannen, wenn auch nur zögerlich und vorübergehend, Akzeptanz zu gewinnen.

Heute erscheinen Kommunen wieder als "Erlebnisse der experimentellen Art", so jedenfalls sieht es ein Berliner Kommunarde selbst (Lehmann 2000: 31). "Auf der Suche nach der verlorenen Zukunft"[1] sind Kommunen Suchbewegungen und Versuche gegen die fortschreitende Zerstörung der menschlichen Mit- und Umwelt, gegen die Ausgrenzung von Andersdenkenden und - last not least - gegen die sozialen und geschlechtsspezifischen Ungleichheiten vorzugehen. Kommunen sind keine einheitlichen Gebilde. Sie haben viele Gesichter. Allen gemeinsam ist, dass es sich bei Kommunen um freiwillige Zusammenschlüsse von Menschen handelt, die auf der Grundlage gleicher oder ähnlicher Interessen ihr Zusammenleben und –arbeiten radikaldemokratisch organisieren. Das heißt, alle Menschen haben die gleichen Rechte und Pflichten, das betrifft sowohl das gemeinsame selbstverwaltete Arbeiten, als auch die gemeinsame Alltagsgestaltung. Das Verlangen nach einem würdevollen Leben, nach demokratischen Arbeitsstrukturen, nach ebenbürtigen Geschlechterverhältnissen und nach freier Ordnung wollen KommunardInnen im Hier und Jetzt verwirklichen (vgl. auch Notz 2004).

Kommunen waren und sind die wohl radikalste Form des gemeinsamen Wirtschaftens und des anderen Lebens innerhalb der Gemeinschaftskonzepte. Sie stellen die Partialisierung in „Leben" und „Arbeiten" oder in „Produktion" und „Reproduktion" zur Disposition und versuchen in ihrer Alltagspraxis beides zusammenzubringen. KommunardInnen üben Kritik am bestehenden Wirtschaftssystem und Kritik an der bürgerlichen Kleinfamilie als Organisationsstruktur für Reproduktionsarbeiten. Die Gesamtarbeit, also bezahlt und unbezahlt geleistete Arbeit sowie politische Arbeit wird selbstverständlich als Arbeit anerkannt. Arbeitszeit und Freizeit gehen ineinander über. Damit verliert die Freizeit ihren Kompensationscharakter gegenüber der Erwerbsarbeit (vgl. Notz 1999a: 129 ff.).

---

[1] "Auf der Suche nach der verlorenen Zukunft" ist der Titel einer Schriftenreihe, Hg. von Hanna Behrend im Trafo Verlag, Dr. Wolfgang Weist, Berlin.

2. Historische Zugänge

Die seit Beginn der Industriegesellschaft agierenden PionierInnen der neueren Kommunebewegungen kämpften gegen abstrakten Individualismus, gegen Atomisierung und gegen den Verlust des sozialen Kontextes der Menschen untereinander. Damit forderten sie eine Abkehr von der Konkurrenzgesellschaft hin zu fürsorgender und am anderen interessierten Gemeinschaft zwischen Frauen, Männern und Kindern. Sie haben ihre historischen Wurzeln in der anarchistischen Bewegung. Durch "Absonderung zur Gemeinschaft" (Landauer 1924) sollte Menschen gleicher Gesinnung der allmähliche Ausstieg aus der bestehenden Gesellschaft gelingen, und zwar im „Hier und Jetzt". Menschen, die eine wirklich neue Gesellschaft wollten, sollten sich nach Landauer nicht von der übrigen Welt abschließen. Kommunen, Genossenschaften und sozialistische Gemeinden sollten mit dem richtigen Leben im Falschen beginnen und sich gegen die konservativen Kräfte, die ihnen entgegentreten widersetzen.[2] Somit richtete er sich gegen die von Marxisten propagierte revolutionäre Geduld, mit der die Realisierung eines besseren Lebens in der Gegenwart abgewiesen werde (vgl. auch Cantzen 1987: 240 f.). Cantzen leitet aus der an Landauer und Kropotkin (2002: 109 ff.) anknüpfenden Tradition einen emanzipatorischen Gemeinschaftsbegriff ab. Die einzelnen Elemente sind: Eine Gruppe selbstbestimmter Individuen schließt sich in freier Vereinbarung zusammen und wirkt so dem Verfall verbindlicher sozialer Beziehungen entgegen. Diese Gemeinschaft soll dem Individuum Rückhalt bieten, um seine Individualität entwickeln zu können. Sie soll aber auch Raum bieten, um kollektiven Widerstand gegen herrschende Institutionen und Lebensformen entwickeln zu können und sich Anpassungszwängen zu widersetzen. Sie soll der Uniformierung der Gesellschaft entgegenwirken, indem sie Heterogenität und Vielfalt schafft. Die Gemeinschaft soll also der Verfolgung individueller und kollektiver Interessen dienen (vgl. Cantzen 1983: 47).

Nach dem Zweiten Weltkrieg nahm der Anarcho-Syndikalist Rudolf Rocker dieses Konzept in ähnlicher Form wieder auf.[3] Nach seinem Konzept sollte die kleinste Einheit, der einzelne Mensch bzw. der einzelne Betrieb, die initiierende Kraft sein, die sich aus eigenem Antrieb und durch freie Vereinbarung mit anderen zusammenschließt um Vereinigungen „gesinnungsverwandter, von freiheitlichem Geist getragener Menschen" zu gründen, die entschlossen waren, ihrer "Betätigung nach außen hin immer weitere Gebiete zu erschließen und ihre An-

---

[2] Zu konkreten Siedlungsprojekten nach den Ideen, die Landauer propagierte, aber selbst nicht lebte, siehe auch: Boesch, Ina 2003.
[3] Rocker war bereits in den 20er Jahren politisch aktiv gewesen, musste während des Nationalsozialismus nach England emigrieren und setzte dort sein theoretisches Werk fort.

schauungen in neue Kreise zu tragen, wo sie sich fruchtbar auswirken können"
(Rocker 1947: 13).

Wie viele Exilanten fühlte sich Rocker nach dem Zweiten Weltkrieg dazu aufge-
rufen, daran zu arbeiten, dass Faschismus, Krieg und Herrschaft von Menschen
über Menschen nie wieder das Leben der Individuen zerstören sollten. Er sah die
Gefahr vom erneuten Glauben "an absolute Wahrheiten" (6) und plädierte für
einen Weg, der geeignet erschien, die Menschen für neue vernetzte kommunika-
tive Wirtschafts- und Lebensmöglichkeiten auf regionaler Ebene empfänglich zu
machen. Aus der nationalsozialistischen Vergangenheit hatte er die Lehre gezo-
gen, dass alleine die kritische Betrachtung der bestehenden Zustände nicht aus-
reichte, wenn sie von keinem praktischen Tun begleitet wurde. Und dieses praktische Handeln müsse – hier nahm er den Gedanken Landauers auf - im „Hier
und Jetzt" beginnen. Den basisdemokratischen Ansatz ergänzte er um den ganzheitlichen Ansatz Kropotkins (1913). Danach sollten Feldarbeit, Handwerk und
dezentrale Industrie eine Einheit bilden. Die jungen Menschen – Männer *und*
Frauen – müssten zugleich in Wissenschaft *und* Handwerk unterrichtet werden
um so die industriellen Arbeitsteilung durch die Vereinigung von Hand- und
Kopfarbeit zu überwinden. Die Hoffnung auf eine dahingehende politische
Wende in der Nachkriegsgesellschaft hat sich nicht erfüllt.

3. Die neuen Kommunebewegungen

In Westdeutschland machte die aus den Protestaktionen der StudentInnenbewe-
gung entstandene Kommunebewegung Ende der 60er Jahre von sich Reden (vgl.
Notz 2003a: 150 f.). Sie gab an vielen Orten den Impuls, die Idee des befreiten
Menschen und der humanen Gesellschaft in subkulturellen Milieus zu verwirklichen. Seitdem entstanden in Städten und auf dem Lande zahlreiche Kommunen
mit dem Selbstverständnis von Kollektiven gleichberechtigter Mitglieder, die
die Isolation der Einzelnen und die Fixierung der Geschlechterrollen in neuen
Formen des Zusammenlebens- und Arbeitens auflösen wollten (vgl. Kollektiv
Kommunebuch 1996). Die KommunardInnen der Nach-68er- Bewegung sind
realitätsbezogen geworden. Viele Menschen die heute in Kommunen leben, sind
unermüdlich, stellen sich den Herausforderungen, versuchen aus Träumen Leben werden zu lassen. Kommunen versuchen das im Rahmen der bestehenden
Verhältnisse scheinbar Unverwirklichbare in die Realität umzusetzen (vgl. Notz
1999a: 129 f.). Sie erleben dabei nicht nur Gefühle des "Glücks ohne Rest"
(Bloch, zit. n. Behr 1987) sondern stoßen auch auf Schwierigkeiten und Grenzen.

Die meisten wollen sich möglichst weit lösen von den Prinzipien der neoliberalen marktwirtschaftlichen Ordnung und der damit verbundenen Warenbeziehungen. Daher betreiben sie einen Teil Selbstversorgung und auch der Tauschhandel mit bestehenden Gruppen floriert. Auch wenn sie nach marktwirtschaftlichen Prinzipien arbeiten müssen, kaufen die KommunardInnen für ihre Kommunebetriebe keine Arbeitskraft von anderen, wie es "normale" Unternehmer tun. Sie vermarkten nur die eigene Arbeitskraft für Produkte, die direkt an die EndabnehmerInnen gehen. Alle Produktionsmittel gehören allen KommunardInnen gemeinsam. Aus diesen kollektiven Besitzstrukturen ergeben sich auch kollektive Entscheidungsstrukturen. Darin liegt das Demokratiepotential (vgl. Bensmann 1996: 196 ff.). Marcuse (zit. n. Brückner 1978: 8) setzte große Hoffnungen auf solche Gemeinschaften, wenn er Kommunen als „Inseln der Zukunft", als „Testboden humaner Beziehungen zwischen Menschen" bezeichnete. Freilich ist das Kommuneleben, ebenso wenig wie andere Lebensformen, problemlos. Möglicherweise potenzieren sich die Probleme durch die – im Gegensatz zur Kleinfamilie - größere Anzahl der Beteiligten, aber die Lösungsmöglichkeiten potenzieren sich ebenso. Dass sich die Schwierigkeiten von kommunitären Gemeinschaften in der Praxis mit zunehmender Individualisierung, aber auch aufgrund von wirtschaftlichen Schwierigkeiten häufen, wird am Beispiel der Veränderungen, die in jüngster Zeit bei den wohl ältesten Kommunen, den Kibbutzim, zu verzeichnen sind, deutlich. Michal Palgi spricht von „Kibbutznik's Dilemmas" (Palgi 2004: 317 ff.).

4. Die Kommune Niederkaufungen

Als Beispiel und zum Teil auch als Vorbild für andere Kommunen gilt die Kommune Niederkaufungen, eine seit 1986 bestehende links-alternative Kommune in der Nähe von Kassel.[4] Sie wird in der Zwischenzeit als "Musterkommune" auf Tagungen und Kongressen präsentiert. Zur Zeit besteht sie aus 56 Erwachsenen und 19 Kindern und Jugendlichen.[5] Sie wollen noch mehr werden. Die Größe der Kommune wird von den KommunardInnen positiv gesehen:

---

[4] In der Kommune Niederkaufungen habe ich, wie in der Kommune Buchhagen, die seit 1997 besteht und die Grundsätze der „Kaufunger" übernommen hat, im Sommer 1999 und 2000 leitfadengestützte Interviews mit Erwachsenen und Jugendlichen durchgeführt. Meine Analyse bezieht sich außerdem auf durch und über diese und andere Kommunen erstelltes veröffentlichtes und unveröffentlichtes Material. Siehe auch Notz 1999 a, 2001 und 2004.

[5] Die Frage danach, was eine „ideale" Gruppengröße ist, bzw. was für den als „ausgesprochenes Gemeinschaftswesen" eine überschaubare Wir-Gemeinschaft (vgl. den Artikel von Thomas Mohrs in diesem Band) ist, wird innerhalb der Gruppen kontrovers diskutiert. Z. B. heben die „Buchhagener" (nicht mehr als 12 Personen), die Möglichkeit, mit allen kommunizieren zu können, hervor, während alle interviewten „Kaufunger" die Vorteile se bezieht sich außerdem auf durch und über diese und andere Kommunen erstelltes veröffentlichtes und

„Da gibt es nicht so leicht Zoff, wie bei den kleinen und dann bricht alles auseinander. Das kann uns erst mal nicht passieren. Die Gruppe ist schon recht
stabil" (Niederkaufunger Kommunardin N).

Die Erwachsenen haben meist vor ihrem Eintritt in die Kommune in sozialen
Bewegungen gearbeitet oder auch in anderen Projekten gewohnt, einige Jugendliche leben seit ihrer Geburt in der Kommune. Die „Kaufunger" wollen wie die
Alt-AnarchistInnen im „Hier und Jetzt" mit dem „Guten Leben" beginnen:

„Ich will heute und hier das alles verändern. Ich will nicht warten auf eine
neue, bessere Gesellschaft, ich will sie heute entwickeln, ich will heute anfangen zu leben" (Kommune Niederkaufungen 1983).

Wer dort lebt, hat sich auch mit den *sechs Grundsätzen*, die sich die Kommune
selbst gegeben hat, einverstanden erklärt (Kommune Niederkaufungen 1983 und
2000; Shalmon 1998; Barth 2005). Sie stellen Kerninnovationen auf dem Weg
in eine radikaldemokratische Gesellschaft dar. Rund 40 Projekte mit etwa 600
Mitgliedern leben nach ähnlichen Prinzipien wie die Kommune Niederkaufungen (Barth 2001: 74).

1. Gemeinsam leben und kollektiv selbstbestimmt arbeiten.
2. Gemeinsame Ökonomie (das Wirtschaften in und aus einem Topf).
3. Entscheidungsfindung im Konsens, d. h., Entscheidungen, die alle betreffen, müssen von allen getragen werden. während der gemeinsamen Sitzungen im Plenum.
4. Linkes Politikverständnis.
5. Abbau von Hierarchien und geschlechtsspezifischen Machtstrukturen;
   Abbau kleinfamilialer Strukturen, gemeinsame Kindererziehung.
6. Nachhaltige (ressourcen- und energieschonende) Wirtschaftsweise.

Grundsätze für ein Leben in der Gemeinschaft erscheinen wichtig, weil der Status einer "Kommune" zunächst nur besagt, dass es sich um eine von den Mitgliedern selbst gegründete Gemeinschaft mit gemeinsamen Strukturen handelt, in

---

unveröffentlichtes Material. Siehe auch Notz 1999a, 2001 und 2004.
[5] Die Frage danach, was eine „ideale" Gruppengröße ist, bzw. was für den als „ausgesprochenes Gemeinschaftswesen" eine überschaubare Wir-Gemeinschaft (vgl. den Artikel von Thomas Mohrs in diesem Band) ist, wird innerhalb der Gruppen kontrovers diskutiert. Z. B. heben die „Buchhagener" (nicht mehr als 12 Personen), die Möglichkeit, mit allen kommunizieren zu können, hervor, während alle interviewten „Kaufunger" die Vorteile der vielfältigen
Beziehungen in einer großen Kommune sehen.

denen sie zusammen arbeiten und leben. Wenn Uwe Kurzbein (1996: 39) im Kommune-Buch „alle Gemeinschaften, die nach unserem Verständnis eine gemeinsame Ökonomie und ein soziales Miteinander entwickelt haben", als Kommunen bezeichnet, klingt das pluralistisch. Tatsächlich muss gemeinschaftlich arbeiten und leben noch lange nicht emanzipatorisch sein. Kommunen können antifaschistische, antikapitalistische, antisexistische, antirassistische und antitotalitaristische, aber auch spirituelle, konservative und gar rechtskonservative Ziele verfolgen.

Für Kommunardin B von der Kommune Niederkaufungen schließt der Anspruch, selbstbestimmt und kollektiv zu leben, die Einbeziehung spiritueller Gemeinschaftsmitglieder aus:

„Wenn ich irgendwelche Gurus nachfragen muss, wie es mir denn gehen soll im Moment oder womit ich mich besser fühle, dann hat das nichts mehr mit selbstbestimmten und emanzipatorischem Leben zu tun; ich gebe die Verantwortung ab."[6]

Auch der Kommunarde Uwe Kurzbein (1996: 39) geht in seiner Definition weiter. Zu den typischen Merkmalen, die eine Kommune ausmachen, zählt auch er: „Verzicht auf strukturelle Hierarchie, ganzheitliches Leben (das schließt ganzheitliche Arbeiten ein – GN), Verzicht auf Ausbeutung".

Das hieße auch keine Unterdrückung Anderer und ebenbürtige Arbeitsteilung zwischen den Geschlechtern.
Die KommunardInnen können im Rahmen ihrer Arbeit ihre erworbenen fachlichen und sozialen Qualifikationen einsetzen und weiterentwickeln und werden zudem in der Entwicklung der eigenen Persönlichkeit unterstützt.

„Das selbstbestimmte Arbeiten schätze ich sehr, also, dass ich für das, was da läuft, verantwortlich bin und dass ich mich auch verantwortlich dafür fühle (...). Was das Leben-und-Arbeiten-Verbinden anbetrifft, finde ich das für mich nach wie vor befriedigend. (...). Im Kollektiv zu arbeiten, mit anderen den Austausch zu haben, sich gegenseitig zu befruchten, das finde ich sehr beglückend" (Kommunardin B).

Die *gemeinsame Ökonomie* erstreckt sich auf alle Bereiche der menschlichen Grundbedürfnisse – Ernährung, Gesundheit, Wohnen, Bildung (Barth 2005).

---

[6] Sie würde Meditation und gewisse Rituale nicht zum Spirituellen zählen, die Abgrenzung erscheint schwierig. Für sie heißt es, dass niemand die Verantwortung für das eigene Handeln an eine andere Instanz abgeben darf.

Auf dieser Grundlage wurden verschiedene Arbeitsbereiche aufgebaut, die ökologisch und sozial verträgliche Produkte und Dienstleistungen herstellen und
anbieten: Tagungshaus, Großküche, Partyservice, Gemüsebau, Bauernhof, Kin-
dertagesstätte, Baufirma, Schlosserei, Schreinerei, Näh- und Lederwerkstatt,
Verwaltung, Tagespflege für alte Menschen. Für die in den Kommunen lebenden ist „die gemeinsame Ökonomie einfach wichtig, weil es unerklärlich ist, warum die einen für ihre Lebensarbeitszeit so viel und die anderen so wenig haben
sollten" (dies.).

Die Kommunen wenden sich gegen jede Art von Hierarchie und Machtaus-
übung. Sie wollen Selbstverantwortung, dazu gehört auch, dass jeder Schritt von
allen gleichermaßen getragen werden kann. Daher werden alle *Entscheidungen
im Konsens* getroffen. Das erfordert einen oft aufwändigen und zeitraubenden
Diskussionsprozess. Trotz einiger Konflikte und Schwierigkeiten stand das
Prinzip bis jetzt nicht zur Disposition:

„Ich denke, wir könnten, was den Konsens anbelangt, uns auch wieder etwas
bewegen, womit ich nicht meine, dass der Konsens verändert werden sollte
oder dass ich keinen mehr will, sondern dass ich manchmal das Gefühl habe,
dass es für manche eine Überforderung ist, weil sie gar nicht mehr wissen, was
jetzt eigentlich entschieden worden ist .(...). Abstimmung hat für mich einen
ganz blöden Beigeschmack" (dies.).

Das „*linke Politikverständnis*" ist in einigen Kommunen nicht mehr konsensfä-
hig und vielleicht in den letzten Jahren auch in Niederkaufungen selbst umstrit-
ten. Dennoch bleibt der Anspruch erhalten, sich gemeinsam ein Meinungsbild
über politische Probleme zu schaffen und aktiv an der Gestaltung des gesellschaftlichen Lebens und Arbeitens mitzuwirken.

Einigen KommunardInnen in Buchhagen erscheint der Begriff „links" als
Schlagwort. Tina setzt auf die Kraft des Experiments, wenn sie denkt, „dass jede
Kommune politisch ist, weil sie eine Kommune ist, sich selbst organisiert. Weil
es eine Lebensform ist, die in der Gesellschaft erst mal nicht üblich ist, die vieles in Frage stellt und Anderes praktiziert und macht" (Kommunardin T, Buchhagen).

Die untersuchten Kommunen versuchen nicht nur, die ökonomischen Verhältnisse egalitär zu gestalten („ohne Chef im Kollektiv arbeiten") sondern sie arbeiten ebenso an der Verwirklichung eines sozialen und emotionalen Lebensrau-
mes:

„Ganzheitlicher zu leben, einfach alles an einem Ort zu haben, die Arbeit und das Leben, das war schon ausschlaggebend für mich."(Kommunardin A, Niederkaufungen)

Der Abbau kleinfamiliarer Strukturen – in manchen Papieren der „Kaufunger" ein separater Programmpunkt (vgl. Shalmon 1998) - ist vielleicht einer der „schwammigsten" Grundsätze. Jedenfalls sieht Kommunardin B das so. Dennoch findet sie ihn wichtig:

„Für mich ist es so, dass ich diesen Grundsatz nach wie vor richtig finde, dass ich nach wie vor die Motivation, sie (die Kleinfamilie G.N.) aufzulösen auch richtig finde (...)."

Sie sieht die Vorteile der Kindererziehung im Kollektiv:

„Also, ich habe noch nie, seitdem ich hier lebe, wegen meiner Kinder irgend etwas nicht machen können. Dennoch bin ich nach wie vor mit dem Uli zusammen die Hauptbezugsperson für meine Kinder". (dies.)

So hat Kommunardin B darauf gedrungen, dass mit den MitbewohnerInnen der Wohngruppe klare Verbindlichkeiten für den Umgang mit den (jetzt beinahe erwachsenen) Kindern getroffen wurden, dafür musste sie auch „abgeben" können:

„Das heißt, sie hatten jeweils praktisch einen Tag, wo sie für ein Kind zuständig waren. Wenn sie da nicht konnten, dann mussten *sie* jemand anders finden oder ihre Verabredung absagen und nicht ich. Das war für mich die Grundvoraussetzung, da ich keine Sonntagstanten und –onkel haben wollte, sondern Verantwortliche, damit ich meine Zeit einteilen kann (...). Aber das hieß auch für mich, wenn die irgendwelche Verabredungen treffen, dass ich da nicht dazwischen funken kann und die aus dem Rahmen schmeißen kann". (dies.)

In einer „normal besetzten" Familie zu leben, können sich die befragten KommunardInnen allesamt nicht vorstellen:

„Das wäre mir zu wenig Leben, also ich kann mir das auch nicht vorstellen, wenn mein Freund jetzt zum Beispiel den Wunsch äußern würde, zu zweit zusammenzuziehen, das ginge nicht, dann müsste ich diese Beziehung beenden". (Kommunardin A)

Das sagte nicht nur die 50jährige A. Die gerade 17 Jahre alte Kommunardin N könnte sich zwar vorstellen „irgendwann mal ein Kind zu bekommen". Wenn sie aber einen Freund hätte, „der mit mir in Kleinfamilie leben wollte, würde ich das Kind ohne ihn bekommen und mich von so einem wahrscheinlich trennen" (Kommunardin N; vgl. auch Notz 2003b: 58 ff)

In der Kommune Buchhagen sind es gerade die Mütter, die sich kleinfamiliäre Lebensweisen nicht vorstellen können:

„Da hab ich durchaus Angst davor, ich will nicht ewig Kinder hüten, ich will auch etwas Produktives tun" (Kommunardin M, Buchhagen)

Uli Barth, Kommunarde in Niederkaufungen, nennt das *Nachhaltigkeitsprinzip* als wichtiges Kriterium, wenn er fragt:

"Wo geht das besser als in der Kommune? Wer kommt schon mit 1/7 Auto aus und wer mit 1/35 Waschmaschine?" (Barth 1999: 8 f.).[7]

Obwohl über "Konsumverzicht" heute in den alternativen Projekten weniger diskutiert wird, als in den 1970er Jahren, wird er offenbar konsequenter gelebt. Andererseits braucht auch niemand auf mehr oder weniger notwendige Güter zu verzichten, die das Leben angenehmer gestalten. Jede/r kann sich aus der Kleiderkammer bedienen oder auch neue Kleidungsstücke kaufen; aus der Vielzahl der vorhandenen Tageszeitungen auswählen und sich der Bücher in der gemeinsamen Bibliothek bedienen.

Die Beteiligung an einigen Fernseh- und Rundfunksendungen in den letzten Jahren hat den Bekanntheitsgrad der "Niederkaufunger" erhöht, aber auch die Zahl derer, die nur mal gucken wollen, wie Kommune so ist:

„Es ist immer Besuch da, irgendein offizieller Kommunebesuch oder irgendeine Führung, und das nervt mich oft ziemlich. Wie im Zoo komme ich mir manchmal vor. Vielleicht sollte ich mir ein Schild umhängen: Bitte nicht füttern" (Kommunardin N).

Die "Niederkaufunger" werden mitunter bei Tagungen als "ein besonders weitgehendes Gemeinschaftsmodell" (mitarbeiten 3/99: 1) präsentiert.

---

[7] Zum Nachhaltigkeitsprinzip siehe auch die Artikel von Iris Kunze und Karl-Heinz Simon in diesem Band.

5. Kritik am Kommunekonzept

Es erscheint müßig, den Kommunen immer wieder vorzuwerfen, dass sie in ihren Nischen verweilen (z. B. Braun 1998: 152), oder dass sie sich ins private Überleben zurückziehen, oder nur eine kleine "Szene in der Szene in der Szene" sind, die gesellschaftlich empirisch "nix bewirkt" haben – so Waldemar Schindowski beim Seminar des Theorie-Arbeitskreises Alternative Ökonomie im Herbst 1999 in Verden (vgl. Giegold 1999: 78). Damit gibt man ihnen wiederum keine Chance, aus ihrem Nischendasein herauszukommen. Zudem wären ohne solche Gemeinschaftskonzepte viele „alternative" Einrichtungen, wie Mitwohn-, Mitfahrzentralen, Kinderläden, Tauschringe etc. gar nicht entstanden. Auch gibt es Kommunen - wie z. B. Longo Mai -, die sich von Anfang an nicht auf eine Kolonie in einem Land beschränken wollten. Longo Mai ist an verschiedenen Orten, in verschiedenen Ländern tätig. Die KommunardInnen wollten lokal, regional, national und international politisch wirksam werden. Die verschiedenen Longo-Mai Kommunen kooperieren mit den Bauern in der jeweiligen Nachbarschaft sowie mit ländlichen und städtischen selbstverwalteten Betrieben und Projekten (Willette 1993).

6. Perspektiven

Immer wieder gab und gibt es Gemeinschaftsbewegungen. Im Grunde genommen gilt für alle, was Karl Marx in den ökonomischen Manuskripten aus dem Jahre 1844 sagt: "Es versteht sich, dass die Aufhebung der Entfremdung von der Form der Entfremdung aus geschieht, welche die herrschende Macht ist" (Marx 1968: 167). Das heißt, wenn die bürgerliche Gesellschaft aus dem Wert- und Kapitalbegriff begriffen werden soll, muss auch die Entwicklung der Kritik an dieser Gesellschaft mit dem Wert- und Kapitalbegriff in Zusammenhang gebracht werden. Rolf Schwendter denkt in diese Richtung, wenn er für Subkulturen – darunter können Kommunen subsumiert werden - konstatiert:

„Die Subkulturen entwickeln ihre aus der Negation der Normen und Institutionen der Gesamtgesellschaft entstammenden Normen und Institutionen zur Aufhebung der gesamtgesellschaftlichen Normen weiter (...). Dieser Prozess wird nicht ohne Widerstände vor sich gehen; inhaltlich hat er die grundsätzliche Veränderung des Bestehenden zum Ziel." (Schwendter 1981: 292 f.).

Um einen bestehenden Zustand grundsätzlich zu verändern, sind jedoch neue Ideen, neue Verhaltensweisen, neue Bedürfnisse erforderlich. Aber was sind "neue" Verhaltensweisen und Bedürfnisse? Entstehen sie nicht ebenso aus dem Alten? Die Frage, ob es möglich ist, im Schoße der bestehenden Gesellschaft die Vorstellungen vom ‚guten Leben' zu entwickeln, oder ob dies unmöglich ist, weil die Gesamtgesellschaft samt ihrer Subkultur vom Warenfetisch durchdrungen ist, ist so alt wie die Frage nach dem ‚guten Leben' selbst (vgl. Notz 1991: 188 ff.).

Rolf Schwendter (1996: 8) verweist auf eine Reihe von Schwierigkeiten, die dem Ausbreiten der Kommunen im Wege stehen: die „Gruppendynamik zwischen Machos und Feministinnen, zwischen Superaktiven und Zurückgenommenen usw; Auszeit und Austritt; die unvermeidbare Dauerdebatte im Austrittsfalle über Verlust des eingebrachten Geldes und Gefährdung der ökonomischen Subsistenz der Kommune."

Außerdem nennt Schwendter strukturelle Faktoren: Gebäude und Land sind knapp und teuer, egal ob man kauft oder pachtet. Und tatsächlich scheitern viele Kommunen bereits in der Anfangsphase. Oft, weil die Illusionen, die sie mit dem anderen Leben verbinden so unermesslich sind, dass sie einfach nicht eingelöst werden können, oder weil soziale Qualifikationen und Verantwortung, die zur Übernahme kollektiver Entscheidungsstrukturen notwendig sind, innerhalb der herrschenden Sozialisationsinstanzen nicht gelernt werden. Mehr Autonomie heißt schließlich nicht nur mehr Selbstbestimmung, sondern auch mehr Selbstverpflichtung. Was dringend notwendig wäre, ist eine Auseinandersetzung mit der breiten Empirie des Scheiterns und der Barrieren, die den Erfolgen im Wege stehen. Daraus könnten die lernen, die nicht alle schon einmal gemachten Fehler wiederholen wollen.

Kommunen übernehmen zum Teil selbst die Grundausbildung der Kinder, pflegen sich bei Krankheit gegenseitig, versorgen alte und gebrechliche Menschen und niemand muss finanzielle Not leiden, weil alles geteilt wird. Die Möglichkeit der gegenseitigen Versorgung macht die vom Wohlfahrtsstaat geleisteten Unterstützungen und die Inanspruchnahme staatlicher "Einrichtungen" beinahe unnötig.

Angesichts der aktuellen Debatten um den (scheinbar) verlorengegangenen Gemeinschaftssinn (Notz 1999b) müssten radikaldemokratische Gemeinschaftskonzepte Hochkonjunktur haben. Die Gründe für die Nicht-Unterstützung und für die Nicht-Wahrnehmung kommunitärer Lebens- und Arbeitsformen durch ausserkommunitäre Institutionen liegen vermutlich darin, dass kommunitäre Zusammenhänge verunsichernd auf diejenigen wirken, die am Erhalt des Bestehenden interessiert sind. Allein der gelebte Hinweis "Es geht auch ohne Hierarchien und ohne geschlechterhierarchische Diskriminierungen" rüttelt an den Grundfesten des zur "Normalität" deklarierten Wirtschaftens und Zusammenlebens. Die

Gesellschaft mit ihren herrschenden Strukturen ist es, die die Entwicklung von Alternativprojekten und Kommunen mit radikaldemokratischen Strukturen immer wieder erzeugt. Sie ist es aber auch, die eine breite Ausdehnung dieser Bewegungen immer wieder zu verhindern versucht.

Warnfried Dettling, der sich mit der Zukunft von Arbeit und Gesellschaft auseinandersetzt (1997: 66 f.) äußert bereits die Befürchtung, dass immer mehr, vor allem junge Menschen neue kommunitäre Lebensformen entwickeln, Autos, Wohnungen und teure Maschinen teilen, anstatt Familien zu gründen und Kinder zu bekommen. Dettling führt das darauf zurück, dass der deutsche Sozialstaat zwar sehr transferlastig sei, aber nur wenig institutionelle Unterstützung für Familien mit Kindern bereithält. Und er folgert daraus, dass unter allen Umständen die (traditionelle) Familie aufgewertet und die Phase der Familiengründung massiv durch den Sozialstaat unterstützt werden müsse, damit alternativen Lebensformen die Attraktivität entzogen wird. Mit solchen Befürchtungen wird die Kommunebewegung zweifelsohne vollkommen überschätzt. Dennoch sind die Ansprüche der Kommunen „mehr Nutzen statt Besitzen" gegen den gesellschaftlichen Trend gerichtet, durch den „weiterhin das Wunschbild des Alleshaben-wollens aufrecht erhalten werden soll" (Kommunardin B).

Schließlich sind die Kommunebewegungen der Überzeugung, dass es notwendig ist, Macht, Ausbeutung, Unterdrückung und Gewalt in unserer Gesellschaft grundsätzlich in Frage zu stellen, anstatt zu glauben, sie für die eigenen Zwecke gestaltbar und nutzbar machen zu können.

An der Existenz von kommunitären Lebens- und Arbeitsformen kann beispielhaft aufgezeigt werden, dass Möglichkeiten einer anderen, demokratischeren und ebenbürtigen Lebens- und Arbeitswelt nicht nur in den Köpfen und Büchern von Menschen zu finden sind, die sich theoretisch damit auseinandersetzen, sondern dass sie in Ansätzen hier und heute lebbar sind.

Dennoch werden mit zunehmender Globalisierung der Waren tauschenden Gesellschaft werden Konzepte notwendig, die nicht reduziert bleiben auf die Lenkung kleiner lokaler Einheiten. Was Karl-Heinz Roth 1980 geschrieben hat, gilt auch heute:

"Die Selbstverwirklichung ist ein sozialer Prozess, sie verlangt die soziale Aneignung und Umverteilung des gesamten gesellschaftlichen Reichtums". (Roth 1980: 10ff.)

Darauf wollen die KommunardInnen freilich nicht warten. Sie haben ein Fenster in eine herrschaftsfreie Welt aufgetan. Sie setzen auf die Kraft des Vorlebens und des Experiments.

Kommunen sind ein Versuch, um mit der Aufhebung der Entfremdung, der Neuverteilung von Arbeit und Verantwortung und der Möglichkeit der ebenbürtigen Teilhabe von Frauen und Männern am ganzen Leben ernst zu machen. Sie sind Schritte zur Verwirklichung des Projekts einer anderen Gesellschaft mit mehr Ebenbürtigkeit. Weitere Schritte und andere Projekte werden folgen.

Für die Rolle der Wissenschaftler im Zusammenhang mit diesem Prozess gilt, was Pierre Bourdieu über deren Aufgabe innerhalb der neuen sozialen Bewegungen sagte:

„Es gilt, neue Kommunikationsformen zwischen Forschern und politisch Aktiven bzw. eine neue Arbeitsteilung zwischen ihnen zu erfinden" (Bourdieu 1998: 65).

Literatur

Barth, Uli (1999): "Konsens als Entscheidungsform". In: Los geht's. Selbstbestimmt leben- Gruppen Gründen. Reader zum Pfingsttreffen '99 in Kaufungen, S. 8-10.
- (2001): Was bewegt sich in den Gemeinschaftsszenen? In: AG Spak Bücher (Hg.): Jahrbuch Nachhaltiges Wirtschaften, Ausg. 1, Neu – Ulm, S. 71 – 78.
- (2005): Arbeit in Gesellschaft und Kommune. In: Contraste, Januar 2005, S. 5.
Behr, Sophie (1987): Merkwürdige Möglichkeiten der männlichen Metamorphose. In: taz vom 24. 10. 1987.
Bensmann, Dieter (1996): Gemeinsame Ökonomie, in: Kollektiv Kommunebuch, Göttingen 1996, S. 196 – 230.
Boesch, Ina (2003): Gegenleben. Die Sozialistin Margarethe Herdegger und ihre sozialistischen Bühnen. Zürich.
Bourdieu, Pierre (1998): Gegenfeuer, Wortmeldungen im Dienste des Widerstands gegen die neoliberale Invasion. Konstanz.
Braun, Anneliese (1998): Arbeit ohne Emanzipation und Emanzipation ohne Arbeit? Berlin.
Brückner, Peter (1978): Autonomie oder Getto? Kontroversen über die Alternativbewegung. Frankfurt/M.
Cantzen, Rolf (1983): Wiederaneignung verschütteter anarchistischer Theorieelemente – analysiert im Blick auf alternative Gesellschaftskonzepte der Gegenwart. Diplomarbeit, Freie Universität Berlin.

- (1987): Weniger Staat – mehr Gesellschaft. Frankfurt/M.
Dettling, Warnfried (1997): "Jugend Gesellschaft Zukunft. Zur Situation junger Menschen in einer veränderten Welt. Möglichkeiten und Grenzen der Politik. Sieben Thesen". In: Bundesarbeitsgemeinschaft Jugendsozialarbeit, Zeitschrift für Jugendsozialarbeit 2 (1997), S. 63–67.
Giegold, Sven (1999): "Diskussion nach Giselas Kommune-Referat und Ulis Thesen". In: Rundbrief Alternative Ökonomie 89, 4 (1999), S. 78-79.
Kautsky, Karl (1991): Vorläufer des neueren Sozialismus, Band 1 und Band 2, Berlin.
Kollektiv KommuneBuch (Hg.) (1996): Das KommuneBuch. Alltag zwischen Widerstand, Anpassung und gelebter Utopie. Göttingen, S. 177 – 194.
Kommune Niederkaufungen (1983): In Gefahr und größter Not bringt der Mittelweg den Tod! „Grundsatzpapier". Hamburg.
- (2000): Ergänzungspapier, unveröffentlicht.
Kropotkin, Peter (1913): Der moderne Staat. Berlin.
- (2002): Der Anarchismus. Ursprung, Ideal und Philosophie. Hg. von Henz Hug, Grafenau, 4. Aufl.
Kurzbein, Uwe (1996): Schrittweise. Geschichte der Kommunebewegung aus persönlicher Sicht. In: Kollektiv Kommunebuch (Hg.): Das Kommunebuch: Alltag zwischen Widerstand, Anpassung und gelebter Utopie. Göttingen, S. 38 – 68.
Landauer, Gustav (1924): Beginnen – Aufsätze über Sozialismus, Dortmund/Köln.
Lehmann, Thomas-Dietrich (2000): Über die Zeiten hinweg und mit Zorrows Grundsätzen vermischt. In: TAKAÖ: Rundbrief Alternative Ökonomie Nr. 90/1-2000, S. 31 – 32.
Marx, Karl (1968): Ökonomisch-philosophische Manuskripte aus dem Jahre 1844. Marx-Engels-Werke, Ergänzungsband 1. Berlin.
mitarbeiten (1999): Informationen der Stiftung Mitarbeit 3/99.
Notz, Gisela u. a.(Hg.) (1991): Selbstverwaltung in der Wirtschaft. Alte Illusion oder neue Hoffnung? Köln.
- (1999 a): Gemeinsam wirtschaften und zusammen leben – die Kommune". In: Fröse, Marlies W. u.a. (Hg.): Ökonomie und Arbeit – Frauenansichten. Frankfurt/M.
- (1999 b): Die neuen Freiwilligen. Das Ehrenamt - Eine Antwort auf die Krise? Neu-Ulm, 2. Aufl.
- (2001): Kann „gemeinwesenorientierte Arbeit" einen Beitrag für eine ebenbürtige Neuverteilung von Arbeit leisten? In: Andruschow, Katrin (Hg.): Ganze Arbeit, Feministische Spurensuche in der Non-Profit-Ökonomie. Berlin.
- (2003 a): Jenseits von Ware, Fetisch und Konsum? Konzepte 1908 – 1945 – 1968 und heute. In: Engel, Gisela; Krohmer, Tobias (Hg.): WarenWelten. Sa-

lecina-Beiträge zur Gesellschafts- und Kulturkritik. Bd. 2. Berlin, S. 143 –
160.
- (2003 b): Familien. Lebensformen zwischen Tradition und Utopie. Neu-Ulm.
- (2004): „Ein Fenster in eine herrschaftsfreie Welt". Das Demokratiepotenzial
von Alternativökonomie, selbstverwalteten Betrieben und kommunitären Le-
bens- und Arbeitsformen – ein Positionsbeitrag. In: Weber, Wolfgang u.a.
(Hg.): Wirtschaft, Demokratie und soziale Verantwortung. Kontinuitäten und
Bürche. Göttingen, S. 265 – 280.
Palgi, Michal (2004): Social Dilemmas and their Solution: The Case of the Kibbutz. In: Weber, Wolfgang, G. u.a. (Hg.): Wirtschaft, Demokratie und soziale
Verantwortung. Kontinuitäten und Bürche. Göttingen, S. 317 – 332.
Rocker, Rudolf (1947): Zur Betrachtung der Lage in Deutschland. Die Möglich-
keit einer freiheitlichen Bewegung. New York-London-Stockholm.
Roth, Karl-Heinz (1980): Die Geschäftsführer der Alternativbetriebe. Radikal,
Zeitschrift für unkontrollierte Bewegungen 79, S. 10 ff.
Schwendter, Rolf (1981): Theorie der Subkultur. Frankfurt/M., 3. Aufl.
- (1996): "Zum Geleit". In: Kollektiv KommuneBuch (Hg.): Das Kommune-
Buch. Alltag zwischenWiderstand, Anpassung und gelebter Utopie. Göttin-
gen, S. 7 – 9.
Setzen, Renate/ Karl M. Setzen (1978): Familie in der Bundesrepublik Deutsch-
land - Eine Orientierungshilfe für erzieherische Berufe. Ravensburg.
Shalmon, Shlomo (1998): Die Kommune Niederkaufungen. Portrait einer heuti-
gen Großkommune im Landkreis Kassel. Lage.
Willette, Luc (1993): Longo Mai. Vingt ans d'utopie communautaire. Paris.

Stephan Drucks

**Das kommunitäre Generationenproblem: Leitideen und Dynamiken.
Fragen an Intentionale Gemeinschaften**

1. Einleitung

Der „theoretische" Teil des vorliegenden Bandes verweist auf wesentliche Spannungsbögen wie das Verhältnis von Immanenz zu Transzendenz, von ‚Mir san mir' (Partikularismus) zu globaler Verantwortung (Universalismus), sowie das Spannungsfeld zwischen Normativität und analytischer Offenheit.

Wie verortet sich dazu die Gemeinschaftsforschung, sofern sie empirisches Arbeiten konzeptualisiert? In jedem Fall erfährt dabei das Partikulare eine Aufwertung durch gesteigerte Aufmerksamkeit. Darüber hinaus ist immer zu entscheiden, inwiefern den Wertsetzungen sozialer Gemeinschaften für ihre universalistischen Semantiken oder in Hinblick auf ihre Bedeutung für Vergemeinschaftungsprozesse Aufmerksamkeit geschenkt wird. Dieser Beitrag will letzteres, auch um den Preis eines distanzierten Werte-Relativismus. Nicht eine weltanschauliche Positionierung, sondern eine nicht-normative Erschließung von Generationenbeziehungen in intentionalen Gemeinschaften steht im Mittelpunkt, wobei die Grundannahme stark gemacht wird, dass verschiedene Generationen verschiedene „Perspektiven" (vgl. Lüscher/Liegle 2003) auf die Welt entwickeln. Der in diesem Zusammenhang hier vergrößerte Aspekt sind differente Interpretationen höchster gemeinschaftlich geteilter Werte und entsprechende Reibungen zwischen Generationen.

Es geht prinzipiell um Beobachtungen „in der Mitte" (Grundmann i.d.B.) bzw. auf mesostruktureller Ebene, die im besten Fall „die Vermittlung zwischen Mikro- und Makroebene, zwischen Individuum und Gesellschaft leisten" (Dallinger/ Schroeter 2002: 20)[1] können. Speziell für intentionale Gemeinschaften wird ein spezifisches Problem der Generationen konstruiert unter Berufung auf Karl Mannheim (1928), welcher Grundlegendes zum Verständnis der *Entstehung* von

---

[1] Zusammenhänge z.B. zwischen persönlichen und gesellschaftlichen Generationenbeziehungen, bleiben oft unklar: Wie verhält sich die Beschwörung des *Generationenkrieges* (vgl. Gronemeyer 2004; Klöckner 2003; kritisch: Schütze 1997) zu Befunden unterstützender Familienbindungen und zu Reflexionen über Prinzipien staatlicher Umverteilung (vgl. Szydlik 2000; Kohli/Szydlik 2000) – wie die offensichtliche Abhängigkeit informeller Finanztransfers von Alt nach Jung von Renten- und Pensionen (vgl. Saake 1997: 110ff; Jaucken 2001) zu kulturpessimistischen, Sozialstaat (und individualistische Werte) anklagenden Entsolidarisierungsthesen (dazu Bertram 1995/1996)? In Sozialen Gemeinschaften lassen sich Zusammenhänge zwischen Handlungs- und Strukturebene vielleicht besser verstehen und beschreiben.

Generationen beitrug. Im Anschluss und über Mannheim hinaus werden intentionale Gemeinschaften aufgefasst als *konkrete Gruppen*, welche aus Verdichtungen generationenspezifischer Erfahrungen und Grundintentionen hervorgehen, um dann als soziale Gemeinschaften eine generationale Ausdifferenzierung und die Notwendigkeit zur Integration verschiedener Vorstellungen und Ansprüche zu erfahren. Generationenbeziehungen in intentionalen Gemeinschaften sind somit im Horizont sozialer Zeit zu betrachten als über Generationenfolgen fortschreitende Vergemeinschaftungsprozesse. Für diese Betrachtungen spielen die in den Gemeinschaften geltenden Grundintentionen eine erhebliche Rolle. Über die Umsetzung ausgesuchter Zielhorizonte ‚objektiv' zu befinden ist ein anderes Thema. Das hier gemeinte Generationenproblem manifestiert sich im unterschiedlichen Rekurrieren auf gemeinschaftlich geteilte Zielhorizonte in intergenerationalen Auseinandersetzungen, und es provoziert Veränderungen gemeinschaftlicher *Generationenpolitiken*, was hier am Beispiel der Kibbutzim illustriert wird.

Reibungen zwischen Angehörigen verschiedener Generationen können zurückgeführt werden auf eine grundsätzliche Spannung zwischen Vertrautheit und Unterschiedlichkeit, außerdem zwischen den Bestrebungen zur Bewahrung in der Gemeinschaft geltender Normen und Beziehungslogiken einerseits und zu deren Veränderung andererseits. Die Erforschung von Generationenbeziehungen in Gemeinschaftsprojekten ist somit anschlussfähig an die von Kurt Lüscher und anderen entwickelte Theorie der Generationenambivalenz und kann mit den entsprechenden Heuristiken arbeiten. In diesem Sinne schließt dieser Beitrag mit Thesen über Vergemeinschaftungsprozesse, die als Sensibilisierung für Forschungsfragen zu verstehen sind.

3. Das ‚Problem der Generationen' in Intentionalen Gemeinschaften –
   Soziologie Konkreter Gruppen

In seinem Essay über „das Problem der Generationen" entfaltet Karl Mannheim (1928) die Bedeutung generationentypischer ‚Lagerungen' für die Formung von Generationen-Identitäten. Lagerungen meinen Orte im Gefüge aus historischer und sozialer Zeit (Elias 1988), an denen Individuen ihre primären und intellektuellen Prägungen erfahren, wobei Ähnlichkeit der Lagerungen zu Generationen*zusammenhängen* verbindet, die sich wiederum in Generationen*einheiten* ausdifferenzieren, da auch Angehöriger gleicher Kohorten sich unterschiedlich und bisweilen widersprüchlich auf die vorgefundenen gesellschaftlichen Bedingungen einstellen. Jene Einheiten formieren sich, so Mannheim, um *konkrete Gruppenbildungen*, bzw. es sind diese Gruppen „wo Individuen in vitaler Nähe sich treffen, sich seelisch-gegenseitig steigern und in dieser Lebensgemeinschaft die (der neuen Lagerung entsprechenden) Grundintentionen sich herausstellen" (ebenda: 50).

Im Kontext von Gemeinschaftsforschung sind nun die konkreten Gruppen, die sich aufgrund deutlicher Übereinstimmung individueller Grundintentionen zusammenfinden, an und für sich von Interesse. Hätte Mannheim sich mit der Zukunft solcher konkreter Gruppen als „Lebensgemeinschaften" befasst, so hätte er ausführen können, dass sich in diesen wiederum Generationendifferenzen ausbilden, was die Notwendigkeit zur Integration verschieden gelagerter Menschen mit sich bringt (dazu Matthes 1985). Dieses Problem war für Mannheim vielleicht nicht reizvoll, da Gruppierungen seiner Zeit, etwa Jugendbünde oder auch Freischärler[2], vielmehr durch politische Brisanz als durch sensible Gestaltung von Generationenbeziehungen auffielen. Hier jedoch geht es um mehrgenerationales Zusammenleben in Gemeinschaftsprojekten, die ihrerseits ihren Ausgangspunkt in der Bündelung ähnlicher Ideen und der Entwicklung gemeinsamer Leitideen nehmen. Und hier stehen nicht die politischen Standpunkte, sondern synchron-strukturelle und diachron-prozessuale Beziehungs-Aspekte im Vordergrund, also das eigentliche „Problem der Generationen", wie es sich für intentionale Gemeinschaften als konkrete Gruppierungen darstellt.

Diese Gruppen sind in der Gründungszeit generational derart homogen zusammengesetzt, dass sie ein zur Gründung notwendiges Einverständnis erzielen können, dessen Fixierung für alle folgenden Generationen und Vergemeinschaftungsprozesse erhebliche Bedeutung behält. Mannheim spricht von einer „werbende(n) und verbindende(n) Kraft", welche die einmal entstandenen Grundintentionen und Formungstendenzen ausbilden, weil „sie mehr oder minder adäquater Ausdruck der betreffenden Generationslagerung sind" (ebenda: 50f). Diese Kraft wirke „später von dieser konkreten Gruppe auch abhebbar, (...) in der Ferne" (ebenda). Meinte Mannheim vielleicht vor allem eine *räumliche* Fernwirkung über die Grenzen der Gruppe hinaus, so ist hier vor allem eine *zeitliche*, Generationen überdauernde Fernwirkung von Interesse.

Diese Fernwirkung ist allerdings davon abhängig, dass die Grundintentionen der Gründergeneration *adäquater Ausdruck verschiedener Generationslagerungen* sein können, oder, um das Gleiche mit Blick auf die Akteure zu sagen, dass verschieden gelagerte Menschen die Grundintentionen in unterschiedlicher Weise

---

[2] In seinen *Studien über die Deutschen* analysiert Norbert Elias (1994) die Freischärler ebenso wie die Bewegung der ‚68-er' beispielhaft im Sinne von Mannheims ‚Problem der Generationen'. In seiner Arbeit über den jüdischen Jugendbund ‚Blau-Weiß' zeigt Jörg Hackeschmidt (1997), dass schon nach wenigen Jahren Spannungen zwischen verschiedenen Generationen die Beziehungen zwischen den Mitgliedern prägen.

auslegen und weiterentwickeln. In einer mehrgenerationalen sozialen Lebensgemeinschaft muss mithin eine Gleichzeitigkeit von intergenerational geteilten
Zielen und vor diesen Zielen womöglich gleichermaßen legitimen, aber genera-
tionenspezifisch differierenden Ansprüchen die Integrationsanforderungen
bestimmen. Diese Gleichzeitigkeit kann schon als eine Anlage von Ambivalenz-
erfahrungen gesehen werden.

3. Generationenbeziehungen in Kibbutzim

In den Kibbutzim brachte die Ausdifferenzierung der Generationen und der unterschiedlichen Interpretationen höchster Werte Veränderungen der Struktur-
formen und der Integrationsweisen mit sich. Edward Cohen (1982)[3] systemati-
sierte diese Prozesse als idealtypische Abfolge dreier Struktur- und Integrationstypen: dem *Bund*, der *Kommune* und der *Vereinigung*.

Der Bund weist die größten Übereinstimmungen mit Mannheims konkreter
Gruppe auf. Als *Strukturtyp* ist er eine überschaubare Gruppe, ohne weitere
Strukturen und Regeln als denjenigen, auf die die Gruppe sich zum Zweck ihrer
Aufbauarbeit geeinigt hat. Die Kommune ist dagegen strukturiert durch Unter-
gruppen und durch einen Lebensraum mit Wohn- und Arbeitsbereichen. Die
Vereinigung schließlich zeichnet sich aus durch eine Vielzahl von Institutionen
und Regeln, welche dem Zusammenleben des Kibbutz eine strukturierte Ord-
nung geben.

Die Strukturtypen unterstützen jeweils einen *Integrationstypus*. Der Bund hält
die Projekt-Gründer zusammen durch Aufbruchsstimmung, Pioniergeist und
Freude am Zusammentreffen mit Gleichgesinnten. Struktur ist als integrierender
Faktor irrelevant. Der Bund ist, so Cohen, „durch eine intensive Gefühlsbindung
zwischen den Mitgliedern und eine starke Anhänglichkeit an die sie bewegenden
Ideale gekennzeichnet. Die Mitglieder des Bundes leben in einem Zustand ge-
steigerter Emotionalität. (Er) wird von gleichgesinnten Erwachsenen gebildet,
die sich aufgrund freier Wahl und persönlicher Entscheidung zusammengeschlossen haben" (ebenda: 290). Hauptanker der Integration sind höchste gemeinsame *Werte*.

Mit dem Eintreffen zusätzlicher Arbeitskräfte verlor die konkrete Gruppe ihre
Homogenität. Die ‚Neuen' waren jünger, kamen aus anderen Herkunftsländern

---

[3] Maria Fölling-Albers und Werner Fölling (2000) strukturieren einen aktualisierten und sehr
informativen Überblick über die Entwicklung des Kibbutz entlang von Cohens Modell. Da
mir dessen mehr formalisierender Stil hier entgegenkommt, beziehe ich mich auf einen, zuge-
geben kaum mehr aktuellen Aufsatz von Cohen.

und teilten weder die „Ur-Erfahrung" des Pioniergeistes noch das gesammelte alltags- und organisationspraktische Wissen der ‚Etablierten'. Mit dieser ersten generationalen Differenzierung vermehrten sich die Meinungen über die richtige Umsetzung der Kibbutz-Werte. Entsprechende Spannungen gefährdeten die bis dahin alle Schwierigkeiten kompensierende Motivation des Bundes. So kam mit der ‚Verstärkung' oft die erste Krise. Allerdings wurde, noch motiviert vom „Geist allgemeiner Einigkeit", großer Aufwand auf vollständige Integration der Neuen verwendet (vgl. ebenda: 301ff).

Generationenbeziehungen rückten umso mehr in den Vordergrund, als im Kibbutz Familien gründet wurden. In dieser Phase tauchte eine Ambivalenz auf, welche endgültig eine neue Integrationsstrategie erforderte.

„(A)ndere Faktoren wirken in Richtung auf Umwandlung. Der wichtigste ist vielleicht der Lebenszyklus der Mitglieder. Bei der Gründung sind die meisten Mitglieder jung und noch ledig. Wenn Familien gegründet und Kinder geboren werden, entsteht ein neuer Brennpunkt des Interesses und der Identifikation – die Kernfamilie.(...Es gibt) normalerweise einen offenen Konflikt zwischen der aufkeimenden Familiensolidarität und den Bemühungen des Kollektivs, sich die völlige Ergebung seiner Mitglieder zu sichern. (...) Eine Lösung wird erst durch die Neufestlegung der Rolle der Familie in der voll ausgebildeten Kommune erzielt." (ebenda: 302)

Mit der Entwicklung zur *Kommune* ist Mannheims konkrete Gruppe ‚aufgehoben', also gleichzeitig stabilisiert und überwunden. Der Zusammenhalt beruht nun primär auf einem *Netz stabiler sozialer Beziehungen*. Die Mitglieder pflegen untereinander verschieden intensive Bindungen. Familien und andere „partikularistische(...) Gruppen werden um ihrer selbst Willen gestattet und anerkannt, aber auch als Mittel gesehen, den Einzelnen in einen größeren Rahmen zu integrieren" (ebenda: 293ff). Eine gewisse Pluralität der Lebensstile, wie sie heute ausdrücklich zu den Prinzipien und geschätzten Charakteristika von Kommune-Bewegungen gehört (vgl. die anderen Beiträge im 2. Teil dieses Bandes), kann so von einer Last zu einer Bereicherung werden.

Die Weiterentwicklung der Kommune zur *Vereinigung* beruht ihrerseits auf der weiteren Ausdifferenzierung von Generationen. Darüber hinaus ist sie als Modernisierungsprozess einer Gemeinschaftssiedlung zu beschreiben. Entsprechend der zunehmenden Größe und Arbeitsteilung werden Entscheidungskompetenzen von der Generalversammlung auf verschiedenste Gremien und Arbeitsbereiche verteilt und Funktionäre eingesetzt, was neue soziale Spannungen und Schichtungen provoziert. Diese Kibbutzgesellschaft integriert ihre Mitglieder primär über ihre *Institutionen*. Andererseits hatten familiäre und freundschaftliche Bindungen während der Entwicklung des Bundes zur Vereinigung Zeit zum wachsen, so dass partikulare soziale Beziehungen umso mehr Halt geben.

Die Geltung höchster Werte, bzw. jene werbende und verbindende Kraft ursprünglicher Grundintentionen wirkt in der Tat in die zeitliche Ferne[4], bzw. über die Generationen hinweg. Die Bewahrung eines wertrationalen Zusammenhalts bis in die Vereinigung wird begünstigt durch einen „Mangel an Kriterien für eine allgemeine Umsetzung höchster Normen für tägliches Verhalten" (Cohen 1982: 301). Gerade weil niemand letztgültig zu sagen vermag, was eine genaue und richtige Umsetzung sozialistischer Werte in gemeinschaftliches Leben sei, können viele mit der Zeit auftretende Veränderungen und Bestrebungen mit diesem Grundmotiv legitimiert werden. Um dies zu illustrieren, ist der Schwerpunkt der Darstellung nun vom Generationen*problem* auf Generationen*themen* und Generationen*politiken* zu verschieben. Die Kinderpolitik der Kibbutzim reagierte auf die Konfrontation abstrakter Leitideen mit inneren und äußeren Entwicklungen. Zu Altenpolitik dagegen gab es gar keine originären Intentionen.

Generationenpolitik

Der Versuch, Funktionen der Kleinfamilie auf ein Minimum zu beschränken und auf die Gemeinschaft, konkret auf Kinderfrauen, zu verlagern, war motiviert durch die Konzentration der Kräfte auf Aufbau und Verteidigung der Siedlungen, dem Vorsatz gleicher Beteiligung von Männern und Frauen an diesen Aufgaben und ganz wesentlich durch die Ablehnung als überautoritär und übermäßig beschützend erfahrener eigener Familienbeziehungen (vgl. Beit-Hallami 2002: 42ff; Nathan 2002: 17ff; Cohen 1982: 302). Die radikale Kollektiverziehung ist somit prinzipiell durch sozialistische Grundintentionen[5], ursächlich aber mit konkreten Interessen der Gründergeneration erklärbar. Diese Erziehungsweise entpuppte sich als „Notlösung" (vgl. Bettelheim 1990: 23ff), als die herangewachsenen Kinder über die Kinderpolitik mitredeten. Sie bejahten die Kollektiv-Erfahrungen in der Peer-Group, forderten aber mehr Intimität mit den ei-

---

[4] Dies zeigt sich, wo in der Besprechung von Institutionen, wie z.B. des Kibbutzeigenen Schulsystems, noch immer die Kibbutzideale zum Maßstab genommen werden. So zum Beispiel Avrahami(2002: 30): „Die Tatsache, dass die Schule nicht selektiv ist, verweist auf ihr egalitäres Anliegen; sie ist weniger wettbewerbs- und leistungsorientiert und bietet vielfältigere individuelle Entwicklungsmöglichkeiten".
[5] Eine ‚ursprüngliche' ideologische Figur zielte auf dauerhafte Integration durch die Formung neuer, habituell gemeinschaftsorientierter Charaktere (vgl. Bettelheim 1990: 20ff), was an Visionen utopischer Kommunen erinnert. Die Kollektiverziehung kann prinzipiell zu den „ungewöhnlichen bis spektakulären Mitteln und Formen" (Goertz 1984: 7ff) gezählt werden, mit denen diese Vision bislang zu verwirklichen gesucht wurde.

genen Eltern. In den folgenden Jahrzehnten wurde das Übernachten der Kinder von Kinderhäusern in die Elternhäuser verlagert (vgl. Nathan 2002)[6]. Die Verständigung der Generationen brachte einen „Dualismus von Familie und dem gemeinschaftlichen Erziehungssystem" (Avrahami 2002: 28), welches zunehmend individualistische Elemente aufnahm. Kibbutzim waren ein aktiver Teil einer allgemeinen Modernisierungsdynamik, was auch das Aufwachsen und die Erziehung beeinflusste. Je mehr ‚alternative' Lebenschancen die israelische Gesellschaft der nachwachsenden Generation bot, desto mehr verschoben sich Erziehungsziele vom Leben im Kibbutz zu Autonomie und Individualität und wurden formale Bildungstitel angestrebt (Fölling/Fölling-Albers 2002: 9f). Die Botschaft an die Heranwachsenden wurde eine doppelte und ambivalente:

„Die ‚offizielle' (Botschaft) lautet immer noch: Werde Mitglied und engagiere Dich für den Kibbutz. Die ‚heimliche Botschaft lautet: Suche Deinen Weg zum persönlichen Erfolg außerhalb des Kibbutz!" (ebenda).

Die Integration alter Menschen in den Kibbutz kann nicht vor ursprünglich erklärten Idealen besprochen werden. Umso mehr folgt Altenpolitik unvermeidlichen Veränderungen – insbesondere dem Altern der Mitglieder – und entsprechenden Notwendigkeiten. Das offizielle Interesse der Kibbutzbewegung hinkte allerdings der realen Entwicklung hinterher (vgl. Leviatan 2002: 92). Ihre Forschungen zum Altern begannen ein dreiviertel Jahrhundert nach den ersten Kibbutz-Gründungen.

Uriel Leviatan (2002) zeigte, dass Lebenszufriedenheit im Alter steigt mit einem durchgängigen Verbleib in einem Kibbutz, der stabile Freundeskreise und Familienbeziehungen im sozialen Nahbereich mit sich bringt. Mit Längsschnittvergleichen identifizierte Leviathan in guten sozialen Arrangements wahrgenommene gemeinschaftliche Verantwortlichkeit als wesentliche Voraussetzung für „Gelingendes Altern" im Kibbutz[7]. Entscheidende Unterschiede zwischen den Kibbutzim bestünden hinsichtlich der Sozialen Angebote, der Einbindung in Entscheidungsprozesse und der Möglichkeit, bei stabilem Lohn individuellen Fähigkeiten entsprechend zu arbeiten[8]. Solche gemeinschaftlichen Leistungen

---

[6] Ermutigt durch ihre Kinder erhoben auch Frauen Einwände bezüglich unterdrückter Bedürfnisse und Erfahrungen von Rollenverlust (vgl. Nathan 2002).

[7] Für Leviatan sind die Ergebnisse seiner Forschungen für industrielle Gesellschaften relevant, weil die ältere Bevölkerung der Kibbutzim in vieler Hinsicht anderen Bevölkerungsgruppen ähnele, die sozialen Arrangements sich aber wesentlich unterschieden und die Lebenserwartung im Kibbutz durchgängig höher sei (vgl. Leviatan 2002: 90ff).

[8] Viele Kibbutzim schufen speziell für Alte geeigneten Arbeitsbereiche.

brächten für die Mitglieder Stabilität von Status, sozialen Rollen und Lebenser-
fahrungen, was die Lebenszufriedenheit erhöhe.[9]

Anhand im einzelnen plausibler statistischer Zusammenhänge erläutert Leviatan
den Schluss, jene Kibbutzim, die sich (noch) stark an den „alten" gemeinschaft-
lich-sozialistischen Kibbutz-Werten orientieren, ermöglichten eher gelingendes
Altern. Damit verbunden sind wichtige Hinweise für eine zukünftige rationale
Generationenpolitik. So wichtig diese Fragen sind – das „Generationenproblem", um das es hier geht, ist zunächst ein Deutungsmuster, welches auf die jeg-
liche Entwicklungen von Beziehungsgeflechten und Beziehungslogiken(i.S.v.
Lüscher/Liegle 2003: 270ff) angelegt werden kann. Dieses Vorgehen ist unabhängig davon möglich, ob Cohens Modell der idealtypischen Abfolge von Bund,
Kommune und Vereinigung vielleicht nur einen kleinen Teil des Spektrums intentionaler Gemeinschaften wirklich treffend erfasst, was an anderer Stelle zu
prüfen wäre. Jedenfalls lässt sich für die Kibbutzim nachzeichnen, wie im Zuge
von Modernisierungsprozessen, der Zunahme interner Differenzen, der Anpassung der Kinderpolitik und der Bewältigung des Alterns unterschiedliche, (inter)subjektiv jeweils ‚richtige' Auffassungen der Kibbutz-Werte auftraten, die
nacheinander Geltung erlangten, jedoch in ihrer Gleichzeitigkeit die Generationenbeziehungen mitbestimmten. Dies gilt z.B. für das Ziel „Egalität" genauso,
wie für das Prinzip, dass jeder nach seinen Fähigkeiten gebe und nach seinen
Bedürfnissen erhalte: So lange nicht Generationendifferenzen, sondern Ressour-
cenknappheit zu bewältigen waren, arbeiteten alle Mitglieder für gleichen geringen Lohn, und befriedigten zwangsläufig gleiche geringe Bedürfnisse. Hier lag
eine quasi prästabilierte Harmonie vor zwischen Egalitäts- und Bedürfnisprin-
zip, die verloren ging, als zunehmender Wohlstand Angebote für differente Bedürfnisse brachte (vgl. Cohen 1982: 305). Familiengründungen verlangten nach

---

[9] Dieser Befund ist die im Zusammenhang mit der Disengagement-These (vgl. Schroeter
2004: 10ff; Saake 1998: 48ff) von Bedeutung, der zufolge die moderne gesellschaftliche Arbeitsteilung eine funktionslose Altersphase bzw. Status- und Rollenverlust nach dem Er-
werbsleben mit sich bringe. Im Anschluss an diese These lässt sich folgende Vermutung auf-
stellen: Je mehr Gemeinschaften die Grenzen zwischen ‚produktiven' und ‚funktionslosen'
Lebensphasen auflösen und je weniger damit Menschen ‚alt gemacht' werden (vgl. Saake
1998: 53ff), umso weniger müssen älterer Menschen als ‚Alterslast' empfunden werden, und
umso mehr können die Generationen in ihrer gemeinsamen Lebenszeit sich gegenseitig bereichern. Damit stellt sich u.a. die Frage nach in sozialen Gemeinschaften geltenden Alters-
bildern. Diese Frage ist theoretisch geöffnet, seit Alternssoziologen das Alter als „soziale
Hervorbringung" (Rosenmayr 1978: 22), außerdem „Produktivität" oder „Last" als beliebig
konstruierbare Zuschreibungen (vgl. Schütze 1997; zu diesen Themen die von Gertrud M.
Backes und Wolfgang Clement herausgegebene Reihe „Alter(n) und Gesellschaft") verhandeln. Bei all dem tritt dennoch *der* Testfall für die Generationenbeziehungen ein, wo die Alten
nicht mehr als kompetente, kreative, engagierte, bereichernde, sondern als gebrechliche, be-
dürftige, schwierige, kranke Menschen auftreten (vgl. Krappmann/Lepenies 1997: 13).

einer Relativierung der familienfeindlichen Besetzung von Sozialismus, das Auftreten einer neuen Generation und nach einem besonderen Differenzprinzip. Vor dem Vorsatz der Gleichberechtigung rechtfertigte das Altern der Gründer eine Arbeitsteilung ,nach besonderen Fähigkeiten' bei konsequent egalitärer Entlohnung. Mit dem Zwang zu Wirtschaftlichkeit aufwachsende[10] Generationen forcierten dagegen eine nach Arbeitsbereichen und formalen Qualifikationen differenzierte Entlohnung, womit sie die alten Menschen um das Privileg besonderer Arbeitsmöglichkeiten bei egalitärem Lohn brachten. Dass „Gleichberechtigung" nur noch vor den Profitabilitätskriterien gelten sollte, ist längst nicht die erste, aber eine große Herausforderung für das Selbstverständnis des Kibbutz, eine sozialistische Siedlungsform zu sein (vgl. Fölling/Fölling-Albers 2000).

4. Zwischenfazit: „An experiment, that did not fail"

Auch Jahrzehnte nach Martin Bubers „Pfade in Utopia" (1950) wurde der Kibbutz-Bewegung ein vorbildliches Nicht-Scheitern als mikrosozialistisches Experiment in kapitalistischen Verhältnissen bescheinigt (z.B. Gilgenmann/Heinsohn 1982). Als gelungen und wegweisend werden insbesondere Gemeinschaftserziehung (Liegle 1979) und Altenpolitik (Leviatan 1982) bezeichnet.

Hier muss die Entwicklung des Kibbutz genauso wenig bewertet werden wie die irgendeiner anderen intentionalen Gemeinschaft. Entscheidend ist die Annäherung an das Phänomen der Vergemeinschaftungsprozesse in solchen Formationen an und für sich. Die Abfolge von Bund, Kommune und Vereinigung ist einerseits aus schon recht langfristigen Beobachtungen eines speziellen Siedlungstypus hervorgegangen, welcher unter speziellen Bedingungen startete und bereits enorm unterschiedliche Bedingungen und Phasen erlebte. Mithin kann für viele andere Gemeinschaften eine analoge Entwicklung vielleicht nicht belegt werden. Andererseits können die Phänomene der generationalen Ausdifferenzierung sowie der mit der Zeit auftretenden Aufgaben der Integration in der Gemeinschaft geborener Kinder und alt gewordener Mitglieder für soziale Lebensgemeinschaften als unvermeidlich angesehen werden. Eine im zunehmende Institutionalisierung sozialer Beziehungen als universale Tendenz anzunehmen, scheint ebenfalls gerechtfertigt, insofern sich hierdurch eine Gemeinschaft über den Anfangselan hinaus stabilisieren und die Integration unterschiedlich alter, und zu unterschiedlichen Zeitpunkten hinzukommender Mitglieder als gemeinschaftliche Leistung bewältigen kann. Insbesondere eine gemeinschaftliche Al-

---

[10] Der Kibbutz verlor mit der finanziellen Stützung durch Dachverbände und Regierung das Privileg, ohne Rücksicht auf Profitabilität ideologisch legitim zu wirtschaften.

tersversorgung bedarf einer institutionalisierten Berechenbarkeit, damit Menschen ihre Lebensperspektiven mit einem Gemeinschaftsprojekt identifizieren können. Spannend ist der Umgang mit solchen Aufgaben, weil dem Bedürfnis nach Stabilität durch Institutionalisierung ein anderes Bedürfnis gegenübersteht, nämlich jenes nach möglichst wenig Institution und „Verkrustung". Letzterem entsprechen Wünsche nach deutlichen gemeinschaftlichen Besonderheiten gegenüber der Gesellschaft und sowie nach einem „ursprünglichen" Pioniergeist, jene Bestrebungen, denen folgend viele Mitglieder ihren Kibbutz verließen um sich neu zu verbünden (vgl. Cohen 1982: 331ff). Mit der Zeit verschoben sich allerdings die Motive Junger Erwachsener zum Verlassen des Kibbutz hin zu einem ‚normalen' gesellschaftlichen Leben. Das Streben nach Verstetigung einer sozialen Gemeinschaft bringt aber in jedem Fall Cohen eine unausweichliche „Schwankung zwischen Institutionalisierung und Erneuerung" (ebenda: 290), mit sich, welche mit Kurt Lüscher als Bivalenz, welche Ambivalenzerfahrungen hervorrufen kann, einzuordnen ist. Der Umgang mit solchen Ambivalenzen ist wieder ein allgemeines „Problem der Generationen", jedoch eines konkreter Beziehungsgestaltung, dass sich allerdings wiederum in intentionalen Gemeinschaften in besonderer Weise darstellen könnte. In diesem Sinne ist das Konzept intergenerationaler Beziehungsambivalenzen wegweisend für die weitere Konzeptionalisierung soziologischer Gemeinschaftsforschung. Die nähere Erläuterung des angedachten Vorgehens umfasst einige Bemerkung zum Erkenntnisinteresse. Es ist nämlich nicht zuletzt die Eigenart des Ambivalenzkonzeptes, analytisch hilfreiche Komplexität an die Stelle normativer Eindeutigkeit zu setzen, die es für diesen Artikel so wertvoll macht.

5. Zur Konzeptualisierung der Gemeinschaftsforschung

Anmerkungen zu Erkenntnis und Interesse

Die Konstruktion eines speziellen Generationenproblems soll das Verstehen und Erklären intentionaler Gemeinschaften stützen. Bis hierher wurden mehr oder weniger verallgemeinerbare Vorstellungen über Vergemeinschaftungsprozesse und Generationenthemen am Beispiel der Kibbutzim vorgestellt.

Ein nächster Schritt wäre, persönliche, auch familiale Generationenbeziehungen systematisch zu erfassen, also in Hinblick auf ihre Eigenlogiken sowie auf Besonderheiten, die sie durch ihre Einbettung in die Dynamiken eines Gemeinschaftsprojekts erfahren können. Das Kibbutz-Beispiel zeigt schon, dass eine solche Annäherung an Generationenbeziehungen nicht auf ideologischer Meinung, etwa zur „bürgerlichen Kleinfamilie" aufbauen *kann*. Offensichtlich nämlich variieren Einstellungen gegenüber familialem Leben im Verlauf von Vergemeinschaftungsprozessen bzw. im Austausch der Generationen, ganz zu schweigen von Unterschieden zwischen verschiedenen sozialen Gemeinschaften. Gegenstand der Forschung sind eben die Dynamiken gemeinschaftlicher Beziehungen, Austausch und Reibungen zwischen den Generationen im Bemühen um dauerhafte Integration und, im Zusammenhang damit, die legitimen Selbstdefinitionen der Gemeinschaft. Ideen und Idealismen der Gemeinschaftsbewegungen sind mithin ein Gegenstand, aber keineswegs der Kern des Forschungsinteresses. Gegenstand sollen sie umso mehr werden, wenn in Feld- und Diskursanalysen[11] Anlässe und Inhalte intergenerationaler Auseinandersetzungen, von Differenzerfahrungen und Ambivalenzen in intentionalen Gemeinschaften genauer dargestellt werden.

Die Entscheidung, die einer solchen Fragestellung zugrunde liegt, ist eine ganz grundsätzliche: Ähnlich wie bei James Coleman (1995: 5) soll es darum gehen, die Sozialbeziehungen auf handlungstheoretische Weise von *innen* heraus zu erklären und nicht darum, Soziales durch den Hinweis auf Normen zu erklären. Auf diese Weise sei, so Coleman, die „fundamentale Spannung zwischen Mensch und Gesellschaft" offen zu halten und die Subjekttätigkeit der Menschen einzuholen (vgl. ebenda). Mit der gleichen Intention argumentiert Matthias Grundmann an anderer Stelle (2005) in einem politiktheoretischen Zusammenhang dafür, eine „Sinnhaftigkeit sozialen Handelns (...), die jeder Sozialordnung vorangeht" (ebenda: 153) als heuristische Grundlage aufzubauen, und stellt in seinem Beitrag in diesem Band eine Reihe daran anschließender Kategorien und Zugänge vor.

Prinzipiell können aber – wie gesagt – alle Grundsatzentscheidung unterschiedlich interpretiert werden, auch solche über Forschungszugänge. Jene skeptischen Anmerkungen von Thomas Mohrs (i.d.B.)[12] fordern meiner Ansicht nach nicht zuletzt eine Vergewisserung darüber, inwieweit Ansätze von Gemeinschaftsforschung „befangen und gefangen" (Bourdieu/Wacquant zit. n. Schroeter 2002:

---

[11] Angelehnt an Klaus R. Schroeters Konzept ‚Figurativer Felder' (2002/2004) könnten auch Vorraussetzungen für die gemeinschaftliche Generationenpolitik, u.a. die Übernahme von Aufgaben wie Altersvorsorge und Altenpflege ermittelt werden. Wichtig wäre dabei, Verhältnisse verschiedener Felder zueinander, z.B. des Feldes der Pflege zu jenem einer Gemeinschaftsbewegung zu erschließen.

[12] Mohrs reibt sich insbes. an der von Iris Kunze Ende 2004 aufgestellten Forderung nach einer an ethischer Normativität ausgerichteten Gemeinschaftssoziologie. Diese Forderung vertritt Kunze in diesem Band so nicht. Mohrs' skeptische, dabei in konstruktiver Weise als forschungsleitende Fragen formulierte Einwände treffen durchweg Schlüsselthemen wünschbarer Untersuchungen. Im Zusammenhang damit sei hier die Hoffnung ausgedrückt, der vorliegende Band zeige in seiner Gesamtheit, dass Engagement für bestimmte Gemeinschaftsbewegungen und deren Leitideen einerseits und soziologische Gemeinschaftsforschung andererseits nicht ineinander aufgehen.

145) im Spiel des jeweils besprochenen Feldes sind. Vor einem derart engagierten Interesse mag es nämlich als sehr unbefriedigend erscheinen, Leitideen der Gemeinschaften *nur* hermeneutisch-analytische Relevanz zuzugestehen und ihre Umsetzung *primär* unter dem Gesichtspunkt eines Kriterienmangels zu besprechen. Wenn denn aber gegebenenfalls das Soziale eben doch mit dem Hinweis auf Normen erklärt werden soll, dann ist es nur legitim, dies ganz explizit zu tun und möglichst transparent darzustellen, welche Art von Hypothesen besprochen wird[13].

Ambivalenzen - Eine Heuristik der Generationenforschung

Im vorliegenden Beitrag geht es nun wieder um Überlegungen zu forschungsleitenden Heuristiken im Zusammenhang mit dem Generationenproblem. Solche Heuristiken sollten Verbindungen zwischen familialen Generationenbeziehungen und Prozessen auf der Projektebene erfragbar machen. Eine solche Verbindung ist die Frage, in welcher Weise die Mitgliedschaft in einer intentionalen Gemeinschaft besondere Dispositionen für Ambivalenzen mit sich bringt und Ambivalenzen möglicherweise forciert oder auch abfängt. Dieser Fragestellung kommt die von Kurt Lüscher im Konstanzer Forschungsbereich "Gesellschaft und Familie" entwickelte Ambivalenztheorie (z.B. Pillemer/Lüscher 2004; Lüscher/Liegle 2004: 285ff; Lüscher/Pajung-Bilger 1998) entgegen. Nach deren zentraler Annahme ist Generationenbeziehungen grundsätzlich eine *Disposition*, Ambivalenzerfahrungen zu generieren, zu eigen, woraus sich die *Aufgabe* ableite, mit Ambivalenzen umzugehen. Dies ist die Aufgabe, die sich aus der dem „Generationenproblem" eigenen Zwiespältigkeit zwischen Bestrebungen nach Zugehörigkeit und Erneuerung ergeben. Der Umgang mit Generationendifferenzen, -konflikten und -identitäten im Zuge von Bemühungen um soziale Integration sind sowohl Kernthemen der Generationenforschung (vgl. Lüscher/Liegle 2004: 27ff+237ff), als auch Schlüsselthemen von Vergemeinschaftungsprozessen in intentionalen Gemeinschaften. Das originäre Erkenntnisinteresse der Ambivalenztheorie, nämlich zu erklären, wie „sich die Beziehungen zwischen Eltern und Kindern vor dem polaren Gegensatz zwischen Nähe und Ferne, zwischen Abhängigkeit und Unabhängigkeit, zwischen Verpflichtung und Freiwilligkeit bewegen und innerhalb dieses Spannungsfeldes zu gestalten sind" (Lüscher/ Pajung-Bilger 1998: 81), ist ein Kernproblem intentionaler Gemeinschaften.

---

[13] Ein Beispiel für Transparenz in diesem Sinne ist der Beitrag von Karl-Heinz Meier in diesem Band.

Ambivalenz kann mithin einerseits als Deutungsmuster an die Dynamik der Gemeinschaftsprojekte angelegt werden und andererseits als Forschungskonstrukt die Erfragung konkreter Beziehungserfahrungen in solchen Projekten anleiten. Dieses Konzept ergänzt dabei die Überlegungen zu Mannheim und der Kibbutz-Geschichte geradezu passgenau. Denn während der Rekurs auf Karl Mannheim sich dem besonderen „mesostrukturellen" Generationenbeziehungen von einer makrosoziologischen Perspektive aus angeht, ist der Ausgangspunkt des Konzepts der Ambivalenz eine Mikroperspektive. Darüber hinaus unterschiedet es persönliche von institutionalen Aspekten konkreter Generationenbeziehungen. Dem persönlichen Beziehungsaspekt sind die gegensätzlichen Bestrebungen *Konvergenz* und *Divergenz* zugeordnet, während Reproduktion und Innovation den institutionalen Aspekt betreffen. Jeder persönlichen resp. gemeinschaftlichen Bezugnahme wird ein dynamisches, und eben oft ambivalentes Verhältnis zu der jeweils gleichen Beziehung als Institution unterstellt. Und dieses Verhältnis kann alle wichtigen Ebenen der Institutionalisierung betreffen: Familie, Verwandtschaft, Gemeinschaftsprojekt, dessen Untergruppen und gesellschaftliche Verhältnisse.

Die Ambivalenztheorie stellt weder einzelne Beziehungsdimensionen, etwa Kontakt- oder Konflikthäufigkeit, noch normative Zielhorizonte, wie z.b. Solidarität oder Emanzipation in den Mittelpunkt, sondern die Empfindung von und den Umgang mit den besagten Spannungen. Ambivalenzen bezeichnen dabei kein Beziehungsdefizit, sondern die Motivation von Handlungs- und Beziehungslogiken, deren Skizzierung auch widersprüchlich scheinende Ergebnisse zusammenführen kann. Solche Ergebnisse benennen die Modi des Umgangs mit den genannten bivalenten Bestrebungen (vgl. Lüscher/Liegle 2003: 289ff).

Forcierte Ambivalenzen?

Für welche Ambivalenz-Erfahrungen könnten nun intentionale Gemeinschaften in besonderer Weise disponiert sein? Aus Mannheims Essay wurde oben eine notwendige Gleichzeitigkeit von Übereinstimmung und Unterschieden im Verständnis gemeinschaftlichen Lebens abgeleitet. In Ansehung des Kibbutz formuliert Cohen einen fundamentalen Konflikt „zwischen Konformitätsdruck und der somit bewahrten kollektiven Solidarität einerseits und der Freiheit jedes Mitglieds (...), die Grundvorschriften des Kibbutzlebens unabhängig zu interpretieren" (Cohen 1982: 209), ein Konflikt, der leicht auch als Generationenkonflikt vorstellbar ist. Der Umgang mit Bedürfnissen nach Nähe und Distanz wurde im Kibbutz organisiert unter anderem durch den Speisesaal, dem wichtigsten intergenerationalen Treffpunkt (vgl. Leviatan 1982: 92ff), sowie mit eigenen Wohnbereichen für ältere Mitglieder. Gemeinschaftliche Arrangements, jene des

Aufwachsens genauso wie die des Alterns, sind im Laufe der Zeit problematisiert und verändert worden. Solche Vorgänge können auf ihre Plausibilität im Sinne der Reaktion auf Veränderungen kommunitärer und gesellschaftlicher Verhältnisse hin befragt werden. Sie können ebenso gut auch auf jene „Schwankung zwischen Institutionalisierung und Erneuerung" (Cohen s.o.) hin fokussiert werden, welche Lüscher als bivalente Bestrebungen nach *Reproduktion* und *Innovation*, verallgemeinert. Lüschers Ambivalenzkonzept ist der Art interpretierbar, dass alle Spannungsbögen das Verhältnis eines Menschen zu seiner Herkunftsfamilie genauso bestimmen können wie jenes zu seiner Zeugungsfamilie und auch zu einer intentionalen Gemeinschaft. Zunächst einmal tritt also mit der intentionalen Gemeinschaft ein Anlass mehr für Generationenambivalenzen in gemeinschaftlichen Beziehungen auf, und es wäre herauszufinden, wie diese sich zu familialen Bivalenzen verhalten. Vielleicht werden sie als Modell zur Lösung, zur Vermeidung oder zur „Aufhebung" familialer Spannungen betrachtet. Neben den vorgestellten und angestrebten Konsequenzen der Vergemeinschaftung könnten aber auch andere Effekte auftreten.

Als sehr allgemeine Hypothese kann formuliert werden, dass alle Beziehungen eines Menschen beeinflusst werden können durch seine Zugehörigkeit zu einem Gemeinschaftsprojekt. Konkreter könnte das bedeuten, dass dortiger Verbleib, Austritt und gegebenenfalls Wiedereintritt prekäre Schwellen auch für familiale Bindungen und Anlässe für Neuordnungen intergenerationaler Beziehungen (vgl. Lüscher/ Pajung-Bilger 1998) sein können.

So könnten beispielsweise Solidaritäts- und Reziprozitätserwartungen[14] verunsichert werden, wenn ein Familienmitglied auf Lebenszeit seine Einkommens- und Zeitressourcen an ein Gemeinschaftsprojekt bindet. Spannungen zwischen Projekt- und Familienanbindungen könnten als Konflikte zwischen zwei Loyalitäten erlebt werden. Dabei kann auf jeder Seite wiederum die Spannung zwischen Reproduktion und Innovation virulent werden, beispielsweise materielle und soziokulturelle Aspekte des Vererbens und Ererbens betreffend (Lettke 2003). Der Terminus „Ererben" verweist auf die notwendig aktive Aneignung eines Erbes (ebenda), die verbunden ist mit einer Positionierungen zu Erwartungen der jeweils vererbenden Generation. Das Aufsuchen ‚alternativer' Lebensstile muss nicht ausschließlich als Ablehnung des „Überkommenen", sondern

---

[14] Um dies zu präzisieren wären die im „Feld" wirksamen gemeinschaftlichen Prämissen sowie internalisierte und/oder durch Notlagen entstandene Erwartungen zu ermitteln. Verunsichert werden könnten z.b. Vertrauen in einen *lebenszyklischen Ausgleich* zwischen Eltern und Kindern, wenn Kinder in ihre Mitgliedschaft in andere Gemeinschaften stark investieren, oder wenn Gemeinschaften *Nachhaltigkeit* mit Vorstellungen eines *Kettentauschs*, also Leistungen und Verantwortung nur gegenüber jeweils nach folgenden Generationen, verbinden.

kann auch im Spannungsfeld zwischen Innovation und Bewahrung, oder anders: als generationenspezifische Aneignung vererbter Prämissen[15] gesehen werden. In diesem Sinne kann nach familialen Beziehungen gefragt werden, gleich, ob die Verwandten in der gleichen Gemeinschaft leben, oder nicht. Brisant werden Vererben und Ererben durch die oben gezeigte Modernisierungsdynamik, durch welche In Gemeinschaftsprojekte hineingeborene Menschen viele „alternative" Lebensoptionen außerhalb der Gemeinschaft sehen. Interessant ist, ob, und gegebenenfalls inwiefern, Erwartungen von Eltern und Gemeinschaft hinsichtlich der Bindung an die Gemeinschaft einerseits und „Emanzipation" andererseits, miteinander konfligieren. Ambivalenzen könnten forciert werden beispielsweise durch das offizielle oberste Erziehungsziel der US-amerikanischen Ökodorfbewegung, nämlich „Sustainability plus Living"[16]. Der ‚jungen Generation' wird hier öffentlich die Aufgabe zugewiesen, im Sinne der Bewegung die eigene Persönlichkeit und die gesellschaftlichen Verhältnisse fundamental umzugestalten[17]. Die zukünftige Umsetzung des Nachhaltigkeitszieles wird hier als Aneignung eines Erbes definiert, die den Aufbauarbeiten der Älteren erst den von diesen zugeschriebenen Sinn verleiht, nämlich die Schaffung ‚sozialer Gefäße' als Voraussetzung neuer, von den Kindern zu praktizierender Lebensweisen[18]. Hier zeigt sich ein Anspruch auf Deutungs- und Steuerungsmacht,[19] welcher fundamentale Generationen-Konflikte zu forcieren geeignet sein sollte.

Ein Anlass zur Neujustierung von Generationenbeziehungen könnte in der Tatsache des (kollektiven) Alterns von Gemeinschaftsgründern liegen. Gesetz den Fall, es seien nur wenige Kinder vorhanden, die zudem eigene Wege gehen, so kann eine Gemeinschaft über kurz oder lang vor der Alternative zwischen Auflösung und dem Übergang in betreute Wohngruppen stehen. Viele Gemeinschaften ‚sichern', ihren Nachwuchs von ‚außen', durch attraktive Leitideen und soziale Angebote. Konfrontiert mit Versorgungsansprüchen, müssten sich die jun-

---

[15] Z.B. ein ökologischer Lebensstil.

[16] Dazu: http://www.gaia.org/education/living.asp

[17] Die Gründerin und Präsidentin des Earth Restoration Corps (ERC) teilt der jungen Generation folgendes mit:
"If you are a young person, I must share with you that the world that you are inheriting is out of balance and that your job is to take the lead in restoring the balance. Your task is nothing less that helping humanity change direction in what may be one of the most crucial moments in our history.(...) The assignment requires a transformation of consciousness at the deepest level". (Fundort: http://www.earthrestorationcorps.org)

[18] Dazu: http://www.gaia.org/education/index.asp

[19] Böhnisch/Blank bemerken, dass mit dem Fortschrittsglauben auch für die Junge Generation der Nimbus der Avantgarde verloren ging, was in Sozialen Bewegungen den Älteren einen Machtzuwachs verschaffe. „Wir erleben ökosoziale Bewegungen, in denen Männer und Frauen der älteren Generation ihre Zeitsensibilität öffentlich ausspielen und dadurch zu Meinungsführern werden können." (Böhnisch/Blanc 1989: 95f.)

gen Menschen allerdings fragen, inwiefern sie zur steten Unterstützung derer bereit sind, von denen sie angeregt, aber keineswegs aufgezogen und versorgt wurden. Dies umso mehr, wenn auch in der eigenen Familie Unterstützungsbedarf besteht. Loyalitätskonflikte können zur Empfindung von Ambivalenz, aber auch zur Gefährdung der Gemeinschaft führen.

In diesem Zusammenhang ist zu bedenken, dass ein von Gemeinschaftsaktivisten versprochenes Grundgefühl, „jeden Tag neu aufzubrechen, sich der Freiwilligkeit der gewählten Umgebung bewusst zu sein und die Entscheidung zur aktiven Teilnahme selbst zu treffen" (Eurotopia-Redaktion 2002: 123), nicht selbstverständlich harmoniert mit einer Festlegung auf langfristige intergenerationale Austauschbeziehungen, welche für eine gegebenenfalls intendierte gemeinschaftliche Altersversorgung notwendig sein könnte.

Fazit

Auf der Suche nach Heuristiken, die ein soziologisches Verstehen und Erklären von Beziehungsaspekten in sozialen Gemeinschaften anleiten können, ist hier zunächst Karl Mannheims „Problem der Generationen" auf spezifische Entwicklungsdynamiken der Kibbutzim zugespitzt worden. Anschließend wurde vorgeschlagen, mit Hilfe der Ambivalenztheorie dieses Generationenproblem für eine Analyse anderer intentionaler Gemeinschaften zu öffnen. Dabei würden, neben dem Verhältnis zwischen Individuum und Gemeinschaft, Besonderheiten familialer Beziehungen in Gemeinschaftsprojekten in den Blick kommen. Um diese ‚objektiv' erfassen zukönnen, werden Kriterien für eine gute Gemeinschaft allein als Anker intergenerationaler Verbundenheit und intergenerationaler Auseinandersetzungen in den Blick genommen.

Damit ist keineswegs abgestritten, dass es sinnvolle Leitmotive und Kriterien für eine gute Beziehungsgestaltung geben kann. In diesem Beitrag steht lediglich eine Bewertung, oder gar ein Entwurf solcher Kriterien nicht zur Debatte. Gegenstand der Überlegungen ist vielmehr eine konzeptionelle Annäherung an soziale Logiken eines bestimmten Gegenstandes, der intentionalen Gemeinschaften. Inwiefern und für welches Spektrum intentionaler Gemeinschaften diese Überlegungen „zutreffend" sind, wird sich zeigen müssen.

Im Anschluss und über Mannheim hinaus wurden konkrete Gruppenbildungen als soziale Lebensgemeinschaften mit spezifische Entwicklungstendenzen fokussiert und mit Edward Cohen als Vergemeinschaftungsprozesse mit idealtypischen Abfolgen von Struktur- und Integrationstypen skizziert. So entstand ein Bezugsrahmen für Thesen über für Intentionale Gemeinschaften typische Dynamiken von Generationenbeziehungen sowie das Auftreten typischer Generationenthemen. Cohens Idealtypik soll wiederum nicht als normativer Zielhorizont verstanden sein. Gründungsgruppen sind vergleichsweise homogene Zustände intentionaler Gemeinschaften. Gemeinschaften können aber z.b. schon bei der Gründung realistischer auf zukünftige Familiengründungen und Lebensstilvielfalt reflektieren, als Gründer der ersten Kibbutzim dies taten. Dass Spannungsfeld zwischen der Freude an gemeinschaftlicher Aufbruchsstimmung und der Hochschätzung stabiler, Sicherheit gebender Strukturen muss gar nicht in Richtung idealtypischer Vereinigungen aufgelöst werden. Umso interessanter ist die Beobachtung von Kinder- und vor allem Altenpolitiken, als deren Grundlage sowohl institutionalisierte Sicherheit, als auch feste originär gemeinschaftliche Bindungen (vgl. Drucks im 1. Teil d.B.) eine Rolle spielen sollten.

Inwiefern die thesenartig aufgezählten möglichen Spannungen in intentionalen Gemeinschaften auftauchen und welche Rolle sie spielen, soll sich in zukünftiger empirischer Erforschung herausstellen.

Literatur

Avrahami, Arza (2002): Orientierung und Verhaltensweisen der Jugend im Kibbutz. In: „Psychosozial" Jg. 25 Heft 1 (Nr. 87), S. 27-39.

Backes, Gertrud (1997): Alter(n) als „gesellschaftliches Problem"? Zur Vergesellschaftung des Alter(n)s im Kontext der Modernisierung. Opladen.

Beit-Hallahmi, Benjamin (2002): Kollektiverziehung und Persönlichkeitsentwicklung: Ergebnisse des Kibbutz-Experiments. In: „Psychosozial" Jg. 25 Heft 1 (Nr. 87), S. 41-55.

Bettelheim, Bruno (1990): Die Kinder der Zukunft. Heidelberg.

Bertram, Hans (1996): Kulturelles Kapital in individualisierten Gesellschaften. In: Teufel, Erwin. (Hg.): Was hält die moderne Gesellschaft zusammen. Frankfurt/M., S. 11-128.

Bertram, Hans (1995): Moralische Verpflichtungen und Werte in einer individualisierten Gesellschaft, in: ders. (Hg.) Das Individuum und seine Familie. Lebensformen, Familienbeziehungen und Lebensereignisse im Erwachsenenalter, DJI Familiensurvey Bd. 4, Opladen, S. 196-222.

Buber, Martin (1950): Epilogue – An experiment that did not fail. In: ders: Paths in Utopia. Boston, S. 139-149.

Cohen, Edward (1982): Der Strukturwandel des Kibbutz. In: Heinsohn, Gunnar (Hg.): Das Kibbutz-Modell. Bestandsaufnahme einer alternativen Wirtschafts- und Lebensform nach sieben Jahrzehnten. Frankfurt/M., S. 289-340.

Coleman, James (1990): Grundlagen der Sozialtheorie. Band 1. Handlungen und Handlungssysteme. München.

Dallinger, Ursula/ Klaus R. Schroeter (2002): Theoretische Alternssoziologie – Dämmertal oder Griff in die Wühlkiste der allgemeinen soziologischen Theorie? In: dies. (Hg.): Theoretische Beiträge zur Alternssoziologie. Opladen, S. 7-34.

Elias, Norbert (1994): Studien über die Deutschen. Machtkämpfe und Habitusentwicklung im 19. und 20. Jahrhundert. Frankfurt/M.

Elias, Norbert (1988): Über die Zeit. Frankfurt/M.

Fölling, Werner/ Maria Fölling-Albers (2002): Aufwachsen und Leben im Kibbutz – Persönlichkeitsentwicklung, soziale Bedingungen und Lebensgefühl in egalitären Kommunen. In: „Psychosozial" Jg. 25 Heft 1 (Nr. 87), S. 5-16.

Fölling-Albers, Maria/ Werner Fölling (2000): Kibbutz und Kollektiverziehung. Entstehung, Entwicklung, Veränderung. Opladen.

Gilgenmann, Klaus/ Gunnar Heinsohn (1982): Diskussion über die Machbarkeit der freien Produzentenassoziation. In: Heinsohn, Gunnar (Hg.) 1982: Das Kibbutz-Modell. Bestandsaufnahme der alternativen Wirtschafts- und Lebensform nach sieben Jahrzehnten. Frankfurt/M., S. 343-368.

Goertz, Hans-Jürgen (Hg.) (1984): Alles gehört allen. Das Experiment der Gütergemeinschaft vom 16. Jahrhundert bis heute. München.

Gronemeyer, Reimer (2004): Kampf der Generationen. München.

Grundmann, Matthias (2005): Gesellschaftsvertrag ohne soziale Bindung? Argumente für eine handlungstheoretische Herleitung sozialer Ordnungen. In: Gabriel, Karl/ Herrmann–Josef Große Kracht (Hg.). Brauchen wir einen neuen Gesellschaftsvertrag? Wiesbaden, S. 149-170.

Hackeschmidt, Jörg (1997): Von Kurt Blumenfeld zu Norbert Elias. Die Erfindung der jüdischen Nation. Hamburg.

Klöckner, Bernd W. (2003): Die gierige Generation. Frankfurt/M.

Kohli, Martin/ Marc Szydlik (Hg.) (2000): Generationen in Familie und Gesellschaft. Opladen.

Krappmann/Lepenies (1997): Vorwort. In: dies. (Hg.): Alt und Jung: Spannung und Solidarität zwischen den Generationen. Frankfurt/M.

Laslett, Peter (1995): Das dritte Alter. Historische Soziologie des Alterns. Weinheim/München.

Lettke, Frank (Hg.) (2003): Erben und Vererben. Gestaltung und Regulation von Generationenbeziehungen. Konstanz.

Leviatan, Uriel (2002): Das Altern im israelischen Kibbutz - Die Auswirkungen sozialer Einrichtungen auf die Befindlichkeit und die Lebenserwartung. In: psychosozial 25. Jg. Heft 1 (Nr.87), S. 89-102.

Liegle, Ludwig (1979): Familie und Kollektiv im Kibbutz. Weinheim/ Basel.

Lüscher, Kurt/ Brigitte Pajung-Bilger (1998): Forcierte Ambivalenzen. Ehescheidung als Herausforderung an die Generationenbeziehungen unter Erwachsenen. Konstanz.

Lüscher, Kurt/ Ludwig Liegle (2003): Generationenbeziehungen in Familie und Gesellschaft. Konstanz.

Mannheim, Karl (1928): Das Problem der Generationen. In: Kölner Vierteljahreshefte für Soziologie 7, München, S. 157-185.

Matthes, Jürgen (1985): „Das Problem der Generationen", neu gelesen. Generationen-„Gruppen" oder „gesellschaftliche Regelung von Zeitlichkeit"? In: ZfS 14, 363 ff.

Nathan, Michael (2002): Vom kollektiven Übernachten zum Schlafen im Elternhaus – Die Wurzeln dieses Wandels in der Kindheit. In: „Psychosozial" 25. Jg. Heft 1 (Nr. 87), S. 17-25.

Pillemer, Karl/ Kurt Lüscher (2004) (Hg.): Intergenerational Ambivalences: New Perspectives of Parant-Child Relations in later Life. Oxford.

Rosenmayr, Leopold (1978): Grundlagen eines soziologischen Studiums des Alterns. In: Rosenmayr, Leopold/ Hilde Rosenmayr: Der alte Mensch in der Gesellschaft. Reinbeck, S. 21-45.

Saake, Irmhild (1998): Theorien über das Alter. Perspektiven einer konstruktivistischen Altersforschung. Opladen.

Schroeter, Klaus R. (2004): Figurative Felder. Ein gesellschaftstheoretischer Entwurf zur Pflege im Alter. Wiesbaden.

Schroeter, Klaus R. (2002): Lebenswelten ohne (soziale) Hinterbühne: Die Lebenslagen stationär versorgter, pflegebedürftiger älterer Menschen unter dem Vergrößerungsglas einer feld- und figurationssoziologischen Betrachtung. In: Dallinger, Ursula/ Klaus R. Schroeter (Hg.): Theoretische Beiträge zur Alternssoziologie. Opladen, S. 141-168.

Schütze, Yvonne (1997): Generationenbeziehungen: Familie, Freunde, Bekannte. In: Krappmann, Lothar/ Annette Lepenies (Hg.), Alt und Jung. Spannung und Solidarität zwischen den Generationen. Frankfurt/M., S. 97-111.

Szydlik, Marc (2000): Lebenslange Solidarität? Generationenbeziehungen zwischen erwachsenen Kindern und Eltern.

Tönnies, Ferdinand (1963): Gemeinschaft und Gesellschaft. Grundbegriffe der reinen Soziologie. Darmstadt.

Karl-Heinz Simon

Gemeinschaften – Nachhaltigkeitsorientierung als Selbstverständlichkeit?

1. Einleitung: Gemeinschaften und Nachhaltigkeit – eine Vermutung

In dem Beitrag wird der Frage nachgegangen, inwieweit gemeinschaftliche Lebens- und Wirtschaftsweisen einen Beitrag zur Nachhaltigkeit leisten, und zwar in zweierlei Hinsicht: Zum einen, weil sie hier und jetzt eine Lebensweise praktizieren, die insgesamt näher an Nachhaltigkeitsziele heranreicht als andere Lebensweisen in Industriegesellschaften, und zum anderen weil sie soziale Organisationsprinzipien erproben und vorhalten, die zukünftig eine größere Bedeutung bei der Adaptation der Gesellschaft an Nachhaltigkeitserfordernisse haben könnten. Unter Gemeinschaften verstehen wir hier freiwillige Zusammenschlüsse von einer gewissen Anzahl von Personen (oft wird sieben Beteiligte als untere Grenze genannt) die auf eine gewisse Dauer angelegt sind und die sich dafür entscheiden, Leben und Arbeitsmöglichkeiten gemeinsam zu organisieren. Oftmals wird auch eine zumindest teilweise gemeinsame Ökonomie als Definitionsmerkmal angesehen (vgl. Shenker 1986). Angesichts der Vielfalt an Gemeinschaftsprojekten, die diesen Kriterien gehorchen (Landkommunen, Ökodörfer, Klöster, Co-Housing Projekte) wäre es sicherlich irreführend Gemeinschaften per se als Erfolgsmodell für Nachhaltigkeit verkaufen zu wollen. Es lohnt sich da näher hinzuschauen. Im folgenden konzentrieren wir uns auf intentionale Gemeinschaften (s. dazu auch Simon/Herring 2003) wie sie in Deutschland etwa im Rahmen des EUROTOPIA Katalogs vorgestellt werden (Eurotopia 2001/2004).

2. Zum Konzept der Nachhaltigkeit in der Welt des Sozialen

Die „soziale Dimension der Nachhaltigkeit,, hat bisher nicht annähernd die Beachtung und den Bearbeitungsgrad gefunden wie die beiden anderen Dimensionen im Standardmodell der „drei Säulen": Ökologie, Ökonomie, Soziales. Zwar wurde von Anfang der Nachhaltigkeitsdebatte an auch deren Wichtigkeit betont und es folgten auch Erwähnungen z.B. in der Nachhaltigkeitsstrategie der Bundesregierung. Aber umfassende Analysen und vor allem Operationalisierungen des Konzepts blieben weitgehend aus. Dort wo mit dem Konzept gearbeitet wird, haben sich folgende Gesichtspunkte ergeben: (1) soziale Nachhaltigkeit bedeutet den Erhalt und die Festigung der sozialen Sicherungssysteme (Krankenkassen, Renten, etc.), (2) soziale Nachhaltigkeit verlangt die Finanzierbarkeit von Maßnahmen auch für breite Bevölkerungsschichten (Sozialverträglichkeit) , und (3) soziale Nachhaltigkeit bedeutet den Erhalt oder auch Aufbau einer Vielfalt unterschiedlicher sozialer Strukturen.

In einer Studie über die „Arbeit von morgen" haben Spangenberg u.a. folgende Kriterien für soziale Nachhaltigkeit formuliert:

▪ Selbstbestimmte Lebensführung durch eigene Arbeit;
▪ Befriedigung der Grundbedürfnisse;
▪ Gesellschaftliche Sicherungssysteme;
▪ Gleichberechtigte Teilhabe an der Bürgergesellschaft;
▪ Ermöglichung sozialer Innovationen und Gestaltung der Arbeitsformen.
(Spangenberg 2002)

Ergänzend können aus einer Studie von Empacher und Wehling (2001) Kriterien wie allgemeine Lebenszufriedenheit, Zeitaufwendung für ehrenamtliche Tätigkeiten sowie Zufriedenheit mit politischer Partizipation genannt werden:

Interessant ist in diesem Zusammenhang auch, dass in der Enquete-Kommission Schutz des Menschen unter einem übergeordneten Gesichtspunkt „Sicherung der Gesundheit„ die „Möglichkeit zur Entfaltung individueller Lebensentwürfe„ und unter der Rubrik „Sicherung der Entwicklungs- und Funktionsfähigkeit einer Gesellschaft„ Gesichtspunkte wie „kulturelle Vielfalt", „Vielfalt sozialer Strukturen„ und (eher klassisch) „Sozialer Zusammenhalt" aufgenommen wurden. Somit kann gesagt werden, dass der dritte der o.g. Aspekte zur Vielfalt sozialer Strukturen bislang in den Diskussionen um Nachhaltigkeit nicht ausreichend berücksichtigt erscheint, auch wenn es eine Reihe von Vorschlägen für dessen Einbeziehung gibt. Insbesondere Indikatoren dazu erscheinen uns für die Einschätzung der gesellschaftspolitischen Relevanz von Alternativprojekten und alternativen Lebensweisen wichtig zu sein.

Nur wenige Autoren und Autorinnen haben bisher explizit die Forderung nach einer grundsätzlichen Umgestaltung von Industriegesellschaften im Rahmen einer Nachhaltigkeitsstrategie gestellt. Beispiele wären etwa die Studien des Bielefelder Subsistenzansatzes[1], anarchistische Konzeptionen wie etwa die von P.M. (1995) oder die an Rudolf Bahro geschulten Ausführungen von Maik Hosang (Hosang 2000). Im engeren Zusammenhang mit Gemeinschaftsprojekten hat auch Dieter Rink auf die Rolle eines „alternativen Lebensstils" bzw. der „alternativen Lebensweise" hingewiesen (Rink 2002). Festzuhalten ist jedoch, dass derartige „radikalere" Herangehensweisen an das Problem der Gewinnung von

---

[1] Co:Forum (2004) http://www.coforum.de/?Der%20Bielefelder%20Subsistenzansatz (Version 8 vom 7.1.2004)

mehr Nachhaltigkeit in den offiziellen Programmen (z.b. den International Human Dimensions Program of Global Change) bisher keinen Niederschlag gefunden haben.[2]

Wenn dann also Gemeinschaften im Hinblick auf Nachhaltigkeit beurteilt werden sollen, dann muss insbesondere auch an den verschiedenen Aspekten einer sozialen Dimension der Nachhaltigkeit angesetzt werden.

3. Zwei Wurzeln näher an einem Nachhaltigkeitsideal zu Leben: Individuelle Entscheidung und strukturelle Rahmensetzungen

In den Gemeinschaften selbst kann zwischen zwei „Wurzeln,, für Nachhaltigkeitspotentiale unterschieden werden: (1) Eine Art Vorauswahl hinsichtlich derjenigen, die ein solches Projekt aufziehen oder die sich einem solchen Projekt anschließen, und (2) strukturelle und organisatorische Rahmensetzungen, die wiederum die Art und Weise des täglichen Agierens in bestimmten Bahnen halten.

Es steht außer Frage, dass die Mitglieder der Projekte für sich bewusst eine Entscheidung für einen „naturnahen" „ökologischen" oder oftmals auch explizit „nachhaltigen" Lebensstil getroffen haben, der mit einem gewissen Verzicht auf hohe Konsumumsätze einhergeht. Beispiele sind etwa der Verzicht auf Flugreisen, der in einigen der Projekte als selbstverständlich angesehen wird. Auch die religiösen Gruppen bestehen weitgehend aus Personen, den ein Suffizienzstandpunkt näher liegt als eine Selbstdefinition über Produkte und eigenem Besitz.

Mit der zweiten „Wurzel,, werden dann die Rahmensetzungen und organisatorischen Vorkehrungen thematisiert, die es nun gestatten, diese Vorentscheidung auch täglich bei hoher Lebensqualität leben zu können. Und mit diesen Setzungen wird auch Besonderheit des Lebens in der Gemeinschaft angesprochen, die die Form eines „economy of scale" Argumentes annimmt: In der Gemeinschaft mit einer gewissen Anzahl an Beteiligten mit einer Vielfalt an Kompetenzen und Ideen werden Handlungsoptionen eröffnet, die anderen, kleineren (aber auch größeren) sozialen Einheiten nicht zur Verfügung stehen. Unter Nachhaltigkeitsgesichtspunkten kann dabei z.b. auf die Vorteile, die aus der gemeinschaftlichen Nutzung von Geräten, Fahrzeugen, Räumen etc. resultieren, hingewiesen werden, aber auch auf die Vorteile, die mit der Integration verschiedener Produktionsbetriebe (Nahrungsproduktion, Baugeschäft, Werkstätten) in das jeweilige Projekt einhergehen.

---

[2] Siehe dazu die Bestandserhebung und den Programmentwurf von Paul Stern u.a. (1992)

Im Ergebnis, z.B. hinsichtlich der Umweltbelastungen, die aus einem Projekt resultieren und die mit der Methode der Ökobilanzierung erfasst werden können, wirken sicherlich beide „Wurzeln" eng zusammen und sind i.d.R. auch nicht immer klar von einander zu trennen. Trotzdem ist es für die Analyse wichtig, insbesondere die strukturellen Rahmensetzungen genauer anzusehen. Hierbei spielen dann wiederum verschiedene Faktoren eine Rolle, die etwa in geographischer, versorgungstechnischer und branchenbezogener Hinsicht unterteilt werden können.

Sicherlich ist es z.b. von eminenter Bedeutung, in welcher Klimaregion ein Projekt angesiedelt ist, weil damit sowohl nach Verbrauchsseite (Heizenergie) als auch nach der Versorgungsseite (welche landwirtschaftlichen Produkte können erzeugt werden) Potentiale unterschiedlich ausfallen. Aber auch die Verkehrsanbindung spielt z.b. eine erhebliche Rolle für die Ökologie des Projektes. Sind etwa keine Möglichkeiten der Nutzung des öffentlichen Personennahverkehrs vorhanden werden sich allein daraus auch Unterschiede zu anderen, besser angebundenen Projekten in der Ökobilanz, in der Schaffung geeigneter Organisationsstrukturen u.v.a.m. ergeben.

In versorgungstechnischer Hinsicht sind ebenfalls unterschiedliche Konzeptionen vorhanden. So macht es z.b. wiederum erhebliche Unterschiede, ob in einer alten Bausubstanz das Projekt sich lediglich einrichtet oder ob energetische Sanierungsmaßnahmen, die Installation von Wärmedämmung, der Betrieb eines Blockheizkraftwerks u.ä. organisiert werden. Oder ob, hier in Hinsicht auf die oben genannten Probleme der Verkehrsanbindung, das Projekt sich dafür entscheidet, Fahrzeuge konsequent mit Pflanzenöl zu betreiben und eine eigene Infrastruktur dafür vorhält.

Schließlich werden, da die meisten der Gemeinschaftsprojekte durchaus eigene Erwerbsbetriebe beinhalten, auch die Art und Weise der Einkommenserwirtschaftung sich in den Bilanzen niederschlagen. Wird etwa nur Kulturarbeit betrieben oder ein Tagungshaus unterhalten, geht das mit anderen Ressourcenverbräuchen einher als die Integration von produzierendem Gewerbe oder z.B. landwirtschaftlicher Produktion, die ggf. noch auf eine externe Vermarktung von Produkten angewiesen ist.

4. Ergebnisse einer empirischen Analyse

4.1 Die untersuchten Projekte

Unsere Analysen sind auf einige Fallbeispiele beschränkt, sind also weit davon entfernt, eine repräsentative Anzahl von Gemeinschaftsprojekten näher in den Blick zu nehmen. Die Fallstudien selbst sind an unterschiedlichen Stellen des „Gesamtspektrums" der Gemeinschaftsprojekte verortet (s. Kasten). Die Kommune Niederkaufungen stellt dabei das am stringentesten gemeinschaftlich organisierte Projekt in unserer Untersuchung dar; das Lebensgut Pommritz ist e-benfalls ein kommuneartiges Projekt, allerdings mit mehr individuellen Ausgestaltungserfordernissen. Das Ökodorf Sieben Linden schließlich setzt neben dem Gemeinsamen auf eine größere Vielfalt von Lebensweisen innerhalb des Projektes. Zum Vergleich wurden in der Studie drei ökologisch orientierte Familien in der Gemeinde Kaufungen mit erfasst. Zudem steht – mit allen unsinnigen Abstraktionen mit denen ein solcher Durchschnittswert behaftet ist – ein durchschnittlicher Verbrauch in der Bundesrepublik als Vergleichsmaßstab zur Verfügung.

Kurzvorstellung der drei Projekte die näher analysiert wurden

Die Kommune Niederkaufungen wurde 1986 gegründet. Zur Zeit leben dort 55 Erwachsene und 20 Kinder und Jugendliche, die zusammen wohnen, arbeiten und ihre Freizeit verbringen, ohne sich jedoch vom sozialen und politischen Umfeld der Gemeinde abzuschotten.
Auf dem Gelände wurden mit der Zeit verschiedene Betriebe gegründet, in denen selbstbestimmt gearbeitet wird. Ein großer Teil der Lebensmittelversorgung wird durch die Eigenproduktion gedeckt.

Das Ökodorf Sieben Linden wurde 1993 in der Altmark gegründet. Zur Zeit leben dort 40 Erwachsene und zwölf Kinder. Das Ökodorf umfasst ca. 22 Hektar, die sich in Waldflächen, Ackerflächen, Wiesen und bereits bebaute Flächen aufteilen. Die Bewohner und Bewohnerinnen sind für ihren Wohnraum selbst verantwortlich; ein Großteil lebt in Bauwagen. Andere leben in Familien oder in Wohngemeinschaften in den zwei neu gebauten Niedrigenergiehäusern. Das "Regiohaus", das als Gemeinschaftshaus genutzt wird, wurde nach ökologischem Standard saniert.

Das LebensGut Pommritz wurde 1991 gegründet. Zur Zeit leben dort 20 Erwachsene und 15 Kinder und Jugendliche. Das Gelände ist ein ehemaliger landwirtschaftlicher Gutsbetrieb und liegt in der Oberlausitz. In dem Projekt wird
versucht, die wesentlichen Lebens- und Arbeitsgrundlagen - Ernährung, Woh-
nung, Energie und Wasser - möglichst regional zu sichern. Arbeit und Freizeit
sollen so verbunden werden, dass Transporte und Energieaufwendungen ver-
mindert werden.

4.2   Herangehensweise

In der Studie war von vorne herein klar, dass die Umweltbelastungen, die aus
den Projekten resultieren und damit den Energie- und Materialumsätzen in den
Bedarfsfeldern Wohnen, Ernährung und Mobilität ein besonderes Augenmerk
gewidmet wird und dazu auch umfangreiche Erhebungen (z.T. eine Erfassung
des Energieverbrauchs, der Mobilität sowie der konsumierten Nahrungsmittel
über ein ganzes Jahr) durchgeführt werden sollten. Damit wird insbesondere die
Beurteilung der ökologischen Dimension der Nachhaltigkeit mit Argumenten
versorgt. Es war aber auch klar, dass wir dabei nicht stehen bleiben, sondern
auch die anderen beiden Standarddimensionen „Ökonomie" und „Soziales" mit
einbeziehen. Wie bereits erwähnt wurde, ist in bisherigen Nachhaltigkeitskon-
zeptionen insbesondere die Dimension Soziales nicht annähernd so gut bearbei-
tet wie die beiden anderen. Mit der Anwendung des Orientorenansatzes von H.
Bossel (1996, 1999) und den dort empfohlenen methodischen Ansätzen kann es
aber gelingen, die drei Dimensionen gleichgewichtig zu behandeln.

4.3   Einige Ergebnisse

Zuerst aber noch einige Ergebnisse unserer empirischen Analysen, die ausführlich und quantifiziert für den Bereich Ökologie vorliegen. Zur Ökonomie folgt
nur eine kurze Bemerkung und den Bereich Soziales behandeln wir dann im
nächsten Abschnitt.

Ökologie

In aller Kürze einige Ergebnisse zur ökologischen Dimension der Nachhaltigkeit. Die Analysen in den Bedarfsfeldern Wohnen, Ernährung und Mobilität
stützen sich hier im wesentlichen auf einen Nachhaltigkeitsindikator „Treib-
hausgasemissionen". Dieser Indikator fasst alle für die Klimabeeinflussung
maßgeblichen Emissionen zusammen und hat damit den Vorteil, dass die unterschiedlichen Beiträge in den Bedarfsfeldern (Stickoxidemissionen im Verkehr,

Methanemissionen in der Ernährung, Kohlendioxidemissionen im Bereich Wohnen) auf einen einheitlichen Nenner gebracht werden können und zudem hier ein allgemein anerkannter Indikator gegeben ist, der etwas darüber aussagt, was nachhaltig ist, und was nicht (vgl. dazu Simon et al. 2004).

Die Analyseergebnisse zeigen zweierlei: Zum einen liegen die Emissionen aus den Gemeinschaften (hier umgerechnet auf Prokopf-Emissionen) erheblich unter denen, die im Bundesdurchschnitt emittiert werden und auch gegenüber ökologisch orientierten Familien sind z.t. erhebliche Einsparerfolge zu verzeichnen. Auf der anderen Seite muss aber konstatiert werden, dass auch die Gemeinschaften noch mehr oder weniger weit von einer unter Nachhaltigkeitsgesichtspunkten akzeptablen Emissionenmenge von 1,75 Tonnen pro Kopf und Jahr entfernt sind.[3]
Trotz aller konkreten Unterschiede (z.B. nichtsanierter Gebäudebestand, Lage fern von Anbindung an Öffentlichen Personennahverkehr) sind damit ökologische Vorteile des Gemeinschaftslebens belegbar. Eine Trennung nach den o.g. Wurzeln (individuelle Entscheidung vs. strukturelle Rahmensetzungen) konnte bislang nicht systematisch vorgenommen werden. Aber an einigen Stellen ist sofort sichtbar, dass individuelle Entscheidungen selbstverständlich eine erhebliche Bedeutung für die Analyseergebnisse haben. Etwa im Fall einer sich vegan ernährenden Untergruppe in einem der untersuchten Projekte, wo deren Umweltbelastung dann tatsächlich unterhalb dem Nachhaltigkeitslimit liegt, also bereits eine unter Nachhaltigkeitsgesichtspunkten akzeptable Lebensweise praktiziert wird. Aber auch dabei spielen selbstverständlich die individuelle Entscheidung für den Verzicht auf tierische Produkte und gegen Maschineneinsatz beim Bau der Gebäude und die strukturellen Rahmensetzungen, die genau diese Lebensweise ermöglichen (indem z.B. die Nahrungsmittelbereitstellung in der gewünschten Art in der Gemeinschaft sichergestellt ist) zusammen.

Ökonomie

Die ökonomische Dimension der Nachhaltigkeit haben wir bewusst nur gestreift, da wir die These vertreten, dass die von uns analysierten Gemeinschaftsprojekte geradezu verfälscht dargestellt werden, wenn sie nach herkömmlichen ökonomischen Gesichtspunkten gemessen werden. Auch wenn es im Projektteam durchaus unterschiedliche Meinungen zur Relevanz der Ökonomie in den Projekten gegeben hat, indem z.B. hervorgehoben wurde, dass die betrachteten Projekte sich selbstverständlich nicht abgeschottet innerhalb der Gesellschaft und ihrer

---

[3] Dieser Wert wurde unter Berücksichtigung des Konzepts des „Umweltraums", das darauf beruht, dass jedem Erdenbürger / jeder Erdenbürgerin die gleiche Emissionenmenge zugebilligt wird und der aktuellen Zahl der Weltbevölkerung ermittelt.

Ökonomie befinden und das damit auch ein gewisser Fluss an Finanzmitteln sichergestellt werden muss, ist es doch so, dass eine andere „Rationalität" zugrunde liegt. Diese Rationalität unterscheidet etwa Außen- und Binnenbeziehungen.
Aufgrund einer nicht auf Konsum ausgelegten Lebensweise müssen etwa nicht
immer marktübliche Lohnzahlungen erwirtschaftet werden oder die Gemeinschaft kann in einem zeitlich begrenzten Umfang einen ansonsten als nicht ren-
tabel anzusehenden Erwerbszweig stützen.

Mit der Ökologie und der Ökonomie sind zwei der drei Säulen der Nachhaltigkeit angesprochen. Im folgenden Abschnitt wird der Versuch unternommen, diese Einzelaspekte, und dies dann ergänzt durch „das Soziale", zu einer ganzheitlichen Betrachtung zusammen zu führen. Dazu wird der Orientorenansatz von
H. Bossel kurz vorgestellt und dessen Anwendung in unserem Projekt skizziert
und einige Ergebnisse, die mit dem Ansatz erzielt wurden, vorgestellt.

5. Orientorenansatz

Bei dem Orientorenansatz handelt es sich um eine Bewertungsmethodik, die dafür entwickelt wurde, die „Lebens- und Entwicklungsfähigkeit" von selbstorga-
nisierenden Systemen mit aller Art (der Technik, der Gesellschaft, usw.) einschätzen zu helfen. Der systemtheoretische Hintergrund ist dabei eher der der
„Allgemeinen Systemtheorie" und es wird nicht explizit auf den „Paradigmen-
wechsel" hin zu Autopoiesis und Sozialkonstruktivismus eingegangen. Erprobt
wurde der Ansatz zuerst im Zusammenhang mit der Energiediskussion der späten 1970er und frühen 1980er Jahre (also an einem sozio-technischen Versor-
gungssystem), schnell kamen aber weitere Anwendungen hinzu, bis hin zur
Analyse von Entwicklungsoptionen eines ganzen Landes (Hornung, 1988) oder
grundsätzlichen Entwicklungspfaden in Industriegesellschaften (Bossel, 1996).
Neben diesen „makroskopischen" Analysen war aber auch immer eine Anwendung auf kleinere soziale oder technische Einheiten als sinnvoll erschienen. Auf
dieser Ebene setzen wir mit der Analyse der Gemeinschaften an.

5.1 *Zur Methode der Beurteilung von Systemzuständen mit dem*
     Orientorenansatz

Der Orientorenansatz arbeitet i.d.R. mit sechs Beurteilungsdimensionen, die allesamt Aspekte des übergeordneten Gesichtspunktes der Lebens- und Entwicklungsfähigkeit abdecken, ohne dass daran gedacht wäre, etwa einen eindimensi-
onalen Gesamtwert zu bilden, der den Zustand eines Systems beschreibt (s. Abschnitt 5.2). Wichtig ist mit der Wahl des übergeordneten Gesichtspunktes auch,
dass verschiedene „Zeitkonstanten" eine Rolle spielen, mit denen aktuelle, mit-

tel- aber auch langfristige Orientierungen zusammengebracht werden sollen. Für den Typus des psychologischen oder auch sozialen Systems wurde zudem eine weitere Dimension eingeführt, die die Besonderheiten dieses Systems (gegenüber technischen oder natürlichen Systemen) berücksichtigt, wie Anerkennung in der Gruppe etc. (vgl. dazu Max-Neef 1991).[4] Ohne dass dies hier weiter diskutiert werden soll, sei nur kurz darauf hingewiesen, dass die Dimensionen aus einer Analyse von System/Umweltbeziehungen gewonnen wurden (vgl. dazu etwa Bossel 1996). Andererseits kann der Ansatz, ungeachtet seiner systemtheoretischen Fundierung, auch zu einer Art Checkliste führen, die mit expliziter Nennung der Dimensionen einen gewissen „Druck zur Vollständigkeit" ausübt, also dabei unterstützt, doch die vielfältigen Aspekte, die für eine Beurteilung des Zustandes und der Perspektiven einer Gemeinschaft herangezogen werden müssen, auch mit einzubeziehen und keine wesentlichen zu vergessen.

Es wurde darauf hingewiesen, dass der Orientorenansatz mehrere Beurteilungsdimensionen vorgibt, die zur Analyse herangezogen werden sollen. Innerhalb dieses Rahmens bestehen aber hinreichend viele Freiheiten, um den Ansatz an konkrete Problemstellungen anpassen zu können. In der Anwendung auf Gemeinschaften haben wir materielle und nicht-materielle Kriterien unterschieden (deshalb die zwei Stränge in den einzelnen Dimensionen des als Beispiel in den Abb. 2 und 3 vorgestellten „Orientorensterne"). Die im Orientorenansatz gewählte übergreifende Orientierung an der Lebens- und Entwicklungsfähigkeit scheint uns ein Vorschlag für eine Operationalisierung von Nachhaltigkeit zu sein, und diese, so wäre unsere These, ist eng mit dem Konzept der „Lebensqualität" verknüpft. In der konkreten Anwendung heißt das jedoch, das die gewählten Beurteilungsgesichtspunkte im Hinblick auf diese Orientierung gewählt werden müssen, d.h. vor dem Hintergrund einer umfassenden Analyse der Bedingungen für nachhaltige Lebensweisen formuliert werden.

In der Beurteilung der gemeinschaftlichen Lebensweise nutzen wir also die genannten Dimensionen. Innerhalb jeder Dimension werden detailliertere Kriterien, manchmal auch Indikatoren gebildet, die eine Beurteilung erlauben (z.B. auf der Grundlage einer Analyse von Daten zum Wirtschaftsgeschehen in den Gemeinschaften, von Umfragen zur Zufriedenheit, aber auch unter Verwendung von Ökobilanzen zur Beurteilung der ökologischen Dimension).

---

[4] Die Benennung der Dimension als „psychologisch" ist nicht unproblematisch unter soziologischen Gesichtspunkten, erscheint uns aber insgesamt als kompatibel mit weitergehenden Fragen nach überindividuellen sozialen Gegebenheiten

orientor	system performance	possible indicators
existence	Is the system compatible with and able to exist in its particular environment?	availability of shelter, clothing, food, water, sanitation, life expectancy
effectiveness	Is it effective and efficient?	work hours necessary for life support, efficiency of resource use
freedom of action	Does it have the necessary freedom to respond and react as needed?	income level, job opportunities, health, mobility
security	Is it secure, safe and stable?	safe neighbourhood, savings, insurance, social security scheme
adaptability	Can it adapt to new challenges?	education and training, flexibility, cultural norms
coexistence	Is it compatible with interacting subsystems?	social skills, compatibility of language and culture
psychological needs	Is it compatible with psychological needs and culture?	emotional stress, anxiety, dissatisfaction, family quarrels

Abb. 1: Beurteilungsdimensionen für die Lebens- und Entwicklungsfähigkeit für das Sozial-
system Familie (aus Bossel 1999:40)

Die sechs Beurteilungsdimensionen sind in der Tabelle in Abb. 1 aufgelistet,
wobei das gewählte Beispiel die Beurteilung der Situation der sozialen Einheit
„Familie" wiedergibt. Die notwendige Orientierung wird in Form von Fragen
eingeführt („Kann das System sich an neue Herausforderungen anpassen?") und
es werden Hinweise darauf gegeben, aufgrund welcher Informationen die jeweilige Frage beantwortet werden kann. So wird dann Wandlungsfähigkeit anhand
des Vorhandenseins von Bildung und Flexibilität beurteilt, Verwaltungsunterla-
gen geben die Informationsgrundlage für die finanziellen Aspekte ab, auf der
Grundlage einer Umfrage kann die Zufriedenheit beurteilt werden, usw. Wir geben weiter unten einige Hinweise auf solche Teilaspekte.

Die Beurteilungen dieser Einzelaspekte werden zu einem Wert verrechnet, der
dann die Sicherheit, die Wandlungsfähigkeit usw. des betrachteten Systems an-
gibt, wobei wir eine Skala von 10 bis 50 verwenden. Unter 20 wäre das System
in der genannten Dimension in ernsten Schwierigkeiten (also etwa die Sicher-
heitsbelange verletzt), über 20 ergeben sich unterschiedliche Grade der Lösung
der jeweiligen Systemprobleme. Es sei an dieser Stelle einschränkend darauf
hingewiesen, dass zum derzeitigen Entwicklungsstand der Methode lediglich
eine komparative Verwendung der Skaleneinträge möglich ist, also verschiedene

Projekte und Vergleichssysteme lediglich zueinander in Beziehung gesetzt werden können. Weder sind absolute Grenzen setzbar, was nachhaltig ist und was nicht, noch werden i.d.r. die Wertebelegungen über schematisch anwendbare Rechenoperationen bestimmt werden können.

5.2   Einige Kriterien im Überblick[5]

▪ Physische und psychische Existenz- und Reproduktionsbedingungen (Erfüllung bestimmter grundlegender Voraussetzungen für das Projekt; Vorhandensein einer geeigneten „Nische");
Zur Einschätzung dieser Dimension wird z.b. der Lebensstandard im Projekt beurteilt, z.b. anhand des Zustandes der Gebäude, Produktionsmittel etc., die Unabhängigkeit vom Weltmarkt angesprochen und die Berücksichtigung ökologischer Standards betrachtet. Da an dieser Stelle auch die „psychologischen Bedürfnisse" in die Beurteilung eingehen, wurden Fragen nach der Umgangsweise miteinander, die Belastung der einzelnen durch die vielfältig notwendigen Abstimmungs- und Entscheidungsfindungsprozesse sowie die vorhandenen Gestaltungsmöglichkeiten für partnerschaftliche Beziehungen berücksichtigt.

▪ Effizienz (Aufwendungen müssen mit den Erträgen in einem ausgewogenen Verhältnis stehen, bzw. es müssen Überschüsse erwirtschaftet werden und sei es nur „energetischer" Natur ...);
In dieser Dimension spielen etwa der zeitliche Aufwand für den Gelderwerb, Hemmnisse bei der Umsetzung von neuen Ideen sowie die Zeitökonomie, aber auch Flächenbilanzen eine Rolle bei der Beurteilung des Zustandes des Systems.

▪ Handlungsfreiheit (es muss eine hinreichend hohe Anzahl von Handlungsmöglichkeiten existieren um auf kurzfristige Veränderungen und Krisen im Umfeld der Projekte reagieren zu können);
Hier werden die Möglichkeit der permanenten Weiterentwicklung und Aktualisierung von Wissen, Erwerbsmöglichkeiten, die Möglichkeit selbstbestimmten Arbeitens und die Beschränkung individueller Gestaltungsmöglichkeiten durch die Forderungen etwa im Grundsatzpapier einer Gemeinschaft beurteilt.

▪ Sicherheit (Unabhängigkeit von instabilen Umweltfaktoren; möglichst Stabilisierung von Umweltfaktoren von denen enge Abhängigkeit existiert);

---

[5] Vollständig sind die Kriterien im Internet unter der unter Simon et al. 2004 zitierten Webadresse zu finden.

An dieser Stelle werden ökonomische Aspekte berücksichtigt, etwa die längerfristige Entwicklung von Einnahmen und Ausgaben, die Form der Alterssicherung sowie die Sicherheit, die der Gruppenzusammenhang garantiert.

▪ Wandlungsfähigkeit (Fähigkeit zur Neuordnung von Strukturen, soweit dies aufgrund von längerfristigen Veränderungen im Umfeld erforderlich ist); Neben der Kreativität der Erwerbsbetriebe in dem Projekt und der Breite des Spektrums an Kompetenzen und Erfahrungen werden in dieser Dimension auch die Möglichkeit zusätzlicher materieller Einschränkungen und die Flexibilität der Entscheidungsstrukturen gewürdigt.

▪ Ko-Existenz (Berücksichtigung der Erhaltungs- und Entfaltungsfähigkeit anderer lebender / sozialer Systeme sowie aktive Kooperation). Schließlich wird die Eingebundenheit in den Ort, an dem das Projekt angesiedelt ist, die persönlichen Kontakte sowie die Unterstützung anderer Gemeinschaften in einer weiteren Dimension zur Beurteilung herangezogen.

5.3   Bewertungsergebnisse

Im Rahmen unseres Projektes über die Beiträge von Gemeinschaften zu einer gangbaren Nachhaltigkeitsstrategie wurde der Orientorenansatz noch nicht in umfangreichen Befragungsaktionen eingesetzt, sondern lediglich in den Gemeinschaften selbst und im Projektteam. Die Ergebnisse der Beurteilung sind damit keinesfalls repräsentativ, sondern geben lediglich Tendenzen an. Die Erfahrungen mit diesen ersten Anwendungen zeigen aber die Brauchbarkeit der Methode, komplexe Beurteilungen vorzunehmen.

Eine solche Tendenz zeigt sich, wenn versucht wird, Gemeinschaften mit Einzelhaushalten zu vergleichen. In der Abb. 2 sind die Mittelwerte aus den vorliegenden Einzelbeurteilungen zusammengefasst, wie erwähnt auf der Grundlage von Beurteilungen im Projektteam. Es zeigt sich hier über das eindeutige Ergebnis, dass in allen Dimensionen den Gemeinschaften Nachhaltigkeitsvorteile zugesprochen werden.

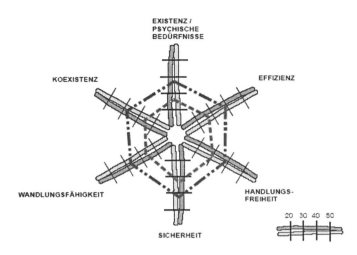

Abbildung 2: Unterschiedliche Orientorenbelegung: Innere Linie Einzelhaushalte, äußere Linie Gemeinschaften (höhere Werte bedeuten mehr Nachhaltigkeit) (Quelle: Simon et al. 2004)

In der Abb. 3 ist das Beurteilungsergebnis dargestellt, unterschieden nach Mitgliedern in einem Gemeinschaftsprojekt und Projektbeteiligten außerhalb der Kommune. Insgesamt zeigt sich – wiederum unter Verwendung von Mittelwerten in den beiden Personengruppen, ein ziemlich einheitliches Bild. Lediglich in den Dimensionen „Existenz" und „Effizienz" sind Abweichungen in der Beurteilung der Lebensweise sichtbar. Mitglieder der Kommune schätzen dann etwa die Effizienz dieser Lebensweise als etwas geringer ein, als diejenigen, die mit einer Außensicht an das Projekt herangehen. Es wird auch in zukünftigen Analysen dieser Art zu prüfen sein, inwieweit einfach die unterschiedliche Bewertung eines Gesichtspunktes wie „Effizienz" die Bewertungsergebnisse selbst in einer komparativen Anwendung beeinflusst.

Neben offenbar unproblematischen Dimensionen (wie die Koexistenz und die Wandlungsfähigkeit) gibt es einige wenige, auch nicht sonderlich dramatische Unterschiede in der Beurteilung der Effizienz- und der Existenzdimension. Die Kommunemitglieder sehen z.b. die Effizient als geringer an, als von den Externen vermutet; die Situation bezogen auf die Existenzdimension wird demhingegen von den Externen etwas pessimistischer eingeschätzt.

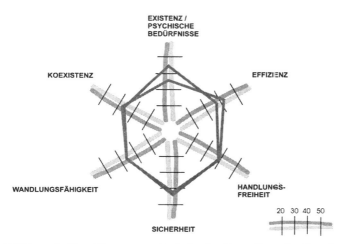

Abbildung 3: Beurteilungsunterschiede in der Beurteilung der Gemeinschaften (s. Text)
(Quelle: Simon et al. 2004)

6. Ausblick

Die gesellschaftstheoretische und -politische Bedeutung der Gemeinschaftsprojekte erscheint uns dringlich einer intensiveren Diskussion zu bedürfen. So zeigen z.b. Beiträge aus der modernen soziologischen Systemtheorie hinsichtlich
der Alternativen eine interessante Ambivalenz. Zum einen werden fundamentale
gesellschaftliche Funktionen dort verortet (etwa wird den „Protestbewegungen„
die Aufgabe eines Frühwarnsystems zugeschrieben, das quer zu den Funktions-
systemen agieren kann); zum anderen immer wieder ob ihrer Naivität belächelt
und als Gefahr gebranntmarkt („Rückführung der Komplexität mit unabsehbaren
Folgen für die moderne Gesellschaft"). Und bis heute blieben Aussagen unwi-
dersprochen, die Alternativprojekte lediglich in einer Übergangsphase für le-
bensfähig halten (vgl. etwa K.W. Brand el al. 1984), ein Übergang, der entweder
zur Rückführung der Projekte in normale ökonomische Rahmensetzungen führt
oder in deren Scheitern endet.

Aber genau diese diversen „Gradwanderungen" dürften für diese Projekte der
Normalzustand sein und es gibt Hinweise, dass diese zumindest für einen hinreichend langen Zeitraum gelingen kann. Systemtheoretisch kann etwa auf die Re-
duzierung von Komplexität innerhalb der Projekte hingewiesen werden, auf den
Aufbau einer eigenen Systemgrenze der jeweiligen Gemeinschaft oder einer

Gemeinschaftsbewegung mit einem teilweise geschützten Raum innerhalb des Systems. Am Beispiel ökonomischer Beziehung bedeutet dies dann die Interaktion mit dem gesellschaftlichen Umfeld z.b. durch Eigenbetriebe und Lieferverflechtungen auf der Basis üblicher ökonomischer Standards; auf der anderen Seite aber, nach innen, die Stabilisierung von Binnenbeziehungen auf der Grundlage von je spezifischen Bedürfnissen und Fähigkeiten, die dann weder geldvermittelt, noch z.b. auf Arbeitszeitkonten angewiesen sind. Und diese Art der Systembildung lässt es dann auch zu, dass Nachhaltigkeitsgesichtspunkte als Referenz bei den alltäglichen Handlungen und Entscheidungen Beachtung finden, z.b. indem besondere Ansprüche an die Lieferanten gestellt werden was Regionalität der Produkte, Nahrungsmittel aus ökologischem Anbau etc. betrifft. Aber wie gesagt, das sind nur Vermutungen, die anhand einiger weniger Beispiele formuliert wurden. Zur Stützung bedarf es weiterführender kritischer Analysen.

Literatur

Bossel, Hartmut (1996): Globale Wende. Wege zu einem gesellschaftlichen und ökologischen Strukturwandel. München.

Bossel, Hartmut (1999): Indicators for Sustainable Development: Theory, Method, Applications. IISD Report, Winnibeg.

Brand, Karl Werner u.a. (1984): Aufbruch in eine andere Gesellschaft. Frankfurt/M./ New York.

Empacher, Claudia/ Peter Wehling (2002): Soziale Dimensionen der Nachhaltigkeit. Studientexte zur sozial-ökologischen Forschung, 11. Frankfurt/M.

Eurotopia-Redaktion (Hg.) (2001/2004): Eurotopia. Verzeichnis europäischer Gemeinschaften und Ökodörfer. Groß Chüden.

Hornung, Bernd (1988): Grundlagen einer problemfunktionalistischen Systemtheorie gesellschaftlicher Entwicklung. Frankfurt/M.

Hosang, Maik (2000): Der integrale Mensch. Gladenbach.

Luhmann, Niklas (1996): Protest - Systemtheorie und soziale Bewegungen. (Hg. Kai-Uwe Hellmann). Frankfurt/M.

Max-Neef, Manfred A. (1991): Human Scale Development. New York/London.

P.M. (1995): bolo'bolo. Zürich.

Rink, Dieter (Hg. 2002): Lebensstile und Nachhaltigkeit. Reihe Soziologie und Ökologie Bd 7. Opladen.

Shenker, Barry (1986): Intentional communities: ideology and alienation in communal societies. London.

Simon, Karl-Heinz/ Horace Herring (2003): Intentional Communities and Environmental Sustainability. In: Christensen, Karen/ David Levinson (eds.): Encyclopedia of Community. Thousand Oaks (CA), S. 690-693.

Simon, Karl-Heinz u.a. (2004): Zusammenfassender Endbericht zum Vorhaben „Gemeinschaftliche Lebens- und Wirtschaftsweisen und ihre Umweltrelevanz", Universität Kassel *www.usf.uni-kassel.de/glww*

Spangenberg, Joachim (2002): Soziale Nachhaltigkeit – eine integrierte Perspektive für Deutschland.
  http://www.seri.at/Data/personendaten/js/Loccum_Social_SD.pdf. (Version vom 14.7.2005)

Stern, Paul u.a. (1992): Global Environmental Change – Understanding the Human Dimensions. Washington DC.

Iris Kunze

Sozialökologische Gemeinschaften als Experimentierfelder für zukunftsfähige Lebensweisen – Eine Untersuchung ihrer Praktiken.

„Bildet Gemeinschaften – oder geht unter!
Die Geschichte der Entstehung des Lebens ist voll von
Zusammenschlüssen, Kooperationen und
Krisenmanagement durch Teambildung."
Leila Dregger[1]

Im Zeitalter sinkender Naturressourcen und wachsender globaler Märkte, aber auch wachsender ökonomischer Unterschiede und sozialer Konflikte stellen sich immer notwendiger Fragen nach Lösungen aus den sozialen, politischen und ökologischen Krisen. Politik und Wissenschaft nehmen sich unter anderem mit Hilfe des Konzeptes der nachhaltigen Entwicklung der Beantwortung dieser Fragen an. Die wachsenden Möglichkeiten neuer ökologischer Effizienztechnologien zur Ressourceneinsparung können oft nicht ausgeschöpft werden, weil bestimmte politische und gesellschaftskulturelle Bedingungen die Umsetzung behindern. Der Beitrag sozialwissenschaftlicher Forschung zur Suche nach Umsetzungsstrategien zukunftsfähiger Lebensweisen muss die gesellschaftlichen und organisatorischen Strukturen, die Ökonomie, Politik und Soziales regeln, thematisieren. Intentionale Gemeinschaften mit sozial kooperativen und ökologischen Zielen, stellen lohnenswerte Untersuchungsfelder für die Frage nach der Gestaltung sozialer, ökonomischer und politischer Strukturen im Sinne der Nachhaltigkeit dar. Diese Gemeinschaften sind Experimentierfelder des Zusammenlebens, die sich als Antwort auf gesellschaftliche Defizite gründen (vgl. Grundmann i.d. Band) und in den Bereichen Wohnen, Ökonomie und soziales Miteinander auf der Suche nach neuen Strukturen selbstorganisiert zukunftsfähige Lebensweisen erproben (vgl. Simon i.d. Band).

1. Nachhaltigkeit: zwischen allgemeiner Einsicht und struktureller Behinderung

Mit dem Begriff der *Nachhaltigkeit*[2] bekam der umweltpolitische Diskurs eine neue Wendung. Umweltprobleme wurden mit gesellschaftlichen und wirtschaft-

---

[1] Leila Dregger ist Mitglied einer Intentionalen Gemeinschaft. Das Zitat: Dregger 2002: 12.
[2] Auch als dauerhafte oder zukunftsfähige Entwicklung bezeichnet: „Unter dauerhafter Entwicklung verstehen wir eine Entwicklung, die den Bedürfnissen der heutigen Generation entspricht, ohne die Möglichkeit künftiger Generationen zu gefährden, ihre eigenen Bedürfnisse zu befriedigen und ihren Lebensstil zu wählen" (HAUFF 1987: XV).

lichen Verhältnissen und damit dem gesamten menschlichen Zivilisationsprojekt in Verbindung gesetzt (vgl. Reusswig 1999: 50). In der Agenda 21, dem wichtigsten UN-Dokument zur Nachhaltigkeit, wird die Hauptursache für die allmähliche Zerstörung der globalen Umwelt in den nicht nachhaltigen Verbrauchs- und Produktionsmustern insbesondere in den Industrieländern gesehen (vgl. BMU 1992: 22) und eine Veränderung der Lebensweise als notwendige Maßnahme für eine nachhaltige Entwicklung thematisiert.[3] Es wird die Erarbeitung neuer Konzepte für ein nachhaltiges Wirtschaftswachstum, Wohlstand und Wohlergehen angestrebt, „die einen höheren Lebensstandard durch eine veränderte Lebensweise ermöglichen, in geringerem Maße auf die erschöpfbaren Ressourcen der Erde zurückgreifen und mit der Tragfähigkeit der Erde besser im Einklang stehen" (ebenda: 23).

Wie aber könnte eine Lebensweise aussehen, bei der höherer Lebensstandard und ökologisches Handeln sich proportional zueinander verhalten? Dass der Zusammenhang von Lebensqualität und Umweltauswirkung bisher oft negativ korreliert, zeigt sich im Wohn- und Verkehrsbereich besonders deutlich: höhere Lebensqualität ist mit höherer Umweltbelastung verbunden (vgl. Reusswig 1999: 56). Um dem Verkehr in der Stadt zu entfliehen, wird ein Wohnstandort in der Peripherie bevorzugt, der wiederum ein höheres Verkehrsaufkommen durch Pendeln nach sich zieht. Die Ursache des Widerspruchs zwischen Lebensqualität und ökologischem Verhalten liegt dabei in einer strukturbedingten Entkopplung von Verursacher und Folgetragendem. Wer in diesem Zusammenspiel Lebensqualität gewinnt und wer diese verliert, hängt vom Einkommen ab, was sozial eine ungerechte und damit nicht-nachhaltige Situation darstellt.

Ein ganz wesentlicher Hinderungsgrund zur Umsetzung von Nachhaltigkeit liegt bei mangelnden Anreizen und fehlenden realistischen Wegen der Umsetzung (vgl. Kaltenborn 1997). Der Nachhaltigkeitsdiskurs, der die Akteure primär im staatlichen und wirtschaftlichen Bereich verortet (z.B. Luks 2002; Rogall 2003; BUND 1997) und die Forschungsarbeiten aus der Umweltsoziologie, die primär das Umweltverhalten auf das Alltagshandeln von individuellen Akteuren bezogen untersuchen (z.B. Poferl et al. 1997; Rink 2002), bleiben den Strukturen gesellschaftlich funktionaler Differenzierung verhaftet. Mit dieser Perspektive bleiben sie blind für eventuell unnachhaltige Strukturen in diesem Zusammenhang. Wie oben genanntes Beispiel zeigt, muss es bei der Frage nach Umsetzungsmöglichkeiten der Nachhaltigkeit von der sozialen Dimension aus auch darum gehen, die Zusammenhänge zwischen subjektiver Lebensstilveränderung und strukturellen Rahmenbedingungen zu untersuchen (vgl. Brand 2002: 202).

---

[3] Das Umweltbundesamt schätzt, dass 30-40% aller Umweltprobleme direkt oder indirekt auf die herrschenden Konsummuster zurückzuführen sind (Neitzel et al. 1997: 1).

Drei Hindernisse, eine nachhaltige, konsumarme Lebensweise zu praktizieren, unterstützen sich nicht zuletzt durch gewachsene Strukturen gegenseitig:

- Habituell verankerte Wertvorstellungen in breiten Bevölkerungsschichten messen dem Konsum eine gesellschaftskulturell bedeutsame Rolle zu (vgl. Kaltenborn 1997).
- Orientierung der Wirtschaft an Wachstum und Kapitalvermehrung, anstatt an „natürlichen" und endlichen Grundbedürfnissen und Maßstäben (vgl. Bennholdt- Thomsen et al. 1997).
- Politische Rahmenbedingungen entkoppeln in vielen Bereichen die Verursacher der Umweltauswirkungen von den Folgetragenden der Umweltschäden.

2. Die Suche nach einer „nachhaltigen" Lebensweise

Forschung über sozial gerechte und kooperative, sowie ökologisch verantwortliche Lebensweisen sollte sich also umfassend an die Reflexion von Gesellschaftsstrukturen und Ursachen von Lebensstilmustern heranwagen. Dabei darf sie aber nicht bei der Kritik bestehender Strukturen bleiben, sondern muss sich als „gesellschaftliche Handlungsforschung" dem (viel schwierigeren) Unterfangen widmen, konstruktive und realistische Handlungskonzepte, die den Zielen der Zukunftsfähigkeit dienen, zu suchen bzw. zu entwerfen. Ein realistischer Weg der Umsetzung solcher Konzepte bedarf einer breiten politischen, gesellschaftlichen und kulturellen Zustimmung und sollte vom hiesigen gesellschaftskulturellen Hintergrund ausgehend prozesshaften Charakter haben.

Nachhaltigkeit wird als ein integratives Konzept verstanden, das die drei Säulen ökonomisch, ökologisch und sozial gleichrangig entwickeln sollte. Die theoretische Fundierung der sozialen Dimension der Nachhaltigkeit ist jedoch offen bis strittig und das Problem der Konzeptionalisierung und Operationalisierung bleibt weitgehend ungelöst (vgl. Empacher et al. 2002: 5). Durchgängig genannt wird in den analysierten wissenschaftlichen Beiträgen und politischen Richtlinien „vor allem die soziale Gerechtigkeit als Leitprinzip, insbesondere eine gerechte Verteilung der Einkommen und des Zugangs zu Ressourcen und Lebens- und Handelschancen" (Empacher et al. 2002: 13). Insgesamt findet sich allerdings die Tendenz der Orientierung an subjektiven und situativen Problemlagen wie Arbeitslosigkeit, in deren Eliminierung die Verwirklichung einer sozialen Dimension der Nachhaltigkeit gesehen wird. Es bestehe daher dringend bedarf zunächst ein umfassendes Konzept und Schlüsselelemente sozialer Nachhaltigkeit zu entwerfen und zu begründen (vgl. ebd.). Simon (i.d. Band) nennt eine übergreifende Orientierung an der Lebens- und Entwicklungsfähigkeit als Anhaltspunkt einer Operationalisierung.

In diesem Beitrag wird also bewusst mit unscharfen Prinzipien sozialer Nachhaltigkeit operiert, wie soziale, inter- und intragenerative Gerechtigkeit, liberaldemokratische Entscheidungsbildung, individuelle Wahlfreiheit des Lebensstils sowie ökologische und ökonomische Verantwortlichkeit. Auf einer prinzipielleren Ebene verfolgt das Nachhaltigkeitsprinzip einen synthetischen Ansatz: es geht um Freiwilligkeit und Kooperation der Akteure und ein aufeinander Abstimmen von Bedürfnissen zwischen Menschen und Natur und zwischen Menschen und Menschen. Deshalb ist auf der Suche nach Zukunftsfähigkeit eine induktive, am Alltagshandeln orientierte Forschungsmethodik von Bedeutung, um die Voraussetzungen für ein entsprechendes Handeln und damit realistische Wege der Umsetzung der Ziele der Nachhaltigkeit zu erforschen. Die oben genannten Prinzipien sollen durch empirische Untersuchungen in sozialökologischen intentionalen Gemeinschaften hinterfragt bzw. spezifiziert werden.

Damit wird neben der Suche nach einer Umsetzung auch das Revidieren bisheriger Nachhaltigkeitskonzepte möglich. Methodisch wird dementsprechend vorgegangen: Als Auswahlkriterien für ein Untersuchungsfeld dienen zunächst eine Intention sozialökologischer Nachhaltigkeit und der Versuch, diese umfassend umzusetzen. Die durch empirische Untersuchung gewonnenen Ergebnisse über Wege und Probleme der Umsetzung der Nachhaltigkeitsziele sollen die bisher bestehenden Nachhaltigkeitsziele konkretisieren und mögliche Praktiken und Konzepte zu deren Umsetzung beschreiben. Angestrebtes Ergebnis sollten demnach durch die Empirie untermauerte Orientierungsleitlinien und realistische Strategien für zukunftsfähige Lebensweisen sein.

Die Suche nach einem Feld, in dem neue Formen der Produktion, Konsumtion und politischen Regulation erprobt werden, hat zu intentionalen Gemeinschaften mit „nachhaltigen" Zielen geführt. Der Zusammenhang zwischen Nachhaltigkeit und Gemeinschaftlichkeit stellt sich von diesem Blickwinkel folgendermaßen dar: Der für die nachhaltige Entwicklung wegweisende Brundtlandbericht mit dem Titel „unsere gemeinsame Zukunft" (Hauff 1987) zeigte die durch menschliches Handeln bis zu globalem Umfang wachsenden sozialen und ökologischen Zusammenhänge und Abhängigkeiten auf. Daraus folgte die Notwendigkeit einer gemeinschaftlichen Kooperation in Bezug zum Umfang der ökologischen Probleme, die auf einmal andere Zusammenhänge bildeten, als die traditionellen kleinräumigen Gemeinschaften und Nationalgrenzen (vgl. Mohrs i.d. Band). Aufgrund dieses auf globaler Ebene erwachenden „Gemeinschaftsbewusstseins" sind „neue Soziale Bewegungen" mit Umwelt- und Entwicklungsthematik, sowie Ökodörfer und Gemeinschaftsprojekte unter dem Motto „global denken, lokal handeln" entstanden. Eine offene Frage und ein lohnenswertes Untersuchungsthema ist damit der Zusammenhang zwischen Nachhaltigkeit, Kooperation und dem akteursmotivierten Potential zur Vergemeinschaftung, dem hier durch die Erforschung entsprechender Intentionaler Gemeinschaften nachgegangen werden soll.

3. Sozialökologische Gemeinschaftsprojekte als Experimentierfelder

„ Wer, wenn nicht wir,
wo, wenn nicht hier,
wann, wenn nicht jetzt?"[4]

Der Ansatz von Ökodörfern und Intentionalen Gemeinschaften mit sozialökologischen Zielen[5] (vgl. Dierschke, Drucks, Kunze i.d. Band; Eurotopia-Redaktion 2004) ist gesellschaftspolitisch motiviert und möchte Wege der Umsetzung selbstdefinierter, ökologisch verantwortlicher und sozial kooperativer Ziele und Werte in der Alltagspraxis erproben. Aus mehreren Gründen stellen solche Gemeinschaften interessante Untersuchungsfelder für die Erforschung nachhaltiger Lebensweisen dar:

Erstens bilden derartige Projekte in annähernd allen Bereichen der Lebensführung ein Experimentierfeld (vgl. auch Grundmann i.d. Band). Mit der Idee eines „Ökodorfes" im Sinne des Global Ecovillage Network, gegründet auf dem Leitbegriff „planetary village", versuchen die Mitglieder das Leitmotto „global denken, lokal handeln" konkret umzusetzen[6]. Es wird kein festes Konzept entworfen, das bestimmte Praktiken von Energienutzung bis Entscheidungsstrukturen oder Richtwerte für Ressourcenverbrauch vorschreibt. Vielmehr wird ein Ökodorf am Maß der Abstimmung der verschiedenen Einheiten und Ebenen aufeinander und dessen Entwicklungsrichtung dorthin gemessen. Von daher schaffen sie bewusst Voraussetzungen, die von Mohrs (vgl. i.d. Band) genannten Dichotomien zu bearbeiten und zu transformieren (universeller Anspruch versus Rückzug, Altruismus versus Hedonismus, Utopie versus Realität etc.). Die Beobachtung der sozialökologischen Praktiken der Projekte bietet erstens Gelegenheit, die Möglichkeiten der Umsetzung nachhaltiger Lebensweise vor dem je-

---

[4] Unter diesem Motto hat sich das „anders-leben-Netzwerk Soest" zusammengefunden, um ökologische und sozialverträgliche Lebensweisen zu erproben (http://www.soestprojekt.de/).
[5] Das „Global Ecovillage Network" (GEN) informiert auf seiner Homepage über Grundsätze und Projekte. URL: http://www.gaia.org 11.01.05
[6] S. Fußnote 5.

weiligen gesellschaftskulturellen Hintergrund und den Nachhaltigkeitsbegriff mit einer induktiven Forschungsmethode zu reflektieren.

Zweitens kann in intentionalen Gemeinschaften als Experimentierfelder des Zusammenlebens aus der Alltagspraxis entwickelte Lebensweisen durch die konjunkte Herleitung sozialer Ordnung beobachtet werden (Grundmann 2005 und i.d. Band). Dabei können die Umsetzungsprozesse der Gemeinschaften Aufschluss über praktikable Wege und Hinderungsgründe ökologischer Verhaltensweisen vor dem Hintergrund gesellschaftlicher Rahmenbedingungen liefern.

Bei alledem muss beachtet werden: Gemeinschaftsprojekte sind soziale und keine wissenschaftlichen Experimente. Ihre Ziele, Umsetzungsmethoden und „Ergebnisse" erfordern daher eine hermeneutische Interpretation. Um die „Ergebnisse", das Potential und gegebenenfalls das Scheitern der Gemeinschaftsexperimente angemessen auswerten zu können, ohne in die (eigene) normative Vorurteilsfalle zu treten (positiv oder negativ), ist neben der Orientierung an „Nachhaltigkeitsgrundparametern" das Durchdringen und Interpretieren von Intention und Philosophie der Gemeinschaften fundamental wichtig.

4. Empirische Ergebnisse: Praktiken in zwei Gemeinschaftsprojekten

Aufgrund ihrer sozialen und ökologischen Intentionen wurden Gemeinschaftsprojekte ausgewählt und exemplarisch in den Bereichen Ökonomie- und Entscheidungsstrukturen untersucht. [7] Kriterien für die Auswahl waren außerdem eine gewisse Größe (zwischen 50 und 400 Mitgliedern) und ökonomische Eigenproduktion, mithin Gemeinschaften mit nennenswerten selbst entwickelten Strukturen. Die zwei Gemeinschaften Kommune Niederkaufungen (KNK; vgl. auch Notz i.d. Band) und Ökodorf Sieben Linden (ÖSL; vgl. auch Dierschke i.d. Band) wurden mittels Analysen der Selbstdarstellungen, teilnehmender Beobachtung und narrativer Experteninterviews untersucht. Im Folgenden werden zunächst die Bereiche Entscheidungsstrukturen und Ökonomie der beiden Projekte auf erstens Ziele und Konzepte, zweitens Wege und Umsetzung dieser Ziele und Konzepte (damit verbunden: Möglichkeiten und Hindernisse) untersucht. In einem weiteren Schritt (siehe 5.) werden dann die Praktiken auf die Ziele der Nachhaltigkeit hin diskutiert und interpretiert. Im Fazit wird eine allgemeine Forschungsstrategie zur Untersuchung von intentionalen Gemeinschaften als Experimentierfelder für zukunftsfähige Lebensweisen entworfen.

---

[7] Die Einzelfallstudien erfolgten im Rahmen einer Diplomarbeit (Kunze 2003).

Entscheidungsstrukturen

Die Kommune Niederkaufungen (KNK) verfolgt vor einem linkspolitischen, basisdemokratischen Hintergrund die Strategie, Hierarchie durch Strukturen zur Regelung des Gemeinsamen zu ersetzen (ausführlicher über deren Ziele: vgl. Notz i. d. Band). Entscheidungen werden nach dem Konsensprinzip getroffen: Durch Kommunikation wird „eine integrierte Synthese der Positionen" (KNK 2000: 6) gesucht, bei der alle Meinungen berücksichtigt werden, damit alle die Entscheidungen tragen können. Strukturelle Gleichberechtigung muss gewährleisten, dass alle Betroffenen sich an Entscheidungsprozessen beteiligen und einbringen können.[8] Das Konsensprinzip funktioniere nur, wenn die Strukturen in allen Bereichen – von Arbeit, zusammen Wohnen bis gemeinsamer Ökonomie[9]- ebenso Gleichberechtigung gewährleisten. Darüber hinaus gilt das Betroffenheitsprinzip. Die KNK hat 70 Mitglieder, die sich in Wohngruppen, Arbeitsgruppen und thematischen Kleingruppen zusammenfinden. Entscheidungen, die nur einzelne Gruppen oder Bereiche betreffen, müssen in der Gesamtgruppe keinen Konsens finden (vgl. KNK 1983: 7). Schließlich formulieren die Kommunarden im Grundsatzpapier den Experimentiercharakter der Entscheidungsmethode: Ohne bisherige Erfahrungen, müssen sie sich „auf den Weg machen, [...] kollektives Vorgehen zu erlernen" und bereit sein, ihre „Angst zu überwinden und immer wieder neue Schritte zu wagen" (KNK 1983: 7).

Das Projekt Ökodorf Sieben Linden (ÖSL) hat das Ziel, die Vorteile der persönlichen und gemeinschaftlichen Dorfstruktur mit den Errungenschaften einer globalisierten Kommunikationsgesellschaft zur Vision eines globalen, ganzheitlichen Dorfes einer „Einheit in der Vielfalt" zu verbinden.

„Unterschiedliche Lebensformen und Überzeugungen sind im Rahmen von Ökologie und Selbstorganisation möglich und werden als wertvolles Potential der gegenseitigen Entwicklung anerkannt" (ÖSL 2002: 4).

Diesem Ziel soll das Konzept der Nachbarschaften als Untergruppen Raum gewähren. Im Grundsatzpapier ist das Konsensmodell als Entscheidungsmethode, basierend auf dem Betroffenheitsprinzip, festgehalten.

---

[8] Z.B. können Redeängste vor dem Plenum durch Kleingruppendiskussionen abgebaut werden. Mediatoren können den Diskussionsstil der Gruppe beobachten (vgl. KNK 1983: 7).
[9] Jedes Gemeinschaftsmitglied bringt Einkommen, Kapital und Besitztümer nach und nach in die KNK ein. Jeder nimmt sich (bei höheren Beträgen in Absprachen) aus der Kasse, was er braucht. Bei Austritt wird gemeinsam abgewogen, was derjenige „mitbekommt" (vgl. KNK 2000: 6; 22).

„Unkontrollierbare Machtstrukturen sollen im Dorf verhindert werden. [...] Entscheidungen sollen möglichst dezentral auf direkter und persönlicher Ebene der Beteiligten getroffen werden. Die Grundlage des Mitspracherechts bei Entscheidungen ist das Betroffenheitsprinzip, d.h. mitentscheiden kann nur, wer auch die Folgen mit trägt. [...] Konsens ist für uns die Konsequenz aus der Entscheidung miteinander zu leben: alle Beteiligten sollen wenigstens mit den Beschlüssen leben können, [...]" (ÖSL 2002: 5f).

Welche Strukturen oder Instrumente der Regelung haben die beiden Projekte entwickelt, um die beschriebenen Ziele umzusetzen? Die Rechtsform der KNK ist ein Verein, in dem alle Kommunarden Mitglied sind. Er besitzt Grund, Gebäude und Produktionsmittel der Betriebe, welche wiederum als Vereine oder GbR in kollektiven Strukturen organisiert sind.[10]

Entscheidungsgremium ist das wöchentlich stattfindende Plenum, in dem Moderation und Protokollführung alphabetisch rotieren. Als die Gruppe noch aus weniger als 20 Personen bestand, wurde zusammen diskutiert und entschieden. Seit 14 Jahren werden im Gesamtplenum nur noch Mitteilungen gemacht und Entscheidungen getroffen, die in Kleingruppen vorab diskutiert und erarbeitet wurden. Man probierte damals drei Kleingruppen-Modelle aus. Das seit mehreren Jahren praktizierte Modell sieht vor, Kleingruppen nach Bedarf z.B. aus entstehenden Diskussionen im Plenum oder durch Einzelpersonen einzuberufen. Die Kommunarden wählen sich anonym in eine Kleingruppe, wobei Cliquenbildungen und eventuell folgende Ausschlussdynamiken verhindert werden sollen, indem man sich aus Betroffenheit am Thema beteiligt und sich gemeinsam um eine Lösung bemüht, argumentieren die Entwickler des Modells.

Um die Sofaecke des Gemeinschaftssaals – und damit an zentraler Stelle – befinden sich etwa sechs Quadratmeter Infobretter für die schriftliche Kommunikation über aktuelle Entscheidungsprozesse. Der relativ effektive Plenumsablauf ohne abschweifende Diskussionen[11] wird auf Alltagsnotwendigkeiten zurückgeführt. Diese Dringlichkeit schaffe Kompromissbereitschaft. Trotzdem ist den Kaufungern der Luxus der Konsensentscheidung so wichtig, dass gegebenenfalls ein Nachmittag nicht gearbeitet wird, wenn Gruppenprozesse wichtiger erscheinen, wobei (inzwischen) jeder Kommunarde über seine Teilnahme selbst entscheidet. Die sinkende Beteiligung an den Entscheidungsprozessen in den Kleingruppen, die mit Arbeitsaufwand und Ideenentwicklung verbunden sind,

---

[10] Es arbeiten nur Kommunarden in den Betrieben, Angestellte gibt es nicht. Der Lohn geht direkt in die gemeinsame Kasse.
[11] Wie ich selbst beobachtete, ist das wöchentliche Plenum durch eine ruhige, konzentrierte Atmosphäre gekennzeichnet und dauert in der Regel etwa anderthalb Stunden.

wird von den befragten Experten kritisiert. Dadurch sei der Arbeitsaufwand für die Kreation gemeinsamer Entscheidungen nicht gleichmäßig verteilt.

Zur Zeit der Untersuchung führte ein blockierender Entscheidungsprozesses im Zusammenhang mit der Einrichtung eines neuen Arbeitsbereichs wieder zum Überdenken des Kleingruppensystems mit dem Ziel, dass weiterhin gleichberechtigte Entscheidungsmacht aller gewährleistet sein sollte, jedoch die „Gestalter" ihre Konzeptionsarbeit nicht umsonst machen. Das überarbeitete Konzept sieht vor, dass die Kleingruppen ihren Arbeitsstand jederzeit am Infobrett präsentieren und daraufhin jedes Mitglied seine Anregungen gestalterisch einbringen kann. Damit würde ein Veto überflüssig, weil der Schwerpunkt auf Gestaltungsmöglichkeiten und nicht auf Blockademöglichkeiten liegt. Mit dem neuen Modell, das den Kleingruppen mehr Entscheidungsautonomie zuschreibt, waren auch Ängste verbunden, parallel laufende Planungsgruppen nicht mehr beeinflussen zu können. Die Gesprächspartner sehen ein gewisses Grundvertrauen in das System und die Mitmenschen in der Gemeinschaft als unerlässlich an.

Das ÖSL ist föderal organisiert. Entscheidungsträger sind die einzelne Wohnungsgenossenschaften, bzw. Nachbarschaften und Wohngruppen und, diesen übergeordnet, die Siedlungsgenossenschaft und das Plenum, in denen alle Siedler Mitglied sind. Wer Siedler im Ökodorf werden möchte, muss einen Beitrag von 10.000 Euro einbringen (ÖSL 2002: 6). Finanzielle Hürden bestehen auch für die Umsetzung des pluralistisch gedachten Nachbarschaftskonzeptes, das durch sich selbst zusammenfindende Gruppen Raum für Lebensstilvielfalt ermöglichen soll. Allerdings fehlen im Ökodorf Unterkunftsmöglichkeiten für an längeren Probezeiten Interessierte und für Gruppenbildungsprozesse (ÖSL 2002: 13), woraus ein Mangel an neuen Siedlern folgte. Um die Weiterentwicklung des Ökodorfes zu begünstigen, wurden mit dem Bau eines Mietshauses neue Möglichkeiten für Mitgliederzuwachs der noch jungen Gemeinschaft geschaffen. Anfangs wurde ein ähnliches System von Plenum und Kleingruppen wie in der KNK praktiziert. Mit zunehmender Herausbildung der Nachbarschaften wurde jedoch bald nur noch bei Bedarf „gesamtdörflich" über Aushänge kommuniziert. Dies brachte eine nicht angedachte Entscheidungsstrukturveränderung aufgrund der Stärkung der Unterstrukturen.[12]

Im ÖSL nennen die drei befragten Experten kaum Differenzen zwischen den Grundsätzen und der Praxis der Entscheidungsfindung. Aus der Entwicklungsgeschichte des ÖSL lässt sich ablesen, dass mehr Freiheit in der Gestaltung und stärkere Veränderung in Strukturen und Mitgliederzusammensetzung langwieri-

---

[12] Dafür ist relevant, dass eine der Nachbarschaften, aber nicht das ÖSL insgesamt gemeinsame Ökonomie praktiziert.

gere und konfliktreichere Entscheidungsprozesse nach sich ziehen. Der höhere Organisationsgrad und die Routine aufgrund von zeitlicher und personeller E-tablierung haben im Ökodorf die Konsensfähigkeit erhöht. Dazu beigetragen hat vor allem der im Alltag entstehende „Einigungsdruck".[13] Um Konflikte in Entscheidungsprozessen zu lösen und mehr Verständnis füreinander zu entwickeln, praktizieren die Ökodörfler das soziale Forum als gesondertes Plenum für emotionale Themen.

Intentionale Experimente mit ökonomischen Strukturen

Die KNK strebt an, alternative Arbeits- und Konsumweisen zu entwickeln. Das Wirtschaftskonzept der Niederkaufunger versucht, die verschiedenen Erfordernisse und Möglichkeiten – auch die gesellschaftlichen Bedingungen – in Abstimmung miteinander zu bringen.

„Für uns bedeutet alternative Produktionsweise: Bezug zu den Produkten, die wir herstellen oder verbrauchen, Abbau von entfremdeter Arbeit, Grundbedürfnisse z.T. selbst abdecken zu können, Aufwertung von reproduktiver (Hausfrauen-)Arbeit durch eigenständige Arbeitsbereiche, Abbau geschlechtsspezifischer Arbeitsstrukturen" (KNK 2000: 13).

In der KNK haben sich mehrere Betriebe entwickelt, die zur Selbstversorgung und Außenvermarktung produzieren. Dabei wirtschaftet die Gemeinschaft den Erfordernissen des Außenmarktes entsprechend effizient. Sie ist ökonomisch stabil bei einem im Bundesdurchschnitt niedrigem Geldbedarf pro Kopf. Die Produkte sollen aus ökologischen Gründen der Transportminimierung regional und biologisch sein. Dadurch wird gleichzeitig der Anspruch erfüllt, einen direkteren Bezug zu den konsumierten Produkten und Einblick in Produktionsprozesse haben zu können. Priorität gegenüber finanziellen und auch ökologischen Zielen haben für die Kommunarden die sozialen Ziele (das Prinzip „Kooperation statt Konkurrenz"). Diese beziehen sich im ökonomischen Bereich auf Vertrauen und Verlässlichkeit in Lieferbeziehungen.[14]

Ein gemeinschaftsinterner Aspekt von „Kooperation statt Konkurrenz" mit ökologischer Wirkung ist die gemeinsame Nutzung vor allem technischer und in der Produktion energieintensiver Güter. Die Kommune kann daher effizienter wirt-

---

[13] Entscheidungsblockierende Vetos werden selten eingesetzt. Langwierige Diskussionen werden z.T. im Plenum abgeblockt.
[14] Aus diesem Grund wird z.B. selbst kein Brot gebacken und mehr als gefordert, für die Eier bezahlt. Außerdem wurde eine Zeit lang Honig vom ortsansässigen, nicht ökologischen Imker bezogen.

schaften und ressourcensparender konsumieren als kleinere Haushalte (vgl. Simon i.d. Band), allerdings scheinbar ohne Verlust an Lebensqualität: Die zugängliche Güterpalette[15] macht den Eindruck, als könnten die Kommunarden mehr nutzen, als in einem kleineren Durchschnittshaushalt bei gleichem Einkommensniveau möglich wäre.

Trotz ähnlicher Ziele hat sich die Ökonomie im ÖSL völlig anders entwickelt als in der KNK. Das ÖSL hatte mit den Leitsätzen „Selbstversorgung als Selbstbestimmung" und „Arbeit als Quelle der Selbstentfaltung" stärker auf Selbstversorgung gesetzt:

„Wir streben eine weitgehende Selbstversorgung in allen Lebensbereichen von der Nahrung, den Gütern des täglichen Bedarfs, dem Haushalt, der Energieversorgung bis hin zu eigenen sozialen, medizinischen und pädagogischen Einrichtungen an". (ÖSL 2002: 6)

Sogar die Siedlungsplanung wird einbezogen: „Unsere Grundidee war von Anfang an, ein Dorf räumlich unabhängig von bestehenden Strukturen zu bauen" (ebenda: 10). Über die angestrebten ökonomischen Strukturen des Ökodorfs heißt es neben „weitgehender Selbstversorgung und Autarkie", dass in „ringartigen" Zusammenhängen gewirtschaftet werden soll. Damit ist als innerer Kreis das Ökodorf mit einem hohen Anteil an Eigenversorgung bei den Grundbedürfnissen gemeint, die notfalls durch Selbstversorgung gedeckt sein sollten. Was nicht in Eigenerzeugung hergestellt werden kann, soll durch Wirtschaften in möglichst regionalen Kreisläufen gewährleistet werden (vgl. ÖSL 2002: 26).

Der Leitsatz „Selbstbestimmung durch Selbstversorgung" konnte bisher allerdings nicht befriedigend umgesetzt werden. Gründe sehen die Siedler in fehlenden landwirtschaftlichen Flächen, in mangelnder Fähigkeit und Motivation zu handwerklichen und gärtnerischen Tätigkeiten oder wegen unangemessener, nicht mit Subsistenz vereinbarer Konsumgewohnheiten. Als Hauptproblem wird aber die Notwendigkeit, Geld zu verdienen, gesehen. Die ökonomischen Differenzen zwischen den Mitgliedern bestehen, und Subsistenzpraxis kann nur als zusätzlicher Luxus praktiziert werden.

---

[15] Die KNK hat für 70 Menschen sieben Autos, sieben Computer, ein Handy und zwei Waschmaschinen. Außerdem gibt es „Lagerstätten" verschiedener Art, in denen Gebrauchsgüter aufbewahrt, repariert, recycelt werden (z.B. Kleiderkammer, Büro-, Elektro-, Camping-, Möbellager, Hauswerkstatt). Für alle nutzbar stehen u.a. Partyräume, Musikinstrumente und Gärten zur Verfügung. Es wurden Leihregelungen für eine reibungslose Nutzung eingerichtet.

Der Weg aus den finanziellen Erwerbszwängen wird von einigen Mitgliedern in einer gemeinsamen Ökonomie gesehen, bei der jedem ein Grundeinkommen garantiert wäre. Dadurch wäre es nicht mehr Aufgabe des Einzelnen, sich um seine finanzielle Situation, gegebenenfalls in Konkurrenz zu seiner Mitwelt zu kümmern. Der Gedanke dabei ist, dass der Einzelne sein Bewusstsein nicht mehr primär auf seine abgegrenzte finanzielle Situation und seine Position in der Gesellschaft lenken muss, sondern sich an seinen Bedürfnissen und der Gemeinschaft orientieren kann.

4. Wie zukunftsfähig sind die Entscheidungs- und Ökonomiestrukturen der beiden Projekte und was kann aus ihnen gelernt werden?

Nur selbstbestimmt ökologisch?

Grundlegender Antrieb für eine zukunftsfähige Lebensweise ist in letzter Instanz die individuelle Motivation bzw. Intention.

„Nachhaltige Entwicklung kann nicht einfach vom Staat verordnet werden. Nur wenn alle Akteure in Wirtschaft und Gesellschaft, wenn Bürgerinnen und Bürger das Thema zu ihrer eigenen Sache machen, werden wir Erfolg haben. [...] Der intensive Dialog schafft Akzeptanz für die Ziele der Nachhaltigkeitsstrategie und damit die Voraussetzung sie gemeinsam zu erreichen" (Bundesregierung 2005: 20).

Ein intrinsisch motiviertes, ökologisch verantwortliches Verhalten können dem Wirtschaftswissenschaftler Scherhorn nach nur selbstbestimmte Menschen entwickeln, weil sie ihrer Mitwelt auch Selbstbestimmung zugestehen und dadurch erst das Gefühl der Empathie und Verbundenheit entwickeln können.[16] Demnach sind die Sozialisation zu selbstverantwortlichen Persönlichkeiten und die Gestaltbarkeit durch die Beteiligten wichtige Strukturprinzipien zur Unterstützung sozialökologischen Handelns. Demgegenüber sind durch ihre Mitglieder nicht gestaltbare Systemstrukturen nicht entwicklungs- und anpassungsfähig an soziale und ökologische Erfordernisse, weil Verursacher und Folgetragende nicht übereinstimmen. Andersherum fördern konjunkte, aus der Alltagspraxis herausgebildete Strukturen sozialer Ordnung (Grundmann 2004) die Entwicklung selbstbestimmter Individuen.

---

[16] Im Gegensatz dazu haben Menschen mit heteronomer Orientierung einen eingeschränkten Zugang zu den eigenen Bedürfnissen und damit auch zu denen anderer und zu ökologischen „Erfordernissen" (Scherhorn 1997).

Die beiden untersuchten Projekte bestätigen dies. Die von beiden Gemeinschaften praktizierten Entscheidungsstrukturen basieren auf individueller Selbstbestimmung und Verantwortungsübernahme für das Eingebundensein in Zusammenhänge. Diese „Mitglieder-Gemeinschaft-reziproke" Steuerung ist in hohem Maße fähig, auf ungünstige Situationen oder Entwicklungshemmnisse zu reagieren und neue Konzepte oder Strukturen auszuhandeln, die den individuellen und strukturellen Erfordernissen entsprechen. Insofern sind die konsensorientierten Entscheidungsstrukturen in den beiden untersuchten Gemeinschaften zugleich Ausdruck von und Unterstützung für die Entwicklung selbstbestimmter und verantwortungsbewusster Individuen. Sie können als Beitrag zu einer zukunftsfähigen Sozialstruktur gesehen werden. Der Kontext einer Wahlgemeinschaft stellt die Bedingungen für das Erleben von Eingebundenheit in umfassendere soziale, ökonomische und ökologische Zusammenhänge. In ihm können die für Zukunftsfähigkeit wesentlich geforderten Prinzipien der Freiwilligkeit und Kooperation erprobt und entwickelt werden.

Brauchen andere Formen der Ökonomie einen sozialen „Schutzraum"?

Die ökonomischen Strukturen in der KNK bilden ein stabiles Wirkgefüge aus Eigenproduktion, einem an den Grundbedürfnissen hohen Anteil von Selbstversorgung und einer darüber hinausgehenden (mit minimalem weiteren Aufwand verbundenen) Außenvermarktung in Verbindung mit gemeinsamer Ökonomie. Sie können aus mehreren Gründen als gelungene Ansätze in Hinblick auf die Ziele einer ökologisch sinnvollen und sozial kooperativen Wirtschaftsordnung bezeichnet werden:

- Die gemeinsame Ökonomie entbindet vom durch gesellschaftliche Wertmaßstäbe bestimmten Verhältnis von Leistung und Entlohnung,[17] d.h. innerhalb der Kommune existiert nur Gebrauchswert, kein Tauschwert.
- Die KNK hat mit diesen Strukturprinzipien ein eigenes ökonomisches Wertsystem geschaffen und, wie im Subsistenzansatz von Bennholt-Thomsen und Mies (1995) entworfen, ansatzweise ein ökonomisches Prinzip der ökologisch und sozial nachhaltigen „Lebensreproduktion" statt Kapitalvermehrung umgesetzt.

---

[17] Durch das System der gemeinsamen Ökonomie existiert keine an Leistung gemessene Entlohnung mehr innerhalb der Kommune. In der KNK nimmt sich jeder, was er braucht. Er hat kein Privateigentum, ist ökonomisch voll integriert und arbeitet, was er kann und will. Des Weiteren besteht der Ansatz darin, dass jeder seine Fähigkeiten im Sinne des Projekts einbringt und jede Arbeit geachtet wird. Damit werden die Beziehungen und soziale Kontrolle der Kommune für die Mitglieder bestimmender als die gesellschaftlich-monetäre Wertsphäre (eigene Beobachtung).

- Mit ihren wirtschaftlichen Außenbeziehungen verfolgen die Kommunarden
  bewusst und gewollt soziale und ökologische Werte und transportieren diese
  durch direkte Handelskontakte und spezielle kooperative Aushandlungsver-
  einbarungen.

Die Wichtigkeit der „Schutzraumfunktion" einer gemeinsamen Ökonomie für
die Selbstversorgungspraxis wird durch das Gegenbeispiel des Ökodorfes bestätigt, das Selbstversorgung sogar stärker als die KNK anstrebte, aber bisher nur
ansatzweise umsetzen konnte. Die Herausbildung eines gemeinschaftsinternen,
auf anderen Wertmaßstäben beruhenden ökonomischen Systems war ohne gemeinsame Ökonomie nicht möglich, und für die Siedler gelten untereinander
dieselben marktwirtschaftlichen Bedingungen wie außerhalb, wo Selbstversorgung aus ökonomischen Gründen nicht praktiziert wird.

6. Intentionale Gemeinschaften als Forschungsfeld für die Suche nach Prinzipien
der Nachhaltigkeit

Die Untersuchung und Interpretation der Entscheidungs- und Ökonomiestrukturen in den untersuchten Gemeinschaften bietet eine induktive Erkenntnismetho-
de zur Beantwortung der Frage nach „zukunftsfähigen" Lebensweisen. Mit der
Erforschung der Praktiken in derartigen Gemeinschaften könnten wesentliche
Hinweise auf umsetzbare Nachhaltigkeitsprinzipien gefunden werden, die ein
sozial kooperatives und ökologisches Verhalten begünstigen. Dafür stehen als
nächstes differenziertere Analysen von Erfahrungsprozessen in mehreren Projekten an, die den Zusammenhang von Werten und Gründen für deren erfolgreiche Umsetzung bzw. deren Scheitern ergründen. Die entwickelten sozialen, politischen und ökonomischen Strukturen in Gemeinschaften zeigen konkrete Strategien zur Umsetzung der jeweiligen Intention. Damit könnten Prinzipien erfasst
und auf andere Sozialzusammenhänge übertragen werden, um realistische Formen nachhaltiger Lebensweisen zu kreieren.

In diesem Sinne könnten entsprechend ausgewählte sozialökologische Gemeinschaften als Lehr- und Lernstätte von aus der Alltagspraxis heraus gewachsenen
konjunkten Strukturen als wesentliches Forschungsfeld der Zukunftsfähigkeit
dienen.

„Gemeinschaften bieten der Gesellschaft die gelebte Erfahrung, dass ein anderes Leben möglich ist und das Wissen darüber, wie es möglich ist. Diese Erfahrung und dieses Wissen sind im Alltag erprobt und zwar in der ganzen Band-
breite: von dem sozialen Zusammenleben mit neuen Formen der Konfliktlösung, der Selbstorganisation und des Gemeinschaftseigentums über die Ökolo-

gie mit angemesseneren Konsummustern, über neue Arbeitsinhalte und –
formen, Kindererziehung, selbst gestaltete Kunst und Kultur, persönliche Entwicklung, bis hin zu der Suche nach befriedigenderen Formen der Liebe..."
(Eurotopia 2000: 29).

Allerdings besteht die Möglichkeit, dass sich die Frage nach bestimmten Strukturen, die nachhaltige Lebensweisen fördern, immer auf einen Grundstock von
statischen natürlichen, kulturellen und sozialen Bedingungen bezieht. Dies soll
hier als die „spezielle Dimension der Zukunftsfähigkeit" bezeichnet werden,
denn es geht dabei um die Suche nach konkreten sozialen und ökonomischen
Strukturen, die nachhaltiges Handeln fördern und die zwangsläufig auf eine spezielle sozialkulturelle und bioregionale Umwelt bezogen sind. Um nun der ver-
allgemeinerbaren Antwort auf die Frage nach zukunftsfähigen Lebensweisen
näher zu kommen, muss eine Dimension darüber betreten werden, d.h. es müssen die Voraussetzungen, Fähigkeiten und Bedingungen erforscht werden, unter
denen zukunftsfähige Strukturen kontextgebunden ausgebildet werden können.
Denn jedes natürliche, kulturelle und soziale Milieukonglomerat stellt seine eigenen Anforderungen, die sich zudem mit der Zeit verändern.

Der „speziellen Dimension der Zukunftsfähigkeit" muss also eine „allgemeine
Dimension der Zukunftsfähigkeit" vorangestellt werden, die es jederzeit ermöglicht, auf den jeweiligen Kontext abgestimmte zukunftsfähige Strukturen zu
entwickeln und konstant die bestehenden Strukturen auf Zukunftsfähigkeit aus-
zutarieren. Somit geht es um die Fähigkeit der Wahrnehmung und Motivation
zur Umsetzung zukunftsfähiger Handlungsoptionen. Der Blick auf das offene
Prinzip des „Global Ecovillage Networks" zur Gestaltung eines Ökodorfs bestätigt die Wichtigkeit einer solch vorangestellten „allgemeinen Dimension der Zukunftsfähigkeit". Es deutet sich an, dass es dabei um allgemeine Prinzipien des
Erkennens, Verstehens und Abstimmens von materiellen Stoffkreisläufen und
sozialen Beziehungsgefügen geht, die es durch Sozialisation und Bildung pro-
zesshaft zu entwickeln gilt. Von dieser Warte aus würde es jedem möglich, unter
den speziellen Bedingungen die angemessenen Praktiken zukunftsfähiger Lebensweisen durch Abstimmung mit allen beteiligten natürlichen und sozialen
Faktoren zu erkennen und umzusetzen.

Auch wird nachvollziehbar, dass von dieser allgemeinen Ebene aus wissen-
schaftlich verallgemeinerbare Prinzipien zukunftsfähiger Lebensweisen entwickelt und allgemein angewendet werden könnten. Dafür ist die Erforschung intentionaler Gemeinschaftsprojekte, die ihre ökonomischen, sozialen und politischen Strukturen weitgehend selbst gestalten und als sozialökologische Soziali-
sationsstätten bewusst weiterentwickeln und vermitteln in verschiedenen gesell-

schaftlichen und kulturellen Kontexten von Bedeutung. Ihre Erforschung birgt
außerdem ein Potential u.a. für Sozialisationsforschung, Umweltsoziologie und
transdisziplinäre Nachhaltigkeitsforschung über einen deskriptiven Umgang mit
Empirie hinaus und jenseits normativer Appelle und Konzepte eine experimen-
tell-empirische Forschung anzustoßen, die Sozialwissenschaft als Möglich-
keitswissenschaft (Novotny 1996) betreibt und somit die konstruktive gesellschaftliche Beratungsfunktion weiter ausgebaut werden kann.

Literatur:

Bennholdt-Thomsen, Veronika/ Maria Mies (1997) Eine Kuh für Hillary. Die
    Subsistenzperspektive. München.
BMU (Bundesministerium für Umwelt, Naturschutz und Reaktorsicherheit)
    (Hg.) 1992: Umweltpolitik - AGENDA 21. Konferenz der Vereinten Nati-
    onen für Umwelt und Entwicklung im Juni 1992 in Rio de Janeiro - Doku-
    mente -. Bonn.
Brand, Karl-Werner (2002): Nachhaltig leben! Zur Problematik der Verände-
    rung von Lebensstilen. In: Rink, Dieter (Hg.): Lebensstile und Nachhaltig-
    keit. Konzepte, Befunden und Potentiale. Opladen, S. 183-204.
Bundesregierung (2005): Perspektiven für Deutschland. Unsere Strategie für
    eine nachhaltige Entwicklung.
    http://www.bundesregierung.de/Anlage587387/pdf_datei.pdf 13.09.2005.
BUND (Bund für Umwelt und Naturschutz Deutschland)/ MISEREOR (Hg.)
    (1997): Zukunftsfähiges Deutschland. Ein Beitrag zu einer global nachhal-
    tigen Entwicklung. Studie des Wuppertal-Instituts für Klima, Umwelt, E-
    nergie GmbH. Basel. 4. Auflage.
Dregger, Leila (2002): Der globale Imperativ: Bildet Gemeinschaften – oder
    geht unter! In: Die weibliche Stimme, für eine Politik des Herzens, Nr.7:
    Zusammenleben verändert, S.12-14.
Empacher, Claudia/ Peter Wehling (2002): Soziale Dimensionen der Nachhal-
    tigkeit. Theoretische Grundlagen und Indikatoren. Studientexte des Instituts
    für sozial-ökologische Forschung, Nr.11. Frankfurt.
Eurotopia-Redaktion (Hg.) (1998) (2000) (2004): Eurotopia. Verzeichnis euro-
    päischer Gemeinschaften und Ökodörfer. Poppau.
Grundmann, Matthias (2005): Gesellschaftsvertrag ohne soziale Bindung? Ar-
    gumente für eine handlungstheoretische Herleitung sozialer Ordnungen. In:
    Gabriel, Karl/ Herrmann – Josef Große Kracht (Hg.). Brauchen wir einen
    neuen Gesellschaftsvertrag? Wiesbaden, S. 149-170.
Hauff, Volker (Hg.) (1987): Unsere gemeinsame Zukunft. Der Brundtlandbe-
    richt der Weltkommission für Umwelt und Entwicklung. Greven.

Kaltenborn, Olaf (1997): Lebensstile und Nachhaltigkeit. http://www.prometheusonline.de/heureka/nachhaltigkeit/monografien/kalte nborn/index.htm. 14.12.04

KNK (Kommune Niederkaufungen) (1983): In Gefahr und größter Not bringt der Mittelweg den Tod! Unveröffentl. „Grundsatzpapier" der Kommune Niederkaufungen.

KNK (Kommune Niederkaufungen) (2000): Der Traum ist aus, aber wir werden alles geben, dass er Wirklichkeit wird! ...und was daraus wurde: Gelebte Praxis von 1986 bis heute. Unveröffentl.

Kunze, Iris (2003): „Bildet Gemeinschaften – oder geht unter!" Eine Untersuchung selbstverwalteter, subsistenter Gemeinschaftsprojekte und Ökodörfer in Deutschland – Modelle für eine zukunftsfähige Lebensweise? unveröff. Diplomarbeit. Münster.

Luks, Fred (2002): Nachhaltigkeit. Hamburg.

Neitzel, Harald/ Wehrspaun, Michael (1997): Die Bedeutung des nachhaltigen Konsums im Kontext einer nachhaltigen Entwicklung. In: Umweltbundesamt (Hg.). Berlin, S.1-5.

Novotny, Helga (1996): Umwelt, Zeit, Komplexität: Auf dem Weg zur Endosoziologie. In: Diekmann, Andreas/ Carlo Jaeger (Hg.): Umweltsoziologie. Sonderheft 36/1996 der Kölner Zeitschrift für Soziologie und Sozialpsychologie. Opladen. S. 148- 163.

ÖSL (Ökodorf Sieben Linden; SÖ e.G.) (2000/2002): Ökodorf Sieben Linden. Sozial-ökologische Modellsiedlung bei Poppau/Altmark. Eine Information für Siedlungsinteressierte. Poppau. 1.+2. (veränderte) Aufl., unveröffentl.

Poferl, Angelika u.a. (1997): Umweltbewusstsein und Alltagshandeln. Eine empirische Untersuchung sozial-kultureller Orientierungen. Opladen.

Reusswig, Fritz (1999): Umweltgerechtes Handeln in verschiedenen Lebensstil-Kontexten. In: Linneweber, Volker (Hg.): Umweltgerechtes Handeln. Barrieren und Brücken. Berlin, S. 49-69.

Rink, Dieter (Hg.) (2002): Lebensstile und Nachhaltigkeit. Konzepte, Befunde und Potentiale. Opladen.

Rogall, Holger (2003): Akteure einer nachhaltigen Entwicklung. Der ökologische Reformstau und seine Gründe. München.

Scherhorn, Gerhard (1997): Konsumverhalten und Ethik. Stuttgart.

Thomas Dierschke, Stefan Drucks, Matthias Grundmann, Iris Kunze

Soziologische Gemeinschaftsforschung: Ein programmatisches Fazit

Die vielfältigen Beiträge des vorliegenden Bandes verdeutlichen, dass Gemeinschaft auch in modernen kapitalistischen Gesellschaften eine verbindende Größe zwischen Individuum und Gesellschaft ist. Sie dokumentieren, wie soziale Gemeinschaften in ihren vielfältigen Formungen und Ausprägungen kritisch zu untersuchen sind und sich dabei spezifische Erkenntnisse über die Bedingungen und Bedürfnisse eines sozial nachhaltigen Zusammenlebens, für die vielfältigen Gestaltungsoptionen von Sozialbeziehungen und der Organisation des Beziehungsalltags in weitgehend individualisierten Lebensverhältnissen ergeben.

Die Zugänge zu diesem Forschungsfeld lassen sich, wie auch schon im Inhaltsverzeichnis zu erkennen, grob in theoretisch-konzeptionelle Zugänge und empirische Zugänge unterteilen. Dies ist allerdings nicht die einzige Unterscheidung. Während einige Aufsätze eher distanziert, generelle soziologische Forschungsinteressen an soziale Gemeinschaften herantragen, nähern sich andere in engagiert zugetaner Weise ausgesuchten kollektiven Lebensformen und fragen konkret nach deren gesellschaftspolitischen Potentialen (wie emanzipatorischer Ökonomie, sozialer Nachhaltigkeit, Solidarität). Zudem lassen sich drei Ansatzpunkte der Betrachtungen als Schnittmenge der Aufsätze ausmachen:

- Soziologische Gemeinschaftsforschung als Erschließung eines vernachlässigten Forschungsfeldes für die allgemeine Soziologie,
- die Kommunitarismus-Debatte als Hintergrund für die Verhandlung des Verhältnisses zwischen Gemeinschaft und Gesellschaft, sowie
- die Bedeutung gemeinschaftlicher und kommunitärer Lebensformen für die Entwicklung alternativer und hier insbesondere nachhaltiger Lebensweisen.

Die Erschließung der Gemeinschaftsforschung für die allgemeine Soziologie, stellt soziale Gemeinschaften als „soziologisch vernachlässigtes Forschungsfeld in der Mitte" (zwischen Individuum und Gesellschaft) vor. Gemeinschaft wird als für Menschen wesentlicher und von Menschen gewollter Beziehungsmodus verstanden. Zum Gegenstand der Gemeinschaftsforschung werden soziale Bindungen zwischen Akteuren aufgrund einer gemeinsamen Lebensführung und die Verfestigung von sozialen Beziehungen in Vergemeinschaftungsprozessen, also deren Entstehung, Verdichtung und ‚Vergesellschaftung'. Dazu werden Gesellschafts-, Sozialisations- und Organisationstheorien mit Blick auf die mesostrukturelle Ebene handlungstheoretisch aufeinander bezogen und herkömmliche individualistische oder gesellschaftstheoretische Bestimmungen sozialer Beziehungen hinterfragen. Dies geschieht nicht zuletzt auch mit Bezug auf Klassiker der Soziologie, wie Ferdinand Tönnies, Max Weber, Norbert Elias und Karl Mannheim, die Gemeinschaft, jenes Feld in der Mitte, schon früh in den Blickpunkt genommen haben. Bei alldem zeigt sich immer wieder die Bedeutung der dynamischen Entwicklung sozialer Gemeinschaften, das Neben- und Nacheinander der Generationen, die Institutionalisierung der Beziehungen sozialer Gemeinschaften und die Dynamik der sie umgebenden Gesellschaften.

Mit unserer Gemeinschaftsforschung bauen wir Brücken zwischen klassischen Gemeinschaftstheorien und empirischen Forschungen: Ferdinand Tönnies' Grundformen der Gemeinschaft - unmittelbares Gefallen, die Organisation des ‚Ortes' sowie Konsensus – werden als „Quellen von Gemeinschaft" vorgestellt. Damit sind sie als wesentliche Gründe von Vergemeinschaftung und wichtige Variablen für das Verständnis heutiger intentionaler Gemeinschaften identifiziert. Sogar deren konkret zweckgerichtete Organisation lässt sich aus dem grundlegenden Ziel gemeinschaftlicher Dauerhaftigkeit heraus erklären. Konsensus als notwendige Basis von Gemeinschaft zu erhalten ist nämlich als gemeinschaftlich zu organisierende Aufgabe zu betrachten. Dass es sich lohnt, handlungs-, modernisierungs- und herrschaftstheoretische Implikationen klassischer Gemeinschaftskonzepte unterscheidbar zu machen, um sie wiederum analytisch aufeinander beziehen zu können, wird mit Tönnies, Weber und Elias erläutert und am Beispiel der ersten verfassten Kommunen illustriert. Die Konstruktion eines „Problems der Generationen" intentionaler Gemeinschaften projiziert Karl Mannheims klassische Überlegungen auf jenes Feld in der Mitte. Als Forschungshypothese gegenüber konkreten Generationenbeziehungen in Sozialen Gemeinschaften ergibt sich eine Spannung zwischen jenem Wunsch nach Dauer und den ihrerseits notwendigen Bestrebungen nach Veränderung und Selbständigkeit.

Die Beiträge zur Kommunitarismus-Debatte konfrontieren die zuvor dargestellte analytische Untersuchung mit Fragen zum Verhältnis zwischen Gemeinschaft und Gesellschaft und zur politischen Bedeutung sozialer Gemeinschaften. Der Werthorizont und das Selbstverständnis sozialer Gemeinschaften, das ‚richtige' Verhältnis von Immanenz und Transzendenz, von Partikularismus und Universalismus bzw. von einer „Mir san mir" Mentalität zu einem „weltbürgerlichen" Weitblick steht zur Debatte. Dies schafft Sensibilität für die Notwendigkeit, sachlich, konzeptionell, präzise, historisch eindeutig und selbstkritisch zu forschen. Als Gründe dafür werden unter anderem herausgearbeitet, dass

- Ressentiments gegenüber ‚Gemeinschaft' die Wahrnehmung auf unproduktive Weise selektiv verengen,
- Idealismen hinsichtlich der Umsetzung ethischer Zielhorizonte in intentionalen Gemeinschaften alles andere als selbsterklärend sind und
- Zeitdiagnosen nichtssagend bleiben, sofern sie unspezifische Postulate wie z. B. den allgemeinen Gemeinschaftsverlust in der Moderne in den Mittelpunkt stellen.

Darüber hinaus ergeben sich aus dem Blickwinkel der Kommunitarismus-Debatte zwei weitere Anregungen für die Gemeinschaftsforschung. Unsere Forschungsperspektive wird ergänzt um die Option, den Grundkonsens liberaldemokratischer Gesellschaften mehrfach konstruktiv zu hinterfragen, nämlich im Hinblick auf die historische Belegbarkeit der tatsächlichen Anerkennung ihrer Grundwerte (z.b. individuelle Handlungsfreiheit) nicht zuletzt durch soziale Gemeinschaften (z. B. hinsichtlich kollektiver Bindungen) und in Hinblick darauf, die Wertorientierung in Gemeinschaften mit gesellschaftlichen Grundwerten zu konfrontieren, ohne diese Gemeinschaften an sich zu verkennen. Die zweite wichtige Anregung ist der Hinweis darauf, dass Partikularismus und Nahbereichsfixierung sozialer Gemeinschaften an sich keine schlechten und unbedingt zu überwindenden Einstellungen sind. Sie können als durchaus verbindend, zudem anthropologisch unhintergehbar und damit letztlich als berechtigt angesehen werden. Dennoch müssen die Wirkungen der Nahbereichsfixierung und des Partikularismus sozialer Gemeinschaften weiterhin kritisch untersucht werden. In Bezug auf intentionale Gemeinschaften stellt sich hier die Frage, ob und unter welchen Bedingungen intentionale Gemeinschaften Geltung für ihre Leitideen beanspruchen. Man muss daher sensibel dafür bleiben, ob sich ihre Mitglieder als selbstgerechte Universalisten oder als pluralistische Gesellschaften bejahende Weltbürger darstellen.

Im Zuge der empirischen Untersuchung gemeinschaftlicher Lebensformen lassen sich schließlich Verbindungen zwischen den beiden zuvor geschilderten Ansatzpunkten herausstellen. Die Besprechung konkreter gemeinschaftlicher Lebensformen zeigt wiederum die Anfangs aufgezeigten unterschiedlichen Zugänge. Einerseits werden gesellschaftskritische Gründungsmotive und der ‚Alternativ'-Charakter ausgewählter kommunitärer Lebens- und Arbeitsformen als solche pointiert. Dabei erschließt sich ein informatives und historisch anschauliches Bild von Kommune-Bewegungen. Andererseits stellen sich von einer distanzierteren Warte kommunitäre Leitideen als gleichzeitig verbindendes und konfliktives Moment von Generationenbeziehungen dar. Auf diese Weise werden vor allem Perspektiven immanenter Beziehungs- und Prozessanalysen gesucht.

Auch wenn die untersuchten intentionalen Gemeinschaften durchaus verschiedene Lebens- und Arbeitsformen, sowie unterschiedliche inhaltliche Zielsetzungen haben, fällt doch auf, dass sie alle versuchen, Alternativen zu Lebensstilmo-
dellen in kapitalistisch-individualistischen Gesellschaften zu entwickeln. Eine
These ist, dass gemeinschaftlich verfasste soziale Beziehungen Potentiale für die
Entwicklung alternativer Lebensweisen bieten, die auf einer Nahbereichsfixierung und einem betonten Eigensinn der Gemeinschaftsbeziehungen beruhen.
Anschaulich dargestellt wird dies anhand der Suche nach ökologischen und
nachhaltigen Lebensweisen in intentionalen Gemeinschaften, die diesen Eigensinn in lokalem Handeln finden. Die Bereitstellung einer gemeinsamen Infrastruktur und das Aushandeln gemeinsamer Wertvorstellungen können dabei soziale Nachhaltigkeit ebenso fördern, wie demokratisches Bewusstsein und Handeln.

Was lässt sich programmatisch aus den hier aufgezeigten Beiträgen zur Gemeinschaftsforschung ableiten? Zentral ist mindestens die Einsicht, dass Gemeinschaft eine unhintergehbare, weil dem Menschen wesentliche Vergesellschaftungsweise ist, und dass „Gemeinschaft" in einem mehrdimensionalen Verhältnis zu „Gesellschaft" steht: Gemeinschaft steht Gesellschaft schon in klassischen Konzepten nicht nur diametral gegenüber, sondern liegt als Basis sowohl
jeder Individualität als auch jeder Vergesellschaftung zugrunde. Über die empirische Untersuchung intentionaler Gemeinschaften ergibt sich die Möglichkeit,
Ambivalenzen und Mischungsverhältnisse zwischen Gemeinschaft und Gesellschaft zu untersuchen, die aus konkreten Beziehungspraxen entstehen. Dabei
öffnet sich der Blick für soziale und gesellschaftliche Gestaltungspotentiale
selbstorganisierter Gemeinschaften. Aus der Gemeinschaftsforschung lassen
sich also Erkenntnisse über die sozialen Formierungen von Beziehungspraxen
gewinnen und gesellschaftliche Gestaltungspotentiale bestimmen, die der auf
individualistische Handlungslogiken verengten sozialwissenschaftlichen Forschung verborgen bleiben.

Zusammenfassung der Beiträge

I. Theorie der Gemeinschaft: Heuristische und gesellschaftskritische Zugänge

Matthias Grundmann
Soziale Gemeinschaften: Zugänge zu einem vernachlässigten soziologischen Forschungsfeld.
Soziale Gemeinschaften fristen als Forschungsgegenstand der Soziologie bis heute ein Schattendasein. Sie lassen sich nicht hinreichend präzise mit einer auf individuelle Handlungsrationalitäten fixierten Erkenntnis- und Analyselogik fassen, die spätestens seit dem 2. Weltkrieg die empirische Sozialforschung kennzeichnet. Dennoch gehört der Gemeinschaftsbegriff zu den Grundkategorien des Sozialen. Das soziale Zusammenleben findet in sozialen Gemeinschaften statt. Sie sind es, die jenseits individueller Handlungsinteressen eine gemeinsame Lebenspraxis konstituieren. Im vorliegenden Beitrag wird das Forschungsfeld „soziale Gemeinschaften" aus unterschiedlichen Perspektiven betrachtet und der Forschungsgegenstand neu austariert. Schließlich wird ein differenzierter Zugang zur empirischen Erforschung von sozialen Gemeinschaften vorgestellt.

Social communities: Approaches to a neglected topic of sociological research.
Social communities – as a sociological research object – lead a shadowy existence until today. They cannot be comprehended in a sufficiently precise manner by an analytical and cognitive logic that is fixated on individual action rationalities and is characterizing social research since Second World War at the latest. Nevertheless, the term 'community' is part of the basic categories of the social. Social existence (living together) is taking place in social communities. It is them, who constitute a common practice of life, beyond individual action interests. In the available contribution/article the research field 'social communities' is figured out from different perspectives and the research object has been newly balanced. Finally, a differentiating approach towards empirical research of social communities is presented.

Hans Joas
Gemeinschaft und Demokratie in den USA. Die vergessene Vorgeschichte der
Kommunitarismus-Diskussion.
Der Beitrag arbeitet verschiedene Ebenen des Gemeinschaftsbegriffs heraus,
dessen Gebrauch von Ängsten, aber auch von einem Mangel an historischer und
zeitdiagnostischer Präzision geprägt sei. Über den Vergleich inhaltlicher und
wertender Konnotationen des Gemeinschaftsbegriffs in Deutschland mit jenen
von „Community" in den USA bewegt sich der Beitrag zu sachlichen gesellschaftspolitischen Visionen. Diese sollten weder mit pauschalierenden Behaup-
tungen eines Gemeinschaftsverlustes noch mit Ressentiments gegenüber ge-
meinschaftlich-partikularistischen Bestrebungen begründet sein. Vielmehr seien
diejenigen Chancen für demokratische Gemeinwesen zu sehen, die im kreativen
Wechselspiel institutionalisierter und nicht institutionalisierter, politischer und
vorpolitischer Formen der Willensbildung liegen.

Community and Democracy in the USA. The forgotten History of the
Communitarianism Debate.
The article brings out different dimensions of the notion of community, the ap-
plication of which is marked by a lack of precision with regard to history and
diagnosis of time. Via comparison of the connotations of "Gemeinschaft" in
Germany with those of "community" in the USA – regarding content and
evaluation – the article continues with a discussion of political implications and
perspectives. These should neither be justified by assertions of a community loss
nor by resentments towards particularistic community values. Rather those
chances for a democratic polity should be seen that lie in the creative interrela-
tion of institutionalized and not institutionalized, political and pre-political
forms of formation of will.

Stephan Drucks
Vormodern oder voll modern? Kommunale Gemeinschaften als Irritation der
Modernisierung.
Was Gemeinschaft wirklich sei – oder sein sollte – kann vielleicht nie abschließend entschieden werden. Um den Gemeinschaftsbegriff für soziologische Analysen einzusetzen, ist er doch jeweils fest zu legen auf eine Bedeutungsdimensi-
on, auf die Bezug genommen werden kann. Als solche Referenz werden hier die
von Ferdinand Tönnies und Max Weber mit „Gemeinschaft" umschriebenen
Handlungs- und Bindungsmotive und die von Norbert Elias so genannten „engagierten" Denk- und Handlungsweisen gesetzt. In dieser „klassischen" Bedeutung meint Gemeinschaft keineswegs nur vergangene Sachverhalte, sondern

Dimensionen sozialen Zusammenlebens, welche unter verschiedenen historisch-politischen Umständen in unterschiedlicher Weise zur Geltung kommen. Dies wird am Beispiel des politischen Kampfes mittelalterlicher Gemeinden deutlich, welcher den Übergang des von Tönnies so genannten „Zeitalters der Gemeinschaft" zum „Zeitalter der Gesellschaft" markierte.

Premodern or completely modern?

What community (Gemeinschaft) really means – or should mean – can never be decided upon once and for all. However, in order to employ a term for analytic research work, one meaning has to be chosen which one can refer to. Ferdinand Tönnies and Max Weber described certain motives for social action and bonding which overlap with what Norbert Elias calls "Engagement". The validity that Community can have in this "classical" case depends on historical and political circumstances. Here we discuss as an example the political conflict between medieval communes and their authorities. That conflict indicates the historical transition from the "age of community" (Zeitalter der Gemeinschaft) to the "age of society" (Zeitalter der Gesellschaft), as Tönnies defines two epochs of modernity.

Thomas Mohrs
„Mir san mir!" Anthropologische Bezugsgröße Gemeinschaft. Der Mensch
zwischen Nahbereich und Globalität.

Nach evolutionär-anthropologischer Auffassung sind Menschen Kleingruppen-wesen, deren raum-zeitliche Wahrnehmung stark nahbereichsfokussiert ist, was in sozialer Hinsicht zur Ausbildung einer „Mir san mir!"-Mentalität führt, die deutlich zwischen „wir" und „die anderen" differenziert und von einem tiefen Argwohn gegenüber Fremdem und Neuerungen geprägt ist. Diese Mentalität gerät unter Globalisierungsbedingungen zunehmend unter Druck, da globale Probleme mit einer solchen Nahbereichsmentalität nicht gelöst werden können. „Intentionale Gemeinschaften" scheinen vielversprechende experimentelle Lebensformen zu sein, dem Dilemma zwischen Nahbereichsfokussierung und Globalität der Lebensbedingungen entkommen zu können. Sie haben sich aber mit einer Reihe von (begrifflichen, theoretischen) Problemen und Fragestellungen auseinander zu setzen, die (auch) Gegenstand ihrer empirischen Erforschung sein sollten.

"Mir san mir!" (We are we). Community as anthropolocigal reference size. Humans between "close-range" and global mentality.
Evolutionary anthropology teaches us that human beings are selected by evolution to live in relatively small groups and to perceive in temporal as well as in spacial respects "naturally" only what is in close-up range. In social respect they tend to develop a congruous "we first!"-mentality, which differentiates rigorously between "we" and "the others" and is also characterized by a distinctive suspicion against strangeness and innovations. Under the conditions of globalization this "we first!"-mentality gets under pressure increasingly because global problems can't be solved with such a "close range"-mentality. "Intentional Communities" seem to be promisingly experimental approaches to cope with the dilemma between the tendency to think, perceive and value "close range"-focused and the globalization of living conditions. But they also have to think about a number of (conceptual, theoretical) problems and questions which should be subjects of their empirical investigation as well.

Thomas Dierschke
Organisation und Gemeinschaft. Eine Untersuchung der Organisationsstrukturen Intentionaler Gemeinschaften im Hinblick auf Tönnies' Gemeinschaftsbegriff.
In welchem Verhältnis stehen Gemeinschaft und Organisation zueinander? Mit dieser Frage wird auf ein Spannungsfeld der Untersuchung gemeinschaftlicher Beziehungen aufmerksam gemacht. Mehrheitlich wird in der Soziologie die Meinung vertreten, dass Organisationen als zweckrationale Gebilde keinen Platz für Gemeinschaft lassen und sich Gemeinschaften durch fortschreitende Formalisierungen zu Bünden, Organisationen oder Gesellschaften wandeln. Eine genaue Beschäftigung mit dem tönnies'schen Gemeinschaftsbegriff und eine Untersuchung der Organisationsstrukturen Intentionaler Gemeinschaften weisen jedoch darauf hin, dass Gemeinschaft und Organisation in keinem konträren Verhältnis zueinander stehen müssen. Hier zeichnet sich ein interessantes Forschungsfeld für die Gemeinschaftsforschung ab.

Organisation and Community. A comparison between Tönnies' concept of community and the organisational structures of Intentional Communities.
What is the relation between community and organisation? This question calls attention to a field of tension in the analysis of community relations. A majority of sociologists holds the opinion that organisations as rational and goal-oriented structures do not leave any room for community, and that communities transform into alliances, organisations or societies through progressive formalisation. A closer look at Tönnies' concept of community and an analysis of the organisa-

tional structures of Intentional communities reveal that community and organisation do not necessarily have to be opposed. In this perspective, a new field of interest for community research is emerging.

II. Erschließung einer modernen Gemeinschaftsformation: Intentionale Gemeinschaften

Thomas Dierschke, Stephan Drucks, Iris Kunze
Was sind Intentionale Gemeinschaften?
Der Beitrag verdeutlicht Verbindungen zwischen theoretischen und konzeptionellen Überlegungen zu empiriegestützten, auf ein ausgewähltes Feld bezogenen Beiträgen im vorliegenden Band. Der Terminus *Intentionale Gemeinschaft* wird im Sinne soziologischer Grundbegriffe beim Wort genommen, was ihn sperrig erscheinen lässt, ihn letztlich aber doch im Sinne seiner Erfinder, der Gemeinschaftsaktivisten, erschließt. Zur gesellschaftspolitischen Relevanz gemeinschaftlichen Lebens, über die politiktheoretisch viel debattiert wird, werden klare Statements intentionaler Gemeinschaften vorgestellt. Diese und andere Ergebnisse einer Studie über Gemeinschaftsprojekte machen das Feld plastisch. In durchaus kritischer Weise wird auf verschiedene Quellen hingewiesen, welche für die Erforschung Intentionaler Gemeinschaften erschließenswert sind. Schließlich werden die nachfolgenden Beiträge kurz vorgestellt.

What are intentional communities?
The essay clarifies connections between theoretical and conceptional considerations about empirical based contributions related to a selected field. The term intentional community is taken by its sociological meaning as a basic term which seams to appear complicated, but finally it is used in the sense of the creators: the community activists. About the socialpolitical relevance of communal life - discussed in political theory many times – clear statements about intentional communities are represented. Beside this results of a survey about communities contribute to the variety of the research field. It is referred to various for the investigation of intentional communities important sources in a quite critical way. Finally the essays are introduced shortly.

Gisela Notz
Alternative Formen der Ökonomie durch Gemeinschaften.
Kommunen sind die radikalste Form des gemeinsamen Wirtschaftens und des anderen Lebens innerhalb der Gemeinschaftskonzepte. Sie stellen die Partialisierung in Leben und Arbeiten zur Disposition und versuchen in ihrer Alltagspraxis beides zusammen zu bringen. In Kommunen schließen sich Menschen mit gleichen oder ähnlichen Interessen zusammen und finden eigene Regelungen und Absprachen. „Auf der Suche nach der verlorenen Zukunft" versuchen sie aus Träumen Leben werden zu lassen. An ihrer Existenz kann beispielhaft aufgezeigt werden, dass Möglichkeiten einer demokratischen und ebenbürtigen Lebens- und Arbeitswelt in Ansätzen hier und heute lebbar sind.

Alternative forms of economy through communities.
Communes are the most radical form of common economy groups and alternative modes within the concepts of communities. They confront the separation of life and work attempting to converge it in their daily life. In Communes likeminded people unite while finding their own regulations and agreements. "Searching for the lost future" they try to manifest dreams as life. Their existence is an example to proof the possibility that an equal world of life and work can be realised today.

Stephan Drucks
Das kommunitäre Generationenproblem: Leitideen und Dynamiken. Fragen an intentionale Gemeinschaften.
Was ist das besondere an den Sozialbeziehungen in intentionalen Gemeinschaften und wie kann nach diesen Besonderheiten geforscht werden, ohne normative Erwartungen aufzubauen? Zur Unterstützung von Forschungsheuristiken, welche den intentionalen Gemeinschaften genauso gerecht werden wie dem Stand der Soziologie der Generationenbeziehungen wird das „Problem der Generationen" (Karl Mannheim) am Beispiel der Kibbutzim illustriert und mit Grundannahmen der Ambivalenztheorie (Kurt Lüscher) konfrontiert. So können schließlich Thesen aufgestellt werden über für intentionale Gemeinschaften typische Anlässe forcierter Ambivalenzen.

The "problem of the generations" in intentional communities.
What is special about social relations in intentional communities and how can sociologists avoid building up normative expectations while doing their research work there? The question is, what kind of research concepts suits best on the purpose of funding out about the relationships between the generations in such

communities? The article illustrates the "problem of the generations" (Karl Mannheim) by the example of the Kibbutz. This "problem" then is discussed with a view to ambivalences (Kurt Lüscher). Finally some theses are set up about how ambivalences are forced in intentional communities.

Karl-Heinz Simon
Gemeinschaftlich Nachhaltig. Welche Vorteile bietet das Leben in Gemeinschaft für die Umsetzung ökologischer Lebenspraktiken?

Kommunen – Nachhaltigkeit garantiert? Die Frage, ob gemeinschaftliche Lebensstile zu Nachhaltigkeit beitragen, wird auf zwei Weisen diskutiert: Erstens ist der gemeinschaftliche Lebensstil zurzeit bereits abgestimmter auf nachhaltige Ziele als andere Lebensstile in industrialisierten Gesellschaften, z.B. gemessen am Energie- und Ressourcenverbrauch. Zweitens könnte das Experimentieren dieser Projekte mit Organisationsprinzipien und dem Bereitstellen alternativer sozialer Möglichkeiten als Beitrag zur gesellschaftlichen Ratifizierung nachhaltiger Erfordernisse in der Zukunft wichtiger werden. Beispiele sind Solidarität und Beteiligung an Entscheidungsprozessen, oft eine geldlose interne Ökonomie und das Einbringen in die lokale Politik.

Communal sustainably. What advantages can communal living provide to realise ecological ways of living?

The question whether communal modes of living and working contribute to sustainability is being discussed in two ways: Firstly, the lifestyle of communal living is already at present more compatible with sustainability goals than other modes of living in industrial societies, for example, due to reduced energy and material consumption. Secondly, these projects experiment with organisational principles and provide alternative social options which might gain more importance in the future as a contribution to the adaptation of societies to sustainability demands. Examples are solidarity and participation in decision-making, often money-free internal economy and involvement in local politics.

Iris Kunze
Sozialökologische Gemeinschaften als Experimentierfelder für zukunftsfähige
Lebensweisen. Eine Untersuchung ihrer Praktiken.

Mit dem Erkenntnisinteresse, „nachhaltige" Lebensweisen zu erforschen, stellen soziale Gemeinschaften mit entsprechenden Zielen lohnenswerte Untersuchungsfelder dar. Ihr experimenteller Ansatz, in reflexiven Prozessen nachhaltige Strukturen gemeinschaftlich zu entwickeln, ermöglicht eine empirisch untermauerte Antwort auf die bisher vernachlässigte Frage nach dem Zusammenhang zwischen „Zukunftsfähigkeit", Lebensweise und sozialen Organisationsstrukturen. Schließlich geht es darum, wie zukunftsfähig orientierte Prinzipien kreiert und umgesetzt werden können. In Hinblick darauf werden anhand qualitativer Einzelfallstudien in zwei intentionalen Gemeinschaften Praktiken aus den Bereichen Entscheidungsstrukturen und Ökonomie vorgestellt, diskutiert und interpretiert.

Socialecological communities as experimental fields for sustainable ways of
living. An examination of their practice.
With the intention to examine sustainable ways of living, social communities with corresponding intentions are worthwhile fields of investigation. Their experimental way to develop ecological and social sustainable living conditions by reflecting processes offers the possibility for an empirical based answer to the neglected question after the relation between sustainability, lifestyle and social organisation structures. Finally the aim is how future oriented principles can be created and realised. On the basis of qualitative field research studies in two intentional communities sustainable ways of decision making and economy are discussed and interpreted.

Autorenregister

Thomas Dierschke, M.A., Jg. 1978, promoviert am Institut für Soziologie in Münster. Arbeitsschwerpunkte: Organisationstheorie, Gemeinschaftsforschung, Non-Profit-Organisationen, Dritter Sektor, Zivilgesellschaft, Bewertung kultureller Güter.

Stephan Drucks, M.A., Jg. 1971, promoviert am Institut für Soziologie in Münster. Arbeitsschwerpunkte: Generationenbeziehungen, theoretisch-konzeptionelle Grundlagen soziologischer Gemeinschaftsforschung und Altern in sozialen Gemeinschaften.

Matthias Grundmann, Prof. Dr., Jg. 1959, ist Geschäftsführender Direktor des Instituts für Soziologie in Münster. Arbeitsschwerpunkte: Sozialisationsprozesse und ihre sozialökologische Einbindung, Soziale (Generationen)Beziehungen und soziale Integration, Makro-Mikroprozesse in Familie, Schule und Freizeit, Gemeinschaftsforschung, Soziale Milieus und Schulkultur, Bildungsprozesse im Internet. Zahlreiche Veröffentlichungen.

Hans Joas, Prof. Dr. Phil, ist Dekan und Fellow am Max-Weber-Institut für Kultur- und Sozialwissenschaftliche Studien in Erfurt, außerdem Professor an der University of Chicago und ordentliches Mitglied der Berlin-Brandenburgischen Akademie der Wissenschaften. Zahlreiche Publikationen.

Iris Kunze, Dipl.-Geogr., Jg. 1976, Promotionsstipendiatin der Deutschen Bundesstiftung Umwelt, Institut für Geographie und Gemeinschaftsforschungsstelle Prof. Grundmann am Institut für Soziologie der Universität Münster. Arbeitsschwerpunkte: integrative Nachhaltigkeitsforschung, Gemeinschaftsforschung.

Thomas Mohrs, PD Dr., Jg. 1961; Oberassistent am Lehrstuhl für Philosophie der Universität Passau; Arbeitsschwerpunkte: Politische Philosophie, Ethik, Philosophische Anthropologie.

Gisela Notz, Dr., Jg. 1942, Sozialwissenschaftlerin, wissenschaftliche Referentin in der Forschungsabteilung Sozial- und Zeitgeschichte der Friedrich-Ebert-Stiftung in Bonn und Lehrbeauftragte an verschiedenen Universitäten, z. Zt. Marburg. Zahlreiche Buch- und Zeitschriftenveröffentlichungen.

Karl-Heinz Simon, Dr., Jg. 1950; Geschäftsführer am Wissenschaftlichen Zentrum für Umweltsystemforschung der Universität Kassel; von der Ausbildung her Ingenieur, Nebenfachsoziologe und Planungswissenschaftler. Hauptinteressen: Soziologische Systemtheorie; Soziokybernetik, Gesellschaftliche Alternativen sowie Szenariomethode und Szenarienanwendungen.

Individuum und Gesellschaft
Beiträge zur Sozialisations- und Gemeinschaftsforschung
hrsg. von Prof. Dr. Matthias Grundmann
(Universität Münster)

Matthias Grundmann;
Raphael Beer (Hg.)
Subjekttheorien interdisziplinär
Diskussionsbeiträge aus Sozialwissenschaften, Philosophie und Neurowissenschaften
Die Beiträge veranschaulichen, was verschiedene Disziplinen und Theorien und scheinbar abwegige Forschungszweige zu einer Weiterentwicklung der Subjekttheorie beitragen können. Dazu werden Basisannahmen soziologischer Handlungstheorien und philosophische Überlegungen im Kontext der Erkenntnistheorie vorgestellt. In weiteren Beiträgen kommen mit der Hirnforschung neue Anregungen für ein Subjektverständnis zur Sprache. Mit der Systemtheorie wird schließlich eine Theoriearchitektur angeführt, die sowohl neurowissenschaftliche Erkenntnisse als auch intersubjektivistische Annahmen verbindet, die an die eingangs dargestellten Handlungstheorien anschlussfähig sind.
Bd. 1, 2004, 200 S., 17,90 €, br.,
ISBN 3-8258-7304-8

Wissenschaftliche Paperbacks
Soziologie

Hartmut Lüdtke
Freizeitsoziologie
Arbeiten über temporale Muster, Sport, Musik, Bildung und soziale Probleme
In diesem Sammelband sind 14 Beiträge des Autors aus etwa 30 Jahren vereint, die bisher verstreut in Sammelbänden, Festschriften und Zeitschriften erschienen sind. Neben theoretischen Arbeiten liegt der Schwerpunkt auf solchen aus der empirischen Werkstatt der Sozialforschung. Das Spektrum an Themen erstreckt sich über Temporale Muster und soziale Zeit, Zeitstress bei Studenten; Bildung,

Sport, Alltagstechnik und Umweltprobleme im Kontext von Freizeit sowie Musikrezeption, Stadt- und Raumplanung, so dass "Freizeitsoziologie" nur als lose Klammer zu verstehen ist, zumal sich dieses Feld ohnehin inzwischen mit verschiedenen angrenzenden und allgemeineren Gebieten überlagert. Der Band ist in drei Teile gegliedert: Der erste umfasst die eher theoretisch orientierten Beiträge, der zweite empirische Arbeiten zu speziellen Aspekten von Freizeit, Zeitverwendung und Kultur, der "strategische" dritte Teil Beiträge zu Problemen der Sozialisation, Umweltethik sowie Infrastrukturplanung. Die Arbeiten widerspiegeln die oretische ebenso wie empirisch-methodische, nicht immer geradlinig "fortschreitende" Entfaltung eines zentralen Arbeitsfeldes des Autors, das in der Soziologie unverdient eher zu den Stiefkindern der professionellen Aufmerksamkeit gehörte, aber durch interessante Entwicklungen charakterisiert ist.
Bd. 5, 2001, 248 S., 17,90 €, br.,
ISBN 3-8258-5359-4

Rudolph J. Rummel
'DEMOZID' – der befohlene Tod
Massenmorde im 20. Jahrhundert. Mit einem Vorwort von Yehuda Bauer, Yad Vashem (Übersetzung aus dem Amerikanischen)
Mit diesem Buch liegt die erste wissenschaftliche Abhandlung zu Massenmorden im 20. Jahrhundert vor. Sie stützt sich auf Datenmaterial, das der Autor in zahlreichen Untersuchungen erhoben hat. Aber Rummel bietet mehr als reine Empirie: "Macht tötet, uneingeschränkte Macht tötet uneingeschränkt." Dieses neue Macht-Prinzip ist die Kernaussage, die sich aus diesem Buch über Völkermord und regierungsamtlichen Massenmord – für den er den Begriff 'Demozid' verwendet – herausbildet. Je mehr Macht eine Regierung besitzt, desto eher kann sie willkürlich, entsprechend den Launen und Wünschen ihrer Elite, handeln. Desto eher wird sie Krieg gegen andere Regierungen führen und ihre aus- und inländischen Bürger töten. Je eingeschränkter die Macht einer Re-

LIT Verlag Münster – Berlin – Hamburg – London – Wien
Grevener Str./Fresnostr. 2 48159 Münster
Tel.: 0251 – 62 032 22 – Fax: 0251 – 23 19 72
e-Mail: vertrieb@lit-verlag.de – http://www.lit-verlag.de

gierung ist und je stärker ihre Macht verteilt, kontrolliert und ausgewogen ist, desto seltener wird sie andere Regierungen bedrohen und Demozid verüben. Totalitäre kommunistische Regime, im Besitz uneingeschränkter Macht, vernichteten mehrere zehn Millionen ihrer Staatsbürger. Im Gegensatz dazu können sich viele Demokratien nicht einmal dazu "durchringen", ihre Serienmörder hinzurichten.
Bd. 12, 2. Aufl. 2003, 416 S., 39,80 €, gb., ISBN 3-8258-3469-7

Michael Ley
Holokaust als Menschenopfer
Vom Christentum zur politischen Religion des Nationalsozialismus
Der Mord am europäischen Judentum unterscheidet den Nationalsozialismus von anderen Formen totalitärer Herrschaft. Fast alle Forschungen über den Nationalsozialismus konnten keine überzeugende Interpretation des Holokaust vorlegen, da er sich konventionellen Erklärungen entzieht. Das vorliegende Buch unternimmt deshalb den Versuch, den Nationalsozialismus als politische Religion zu definieren. Nicht nur die äußeren Formen öffentlicher Inszenierungen und die Architektur des Nationalsozialismus zeigen seinen religiösen Charakter; der Holokaust selbst wurde von führenden Personen des Nationalsozialismus als heilsnotwendige Tat begriffen. Sie verstanden den Holokaust als apokalyptische Rettung der Menschheit. In diesem Sinne zeigt sich eine verblüffende Affinität zu den millenaristischen Bewegungen des Mittelalters und der Reformation, die vor allem in Deutschland weit verbreitet waren. Michael Ley geht der grundlegenden Fragestellung nach, inwieweit in der christlichen Religion apokalyptisches Gedankengut und Judenhaß zusammenhängen und in der europäischen Hochkultur tradiert werden. Er charakterisiert den Holokaust als ein modernes Menschenopfer auf dem Hintergrund der christlichen Apokalyptik.
Bd. 15, 2002, 192 S., 18,80 €, br., ISBN 3-8258-6408-1

Klaus Ottomeyer
Ökonomische Zwänge und menschliche Beziehungen
Soziales Verhalten im Kapitalismus
Klaus Ottomeyer hat seine vielgelesene Studie zur Sozialpsychologie und Entfremdung im Kapitalismus für die Neuauflage aktualisiert. „Der Gang der kapitalistischen Wirtschaft ist im Hinblick auf die Aktienkurse schwer vorauszusagen, seine Einwirkung auf die menschliche Seele ist präzise zu berechnen" (Max Horkheimer). Die heute in den Medien und von Politikern so viel beschworene Krise von Identität hat ihre Wurzeln im „systematischen Chaos", in den widersprüchlichen Anforderungen, die aus der Arbeitswelt, der Marktwelt und der Welt des privaten Konsums resultieren. Das Gefühl der Zerrissenheit wird in der Epoche des Neoliberalismus und der Globalisierung noch gesteigert. In dieser Situation boomen trügerische Heils- und Heilungsversprechungen. Ottomeyer gibt einige Hinweise darauf, wie trotzdem Psychotherapie und allgemeiner noch: sinnvolle Lebenspraxis möglich ist.
Bd. 21, 2004, 240 S., 18,90 €, br., ISBN 3-8258-6125-2

Herwig Birg (Hg.)
Auswirkungen der demographischen Alterung und der Bevölkerungsschrumpfung auf Wirtschaft, Staat und Gesellschaft
Plenarvorträge der Jahrestagung der Deutschen Gesellschaft für Demographie an der Universität Bielefeld, 4. März 2004
Die Bevölkerungsentwicklung Deutschlands ist in den kommenden fünf Jahrzehnten von einer starken Zunahme der Älteren bei einer gleichzeitigen Schrumpfung der Jüngeren geprägt. Die sich daraus ergebende demographische Alterung ist irreversibel, sie läuft ab wie ein Uhrwerk. Der Zuwachs der Versorgungslasten pro Kopf der mittleren Altersgruppe ist wesentlich größer als die Entlastung durch den Rückgang der Zahl der nachwachsenden Kinder und Jugendlichen. Die Konsequenzen der Bevölkerungsentwicklung für Staat und

LIT Verlag Münster – Berlin – Hamburg – London – Wien
Grevener Str./Fresnostr. 2 48159 Münster
Tel.: 0251 – 62 032 22 – Fax: 0251 – 23 19 72
e-Mail: vertrieb@lit-verlag.de – http://www.lit-verlag.de

Gesellschaft, für das soziale Sicherungssystem und das Wirtschaftswachstum, werden von den namhaftesten Experten Deutschlands, von Sozialwissenschaftlern, Volkswirten, Sozialpolitikern, Verfassungsjuristen, Demographen und Statistikern dargestellt.
Bd. 29, 2005, 144 S., 19,90 €, br.,
ISBN 3-8258-8261-6

Soziologie: Forschung und Wissenschaft

Uwe Engel; Manuela Pötschke
Auto und sonst nichts?
Zum Verhältnis von Umweltschutz und Verkehrsmittelwahl
Lang anhaltende Regenfälle, Hagelkörner im Sommer, Hurrikane in Deutschland – spürbar für alle scheinen Wetterkapriolen und Unwetterkatastrophen zuzunehmen und gefährlicher zu werden. Im Spannungsfeld zwischen der gestiegenen Sensibilität für Umweltbelange und dem tatsächlichen Verhalten der Menschen ist dieses Buch angesiedelt. Im Zentrum stehen dabei empirische Analysen der täglichen Verkehrsmittelwahl. Das Buch richtet sich gleichermaßen an inhaltlich wie methodisch interessierte Leser.
Bd. 1, 2003, 232 S., 20,90 €, br.,
ISBN 3-8258-6841-9

Gunter Runkel
Genossenschaft, Repräsentation und Partizipation
Dem Werk „Genossenschaft, Repräsentation und Partizipation" liegt eine empirische Studie über das Gerätewerk Matrei in Österreich, eine Genossenschaft, zugrunde und liefert eine gründliche Auseinandersetzung mit der Theorie und Geschichte der Genossenschaften. Mit quantitativen und qualitativen Methoden werden ökonomische, organisatorische und personelle Entwicklungen, Interaktionsmuster und Strukturen analysiert. Dabei werden Michels' „ehernes Gesetz der Oligarchie" und Franz Oppenheimers Thesen über die Transformation von Genossenschaften tendenziell bestätigt. Es wird das Spannungsverhältnis zwischen Individualität und Sozialität und zwischen Organisation, Effizienz, Repräsentation und Partizipation herausgearbeitet.
Bd. 2, 2003, 208 S., 17,90 €, br.,
ISBN 3-8258-6842-7

Gunter Runkel
Das Spiel in der Gesellschaft
In „Das Spiel in der Gesellschaft" wird unter dem zentralen Gesichtspunkt der soziokulturellen Evolution die Bedeutung des Spiels für Gesellschaften und Gesellschaftsanalysen aufgezeigt. Es entsteht ein vielfältiges und buntes Bild über zahlreiche Aspekte dessen, was in unserer Kultur als „Spiel" bezeichnet wird, so dessen Verbindungen u.a. zur Sozialisation, Arbeit und Ritual, Freizeit, Sport und Ästhetik, zur Zeit- und Räumlichkeit von Spielen, zu Spielregeln und Organisationen.
Bd. 3, 2003, 152 S., 17,90 €, br.,
ISBN 3-8258-6843-5

Walter L. Bühl
Historische Soziologie – Theoreme und Methoden
Sozialwissenschaften und Historische Wissenschaften haben sich miteinander so ernsthaft miteinander verbunden, dass die Soziologie weder als bloße Naturwissenschaft (z. B. als Zellbiologie oder astronomische Kosmologie) noch allein als idealistische Geisteswissenschaft (z. B. Philosophie oder Mathematik) gelten könnte. Erst in der Verbindung von Mikro-, Meso- und Makro-Geschichte gewinnt eine „Historische Soziologie" eine ebenso mehrdimensionale wie auch realistische Perspektive.
Bd. 4, 2003, 352 S., 35,90 €, br.,
ISBN 3-8258-6585-1

Sylvia Gräbe; Erich Ott
„... man muss alles doppelt haben"
Wochenpendler mit Zweithaushalt am Arbeitsort
Die Bereitschaft zur beruflichen Mobilität wird heute fast selbstverständlich erwartet. In diesem Buch werden die besonderen Lebens- und Arbeitsbedingungen von Berufspendlern beleuchtet, die neben ihrer Hauptwohnung einen zweiten Haushalt an ihrem

LIT Verlag Münster – Berlin – Hamburg – London – Wien
Grevener Str./Fresnostr. 2 48159 Münster
Tel.: 0251 – 62 032 22 – Fax: 0251 – 23 19 72
e-Mail: vertrieb@lit-verlag.de – http://www.lit-verlag.de

weit entfernten Arbeitsort unterhalten. Diese Wochenpendler sehen sich hinsichtlich ihrer Beziehungen zu Familie, Partner(in) und Freunden sowie ihrer Alltagsorganisation vor spezifische Probleme gestellt, die überwiegend als große Belastung empfunden werden. Die Ergebnisse der vorgelegten Untersuchung zeigen hier ein enormes Problem- und Konfliktfeld mit erheblichen gesellschaftlichen und individuellen Konsequenzen für soziale und familiäre Bindungen.

Bd. 6, 2003, 184 S., 19,90 €, br.,
ISBN 3-8258-7232-7

Werner Meske (Ed.)
From System Transformation to European Integration
Science and technology in Central and Eastern Europe at the beginning of the 21st century
Science and technology in the former socialist Central and East European countries underwent a period of transformation in the last decade of the 20th century. With respect to the past, this represents the restructuring of the old system; with respect to the 21st century, however, it was the turbulent starting phase in the transition to new national innovation systems. Based on the authors' many years of research in this area the book analyses these processes in detail for 14 countries, reveals common features and differences in the transitional phase and inferres the prospects for the development of science and technology in Eastern Europe in the framework of EU enlargement.

Bd. 7, 2004, 496 S., 39,90 €, gb.,
ISBN 3-8258-7290-4

Ingrid Miethe; Claudia Kajatin; Jana Pohl (Hg.)
Geschlechterkonstruktionen in Ost und West
Biografische Perspektiven
In diesem Buch werden aus theoretischer und empirischer Perspektive Wechselbeziehungen zwischen den Konstrukten ''Geschlecht" und ''Biografie" im Rahmen der Ost-West-Thematik untersucht. Ansatz des Bandes ist es, einen längst überfälligen Paradigmen-

wechsel vorzunehmen und die nach 1989 stattgefundenen Transformationen dazu zu nutzen, nicht nur ostdeutsche und östliche, sondern im selben Maße auch westdeutsche und westliche Selbstverständlichkeiten zu hinterfragen.

Bd. 8, 2004, 352 S., 25,90 €, br.,
ISBN 3-8258-7491-5

Ruth Seifert (Hg.)
Gender, Identität und kriegerischer Konflikt
Das Beispiel des ehemaligen Jugoslawien
Die Kategorien „Identität" und „Gender" können im deutschsprachigen Raum immer noch als analytische Newcomer bei der Untersuchung von gesellschaftlichen und politischen Prozessen betrachtet werden. Der vorliegende Band beschäftigt sich mit der Rolle von „Identität/Gender,, bei der Entstehung, dem Austrag und der Beilegung kriegerischer Konflikte und fokussiert dabei die Situation im ehemaligen Jugoslawien. Dabei geht es darum, in welcher Weise Geschlechterverhältnisse gewaltsame Prozesse befördern und perpetuieren können und welche Rolle die Gestaltung des Geschlechterarrangements bei der Herstellung einer friedfertigen und demokratischen Gesellschaft spielt.

Bd. 9, 2004, 280 S., 29,90 €, br.,
ISBN 3-8258-7528-8

Alf Trojan; Astrid Estorff-Klee (Hg.)
25 Jahre Selbsthilfeunterstützung
Unterstützungserfahrungen und -bedarf am Beispiel Hamburgs
Das Potential der „Laien" bzw. Patienten und Bürger stellt eine soziale, politische und ökonomische Ressource für das System der Gesundheitssicherung dar. In Deutschland wird die Bedeutung von Selbsthilfegruppen allerdings schon seit Mitte der 70er Jahre bewusst wahrgenommen. Seit 1984 werden aus Mitteln der Stadt Hamburg Selbsthilfegruppen durch (inzwischen 4) Kontaktstellen unterstützt. Die Arbeit des ursprünglichen Trägervereins wird seit Anfang 2004 vom PARITÄTischen Wohlfahrtsverband Hamburg e. V. fortgeführt. Die Studie ist mit 345 darin repräsentierten Selbsthilfe-

LIT Verlag Münster – Berlin – Hamburg – London – Wien
Grevener Str./Fresnostr. 2 48159 Münster
Tel.: 0251 – 62 032 22 – Fax: 0251 – 23 19 72
e-Mail: vertrieb@lit-verlag.de – http://www.lit-verlag.de

zusammenschlüssen die Umfassendste seit den Bundes-Modellprogrammen für die Entwicklung von Kontaktstellen in West- und Ostdeutschland. Sie enthält Ergebnisse zu Organisation und Struktur dieser Gruppen, ihren Zielen, Wirkungen den wahrgenommenen Belastungen und einigen sozio-strukturellen Basismerkmalen. Außerdem werden die 25jährigen Selbsthilfe-Unterstützungsaktivitäten gewürdigt und reflektiert.
Bd. 10, 2004, 128 S., 9,90 €, br.,
ISBN 3-8258-7934-8

Heinz Harbach
Konstruktivismus und Realismus in den Sozial- und Verhaltenswissenschaften
Dieses kleine „redigierte" Lesebuch kritisiert die wissenssoziologische „Rekonstruktion" jener Art von Erkenntnistheorie wie sie bereits Gorgias (Über das Nichtseiende, um 444 v. Chr.) resümiert hatte: „1) Nichts existiert; 2)wäre es, dann könnte man es nicht erkennen; 3) wäre es auch und erkennbar, so könnte man es nicht mitteilen." (Schirren, T./Zinsmaier, T. (Hrsg), Die Sophisten. Ausgewählte Texte. Griechisch/Deutsch 2003, 51) hinsichtlich ihres negativen Einflusses auf „postmoderne" Spielarten der Theoriebildung in den Sozial- und Verhaltenswissenschaften und plädiert für einen gedämpften Optimismus bezüglich der Möglichkeiten einer „realistischen" Erkenntnistheorie.
Bd. 11, 2004, 176 S., 14,90 €, br.,
ISBN 3-8258-8003-6

Ruth Seifert (Hg.)
Soziale Arbeit und kriegerische Konflikte
Seit dem Ende der Ost-West-Konfrontation haben sich neue internationale Konstellationen und Konfliktlinien entwickelt, deren Bedeutung für die Soziale Arbeit weitreichend ist. Dazu gehört die steigende Zahl innerstaatlicher Gewaltkonflikte und Kriege, die in den Kriegs- und Krisenregionen spezifische soziale Probleme produzieren und im Zuge derer die Nachkriegs- und Rekonstruktionsarbeit ein wichtiger Bestandteil internationaler Zusammenarbeit wurde. Darüber hinaus stellen

weltweit zunehmende Ströme von Kriegsflüchtlingen die Aufnahmeländer vor neue Aufgaben. Der vorliegende Band will die für die Soziale Arbeit relevanten Problemlagen, die aus diesen internationalen Entwicklungen entstanden sind, aufzeigen und deutlich machen, welche Instrumentarien die Sozialarbeit zur Bearbeitung dieser Probleme anzubieten hat.
Bd. 12, 2004, 256 S., 24,90 €, br.,
ISBN 3-8258-8019-2

Friedrich Fürstenberg
Wunschwelten und Systemzwänge
Handlungsorientierungen im Kulturzusammenhang
Zu den Grunderfahrungen in der Lebenspraxis gehört die Schwierigkeit, durch kulturelle Orientierungsmuster vermittelte Idealvorstellungen zu realisieren. Stattdessen begegnet der handelnde Mensch vielfältigen Bindungen und sogar Systemzwängen. Der Themenkreis dieses Buches reicht von Wunschhorizonten und rationalisierten Handlungsmustern bis zu den gesellschaftlich relevanten Wertorientierungen und ihrer strategischen Inanspruchnahme. In diesem Zusammenhang werden kultursoziologische Theoreme kritisch untersucht.
Bd. 13, 2004, 216 S., 17,90 €, br.,
ISBN 3-8258-8127-x

Heinz Kleger; Alois Müller (Hg.)
Religion des Bürgers
Zivilreligion in Amerika und Europa
Die Religion des Bürgers umfasst einen vielschichtigen, aber doch bestimmte Konturen aufweisenden Komplex von mora-lischen Überzeugungen und politischen Optionen. Es gibt verschiedene Varianten der Bürgerreligion, die in diesem Buch vorgestellt und analysiert werden. Die Diskussion dar-über hat in Europa noch kaum begonnen und wird in den USA neu zu führen sein.
Bd. 14, 2. erg. Aufl. 2004, 336 S., 19,90 €, br.,
ISBN 3-8258-8156-3

LIT Verlag Münster – Berlin – Hamburg – London – Wien
Grevener Str./Fresnostr. 2 48159 Münster
Tel.: 0251 – 62 032 22 – Fax: 0251 – 23 19 72
e-Mail: vertrieb@lit-verlag.de – http://www.lit-verlag.de

Markus Ottersbach; Erol Yildiz (Hg.)
Migration in der metropolitanen Gesellschaft
Zwischen Ethnisierung und globaler Neuorientierung
Im 21. Jahrhundert sind wir mit einem neuen Paradoxon konfrontiert: Einerseits verlieren im Zuge weltweiter Transformationsprozesse die Nationalstaaten als Inklusionsmaschine an Kraft und formieren sich neue lokale und regionale Orientierungshorizonte, unter denen das urbane Leben inszeniert, zusammengefügt und interpretiert wird. Parallel dazu entstehen andererseits neue Nationalismen und Fundamentalismen, die die Wahrnehmungsmauer im Kopf neu zementieren. Zwar sind weltweite Erfahrungsräume und Erwartungshorizonte in das scheinbar geschlossene System von Nationalstaaten eingedrungen und haben die metropolitanen Konstruktionen wesentlich mitgeprägt, doch werden soziale Handlungen noch immer durch nationalstaatliche Institutionen bestimmt – etwa durch die alltägliche Praxis der Ausstellung von Pässen, durch Arbeitsmärkte, Einwanderungspolitik und restriktive Grenzkontrollen. Gerade im Umgang mit Mobilität in Form von Migration wird diese Paradoxie deutlich.
Bd. 15, 2004, 256 S., 17,90 €, br.,
ISBN 3-8258-8163-6

Georg W. Oesterdiekhoff
Entwicklung der Weltgesellschaft
Von der Steinzeit zur Moderne
Das Buch analysiert die Grundstrukturen der sozialen Entwicklung der Menschheit seit der Steinzeit. Struktur und Dynamik von Steinzeitgesellschaften, bäuerlichen Dorfgesellschaften, agrarischen Hochkulturen und modernen Industriegesellschaften werden dargestellt. Besonderer Augenmerk wird auf die Analyse der beiden größten Transformationen der Menschheit gelegt, auf die Entstehung sowohl der Landwirtschaft als auch der Industriegesellschaft. Der Kern der Entwicklung des 20. Jahrhunderts besteht in der globalen Ausweitung von bürokratischem Staat und Industriemoderne, die sich auch in den Ländern des Südens und Ostens erfolgreich durchset-zen und feudale und agrarische Strukturen überwinden. Während der Industrialisierungs- und Modernisierungsprozess in der Entwicklungswelt allmählich greift, durchlaufen die hoch entwickelten Länder des Westens und Japan seit 30 Jahren neue Stufen gesellschaftlicher Entwicklung, die sich infolge der Wohlstandsentwicklung eingestellt haben.
Bd. 18, 2005, 384 S., 24,90 €, br.,
ISBN 3-8258-8960-2

Gerhard Stapelfeldt
Zur deutschen Ideologie
Soziologische Theorie und gesellschaftliche Entwicklung in der Bundesrepublik Deutschland
Der Text gibt eine systematische Darstellung der Entwicklung der soziologischen Theorie in der BRD von den Anfängen der Industriesoziologie über die großen Theorie-Diskussionen um 1960 und 1970 bis zur Globalisierungs-Debatte. Im Zentrum der Untersuchung steht der Nachweis, daß die deutsche Soziologie seit 1946 die nationalsozialistische Vergangenheit verdrängt und darum die jeweilige gesellschaftliche Gegenwart ideologisch verklärt, aber nicht ideologiekritisch aufgeklärt hat. Dieses Buch kann als Einführung in die Soziologie gelesen werden.
Bd. 20, 2005, 440 S., 29,90 €, br.,
ISBN 3-8258-9071-6

Soziologie

Brigitte Trabert (Hg.)
Patienten jüdischen Glaubens und die Krankenpflege in deutschen Kliniken – Soziale Repräsentationen pflegerischen Handelns
Bd. 56, 2005, 136 S., 14,90 €, br.,
ISBN 3-8258-9105-4

LIT Verlag Münster – Berlin – Hamburg – London – Wien
Grevener Str./Fresnostr. 2 48159 Münster
Tel.: 0251 – 62 032 22 – Fax: 0251 – 23 19 72
e-Mail: vertrieb@lit-verlag.de – http://www.lit-verlag.de